KB106522

우리말 짝사랑하기

우리말 짝사랑하기

발행일	2015년 7월 24일		

지은이	박 옥 수		
펴낸이	손 형 국		
펴낸곳	(주)북랩		
편집인	선일영	편집	서대종, 이소현, 이은지
디자인	이현수, 윤미리내, 임혜수	제작	박기성, 황동현, 구성우, 이탄석
마케팅	김회란, 박진관, 이희정, 김아름		
출판등록	2004. 12. 1(제2012-000051호)		
주소	서울시 금천구 가산디지털 1로 168, 우림라이온스밸리 B동 B113, 114호		
홈페이지	www.book.co.kr		
전화번호	(02)2026-5777	팩스	(02)2026-5747

ISBN	979-11-5585-681-9 03710 (종이책) 979-11-5585-682-6 05710 (전자책)

이 도서의 국립중앙도서관 출판예정도서목록(CIP)은 서지정보유통지원시스템 홈페이지(http://seoji.nl.go.kr)와
국가자료공동목록시스템(http://www.nl.go.kr/kolisnet)에서 이용하실 수 있습니다.

석 같은 우리말 지킴이 박옥수의

우리말 짝사랑하기

박옥수 지음

맞춤법,
띄어쓰기는 기본
표현의 오류까지
잡아라!

북랩 book Lab

머리말

나는 2001년부터 우리말 공부를 해 왔다. 주위를 돌아보면 학창 시절에 국어 과목을 배운 걸로 우리말 공부가 모두 끝났다고 생각하는 사람들이 대부분이다. 이런 사람들은 자신이 우리말에 대해서 얼마나 잘 알고 있는지 자문해 보아야 한다. 아무것도 모르는 사람들은 모든 것을 다 안다고 여긴다고 했던가.

한국인이라면 누구나 고등학교 때까지 장장 12년간 국어 과목을 배운다. 또 대학을 다닌 사람들은 분명히 교양 과목으로 국어를 수강했을 것이다. 나는 국문학 전공자가 아니기 때문에 정확히 13년 동안 국어를 배웠다. 하지만 우리말에 대해 모르는 게 너무 많았기 때문에 국어가 아닌 우리말 공부를 늦게나마 시작한 것이다.

우리는 학교에서 수학도 배우고 과학도 배웠다. 그러나 졸업 후에 얼마나 그것을 기억하고 있는가? 예를 들어, 수학이나 과학은 중요 과목에 속하지만 대학 진학 후에는 전공자나, 그것과 관련된 직업에

종사하지 않을 사람에게는 별 의미가 없다. 따라서 대학에서 수학이나 과학을 전공하지 않은 사람이 고등학교 때까지 열심히 배운 내용을 기억하지 못한다고 해도 나무랄 일은 아니다.

그러나 우리말은 전공과 무관하게 모든 한국인과 떼려야 뗄 수 없는 관련성이 있다. 우리말은 모든 한국인이 태어나서 죽을 때까지 밥줄이기 때문이다. 무려 12년 동안 국어를 배우고도 우리말이 어렵다면 우리가 배운 내용이 실제 우리말과 많이 다르지 않았는지 의심해봐야 한다. 한마디로 우리가 배운 국어는 수험 국어였던 것이다. 다시말해서 우리는 죽은 국어를 열심히 배웠다. 정작 배워야 할 중요한 것들을 우리는 학창시절에 배우지 못했다. 그래서 말만 번지르르하게잘하는 사람은 많지만 글까지 잘 쓰는 사람은 별로 없다.

우리말을 표기하는 문자가 한글이라는 것은 누구나 안다. 흔히 한글은 세계에서 가장 과학적인 문자이고 가장 쉽게 배울 수 있는 문자라고 한다. 그러나 우리말은 그리 호락호락하지 않다. 학문은 깊이 파고들수록 더 어려워진다고 한다. 굳이 학문이 아니더라도 배움이라는 것이 다 마찬가지이다. 그렇기에 학교에서 다 배웠으니까 더는 배울 것이 없다고 생각하는 사람들은 참으로 용감하거나 오만하다고밖에 볼 수 없다.

　설사 우리말이 중요하다고 생각하는 사람들도 정작 공부할 시간을 내기는 어려운 것이 현실이다. 이렇게 우리말은 항상 다른 것에 밀려 점점 설 자리를 잃어 가고 있다. 이런 현실에 안타까움을 느껴 나는 이 책을 쓰기로 결심했다. 그래도 아직은 우리말을 사랑하고 바른 우리말을 사용하고자 하는 사람들이 있다고 믿기 때문이다. 13년간 직장 생활을 하면서 많은 사람들이 글을 쓰는 것을 무척 어려워하며, 또 글을 쓰면서 어떤 실수들을 많이 하는지 알 수 있었다. 그리고 그런 경험을 통해 보통의 사람들이 궁금해할 만한 내용들을 추려 낼 수 있었다.

　나도 학창 시절에 오로지 대학에 가기 위해 국어 과목을 열심히 공부했다. 그러나 그때 공부한 것은 우리말을 잘하거나 좋은 글을 쓰는 데 전혀 도움이 안 된다는 것을 곧 깨달았다. 이 책이 우리말을 제대로 배우려는 사람에게 조금이나마 도움을 줄 수 있으면 정말 좋겠다. 우리말이 학대받고 수난을 당하는 현실에 개탄하는 분, 우리말과 우리글을 아끼는 모든 분께 이 책을 바친다.

　끝으로 이 책을 만드느라 애써 주신 ㈜북랩 손형국 대표님을 비롯한 모든 분들, 그리고 묵묵히 나를 지켜봐 주는 가족에게 깊이 감사함을 느낀다.

2015년 7월 박옥수

목 차

제 1 부

명 사

개수 : 갯수

개수個數는 한자로만 이루어진 말이기 때문에 발음과 관계없이 사이
시옷이 들어가지 않는다. '갯수'가 아니라 '개수'라고 표기해야 한다.

이 상자에 들어 있는 사과의 갯수는 모두 30개이다.(×)
이 상자에 들어 있는 사과의 개수는 모두 30개이다.(○)

마찬가지로 '도수, 허점, 화병, 기점, 초점, 마구간, 번지수, 소수素數'
도 한자로만 이루어진 말이기 때문에 사이시옷을 넣지 않는다. '치수(-
數)'는 '치'가 고유어이지만 '수'를 거센소리로 발음하지 않기 때문에 사
이시옷을 삽입하지 않는다. 예외적으로 '횟수, 숫자' 등은 한자로만 이
루어졌지만 이미 굳어진 것으로 간주하여 사이시옷이 삽입된다. 하지
만 '숫자' 외에는 '數'를 '숫'으로 표기하면 안 된다. 예를 들어 '수적數的

열세'를 '숫적 열세'로 표기하여서는 안 된다.

이 안경은 도수가 높다.

그는 상대에게 자신의 허점을 보이고 말았다.

나는 날마다 사고를 치는 아들놈 때문에 화병이 날 지경이었다.

나는 양복점에서 옷을 맞추기 위해 신체 치수를 쟀다.

그 드라마는 방송 횟수를 거듭할수록 점점 재미있어진다.

이순신 장군은 수적 열세를 극복하고 전쟁에서 승리를 거뒀다.

건더기 : 건덕지

사전을 찾아보면 '건덕지'는 '건더기'의 방언으로 나와 있다. 방언이므로 쓰지 말라는 얘기를 하자는 건 아니다. 다만 사람들이 건더기와 건덕지를 서로 뜻이 다른, 별개의 단어로 인식하고 사용하고 있다는 것을 지적하고 싶다. 건더기는 음식과 관련된 것이고, 건덕지는 핑계나 근거로 삼을 거리의 뜻으로 쓰이는 것 같다. 그러나 건더기는 그런 뜻을 다 포함하고 있는 말이다. 그리고 '건데기'는 건더기의 잘못된 말로 사전에 실려 있다.

나는 국물만 마시고 건더기는 그대로 남겼다.(○)

무슨 건더기가 있어야 그녀에게 전화를 할 텐데 말이야.(○)

여러 사람들의 의견들이 조금씩 다른 경우를 가리켜 그들 간에 '견해차'가 있다고 한다. 그리고 그런 사람들끼리 서로 조금씩 양보하고 타협한다면 견해차를 줄일 수 있을 것이다. 그런데 '이견'은 '어떤 의견과 상반되는 다른 의견'이라는 뜻이므로 견해차와는 뜻이 완전히 다르다. 두가지 이상의 견해 간에 존재하는 견해차는 줄이거나 좁힐 수 있지만 이견은 수용하거나 반영할 수는 있어도 좁힐 수 있는 것이 아니다.

1. 1) 두 당 대표자들이 만나 여객선 침몰 사건 처리 방법에 대해 논의하였지만 이견을 좁히는 데 실패하였다.(×)

    2) 두 당 대표자들이 만나 여객선 침몰 사건 처리 방법에 대해 논의하였지만 견해차를 좁히는 데 실패하였다.(○)

2. 1) 주최 측과 참가자 측 간의 이견 때문에 행사 진행이 순조롭지 못하다.(×)

    2) 주최 측과 참가자 측 간의 견해가 달라 행사 진행이 순조롭지 못하다.(○)

3. 결함이 발견된 제품에 대해 제조업체 측에서는 결함이 심각하지 않다고 판단하여 해당 제품 구매자들에게 가격의 일부를 깎아 주는 혜택을 준다는 방안을 내놓았으나 소비자 단체들은 이견을 나타냈다. 소비자 단체들은 결함이 발견된 제품을 모두 회수하고 새 제품으로 교환해 줘야 한다고 주장했다. 제조업체와 소비자 단체 간 견해차가 너무 커서 이를 좁히기는 어려워 보인다.

'결제'는 대금을 지급한다는 뜻이고, '결재'는 윗사람의 승인을 받는 다는 의미이다. 결제를 써야 할 상황에서 결재를 쓰는 경우가 많다. 두 가지 단어를 상황에 맞게 쓰도록 하자.

나는 인터넷 쇼핑몰에서 물건을 고르고 주문한 다음 결제까지 완료하였다.
김 과장은 회사 대표의 결재를 받기 위해 비서실에서 대기 중이다.
저희 식당은 식대를 선결재하고 있습니다.(×)
저희 식당은 식대를 선결제하고 있습니다.(○)

한자 로老는 첫 음절에 위치할 때에만 두음법칙의 적용을 받아 '노'로 발음되고 둘째 음절 이하에 위치할 때에는 원래의 음인 '로'로 발음된다. 경로敬老는 '경노로 발음되는 탓에 '경노로 잘못 표기하는 경우가 종종 있다.

첫 음절에 쓰인 말 : 노인, 노인정, 노약자, 노신사, 노환, 노년, 노령
둘째 음절 이하에 쓰인 말 : 경로, 연로, 조로, 귀로, 독로, 극로

곁을[겨틀] : **겉을**[거츨]

    체언이나 용언 어간의 마지막 음절의 받침은, 뒤 음절 초성이 모음이면 뒤 음절 첫소리로 연음된다. ㅌ 받침도 마찬가지인데 예를 들어 '곁을'의 발음은 [겨틀]이다. 그런데 종종 이를 [겨츨]로 발음하는 사람들이 있다. 이 경우에는 구개음화 현상이 일어나지 않기 때문에 이는 올바른 발음이 아니다. 그러나 뒤 음절 초성이 모음 '이'일 경우에는 구개음화 현상이 일어나 ㅊ 소리로 바뀐다. 발음할 때 주의하도록 하자.

내가 영원히 너의 **곁을** 지켜 줄게.[겨틀]

철수는 그의 부모님 **곁으로** 이사하였다.[겨트로]

당신이 멀리 있으니 당신 **곁이** 그립다.[겨치]

철수의 머리숱은 적은 반면, 영희의 머리**숱은** 매우 많다.[수튼]

그 사람은 머리**숱이** 적어서 싫어.[수치]

빵 속에 **팥을** 넣으면 팥빵이 된다.[파틀]

팥이 없어서 녹두로 만든 소를 빵 속에 넣었다.[파치]

영수네는 **밭을** 팔아서 논을 샀다고 한다.[바틀]

그 밭은 황토**밭이**어서 농사가 잘된다. [바치]

'난도'는 어려운 정도를 뜻하고, '난이도'는 쉽거나 어려운 정도를 뜻한다. 즉 난이도는 정반대의 뜻 두 가지를 모두 가진 말이다. 일상생활에서 난도보다는 난이도라는 말을 많이 쓰고 있지만 단어가 가진 말뜻을 생각한다면 난이도 앞에는 접두사 '고(高)-'가 올 수 없다는 것을 알 것이다.

이 문제는 난이도가 아주 높은 문제이다.(×)
이 문제는 난도가 아주 높은 문제이다.(○)
그 선수는 체조에서 고난이도의 묘기를 선보였다.(×)
그 선수는 체조에서 고난도의 묘기를 선보였다.(○)
시험 문제의 난이도를 잘 조절해야 수험생들 간의 변별력을 높일 수 있다.

참고로 일본어 사전에는 '난이도가 높다'라는 표현이 실려 있다.

두음법칙에 따라 한자 랭(冷)은 단어의 첫 음절에 위치할 때에는 '냉'으로, 둘째 음절 이하에 위치할 때에는 '랭'으로 표기한다. 따라서 '고랭지'가 맞는 말이다.

강원도 고지대에서는 고냉지 채소를 많이 재배한다.(×)

강원도 고지대에서는 고랭지 채소를 많이 재배한다.(○)

공깃밥 : 공기밥

식당에 가서 밥 한 공기를 다 먹었는데도 양이 부족하면 더 달라고 한다. 그때 '공기밥'을 달라고 하면 안 되고 반드시 '공깃밥'을 달라고 해야 한다. '공기'는 한자어이고 '밥'은 고유어인데, 밥의 발음이 된소리로 나기 때문에 표기할 때 사이시옷이 들어간다.

아주머니, 공기밥 하나 더 주세요.(×)

아주머니, 공깃밥 하나 더 주세요.(○)

과반수

'과반수'는 '절반을 넘은 수'이기 때문에 정확히 절반을 뜻하는 '반수'와는 구별하여 사용하여야 한다.

올바른 용례

이번 총선에서 여당은 전체 의석 수의 과반수 확보에 실패하였다.

이 지역 선거구 당선자는 전체 유효 표의 과반수를 득표하지 못하였다.

이 법안은 국회 본회의에서 찬성 의견이 과반수에 미치지 못하면 통과되지 못한다.

이 법안은 국회 본회의에서 찬성 의견이 반수를 넘지 못하면 통과되지 못한다.

이 법안은 국회 본회의에서 찬성 의견이 과반수를 넘지 못하면 통과되지 못한다.

이 지역 선거구 당선자는 전체 유효 표의 과반수 이상을 득표하지 못하였다.

이처럼 과반수라는 말에 '넘어서다'라는 의미가 포함되어 있기 때문에 '과반수 이상, 과반수를 넘다' 등은 적절치 못한 표현이다.

기존의 : 기존에

명사 '기존'은 '이미 존재함'이라는 뜻을 가진 말이며, '-하다'를 붙인 '기존하다'는 이미 존재한다는 뜻을 가진 동사이다. 물론 이 말은 굳이 쓸 필요도 없는 말이지만 한자어를 좋아하는 사람들은 이 말을 무척이나 애지중지한다. 이미 존재한다고 하면 소위 없어 보이고 기존이라고 하면 있어 보인다고 생각하는 모양이다. '기존'과 '존재'는 사실상 뜻이 같은 말이지만 쓰임새가 확연히 달라 보인다. 기존의 뜻풀이에 '이미'가 들어 있어선지는 모르지만 기존은 시간을 나타낼 때에 무척 많이 쓰인다. 예를 들어, '기존에는'이라는 말 속의 기존은 '이미 지나간 과거'라는 의미를 담고 있는 것으로 보인다. 마땅히 '기존에는' 대신에 '전에, 이전에, 그전에, 예전에' 등의 말을 써야 할 것이다. 말은 시간이 지나면 의미가 확장되기도 하고 축소되기도 하지만, 기존은 의미가 확장되어 쓰이고 있다.

기존(의) 학설을 뒤집는 새로운 유적이 발견되었다.
신제품은 기존(의) 제품보다 성능이 훨씬 뛰어나다.
기존에 맺은 계약의 내용을 좀 수정할 필요가 있다.(×)
이전에 맺은 계약의 내용을 좀 수정할 필요가 있다.(○)
기존에는 자동차에 에어백이 장착되지 않았다.(×)
그전에는 자동차에 에어백이 장착되지 않았다.(○)

뇌졸중 : 뇌졸증

뇌의 이상으로 전신 마비 또는 반신 마비가 일어나는 병을 가리키는 말은 '뇌중풍' 또는 '뇌졸중'이다. '뇌졸증'은 잘못된 말이다.

철수 아버지는 뇌졸증으로 쓰러지셨다.(×)
철수 아버지는 뇌졸중으로 쓰러지셨다.(○)

뇌졸중과 마찬가지로 사람들이 잘못 쓰는 단어에 '횡격막'이 있다.

횡격막은 사람 몸속에 있는 가로막인데 곧잘 '횡경막'으로 잘못 표기된다.

┌ **누에고치 : 누에고추** ┐

'고치'를 사전에서 찾아보면 벌레가 실을 내어 지은 집으로 돼 있다. 우리가 아는 한 실크를 만드는 원료는 누에가 만든 하얀 실 덩어리이다. 따라서 그것은 누에가 실을 몸에서 내어 만든 것이므로 '누에고치'라고 해야 맞는다. 무심코 '누에고추'라고 부르는 실수를 하지 말자. 참고로 '꼬치'는 꼬챙이에 끼워 놓은 음식을 가리킨다.

┌ **눈퉁이 : 눈탱이** ┐

눈탱이가 밤탱이가 됐다는 말이 있다. '-탱이'가 뒤에 붙어 있는 말은 사전에 꽤 많이 올라 있다. 그러나 대부분 방언이고 '영감탱이'만 표준어이다. 그나마 '눈탱이'는 사전에 올라 있지도 않은 것으로 보아 눈텡이('눈두덩' 또는 '눈퉁이'의 방언)를 잘못 쓴 것이거나 누군가 만들어 낸 말인 것 같다. 확실히 '눈퉁이'보다는 '눈탱이'가 발음하기는 편하다. 첫 단추를 잘못 꿰면 나머지 단추도 당연히 잘못 꿰게 마련이다. 앞에 나오는 눈퉁이가 눈탱이가 되다 보니 운율을 맞추기 위해 어쩔 수 없이 뒤에 나오는 애면 '밤송이'도 '밤탱이'가 돼 버렸다. 어쨌든 갈수록 사람들은 편한 발음을 선호하고 있는 것은 부인할 수 없는 현실이다.

대가 : 댓가

대가對價는 한자로만 이루어진 말이므로 표기할 때 사이시옷이 들어가지 않는다. 따라서 '댓가'는 틀린 표기이다. '대가'의 발음은 [대:까]이다.

내가 열심히 너를 도와 준 댓가가 겨우 이거냐?(×)
내가 열심히 너를 도와 준 대가가 겨우 이거냐?(○)
잘못을 저질렀으니 그에 대한 댓가를 치르는 것이 마땅치 않으냐?(×)
잘못을 저질렀으니 그에 대한 대가를 치르는 것이 마땅치 않으냐?(○)

덤터기 : 덤탱이

다른 사람에게 자기 잘못을 뒤집어씌우거나, 억울하게 다른 사람의 잘못을 뒤집어쓰는 경우를 가리킬 때 쓰는 말은 '덤탱이'나 '덤태기'가 아니라 '덤터기'이다. 다른 사람에게 자기 잘못을 뒤집어씌우는 것을 가리켜 '덤터기를 씌운다'고 하고, 억울하게 남의 잘못을 뒤집어쓸 때에 '덤터기를 쓴다'고 한다.

네가 잘못해 놓고 다른 사람한테 덤탱이 씌우지 마.(×)

네가 잘못해 놓고 다른 사람한테 덤태기 씌우지 마.(×)

네가 잘못해 놓고 다른 사람한테 덤터기 씌우지 마.(○)

참고로 '뭉텅이'는 뭉쳐 놓은 덩이를 가리키는 말인데 '뭉태기'나 '뭉터기'로 잘못 쓰는 경우가 있다.

돼지껍질 : 돼지껍데기

일반적으로 '껍질'은 단단하지 않은 물질을 뜻하고, '껍데기'는 단단한 물질을 의미한다. 돼지의 피부는 단단하지 않기 때문에 껍데기가 아니라 껍질에 해당한다. 조개, 계란, 호두, 게, 가재 등의 바깥쪽은 단단하기 때문에 껍데기라고 표현한다. 반면 과일, 나무, 곡식, 동물 등의 바깥 부분은 단단하지 않기 때문에 껍질이라고 한다. 한편 국립국어원 표준국어대사전에는 '조개껍질'과 '조개껍데기' 모두 올라 있다. 국립국어원 홈페이지 게시판을 찾아보니 그 이유에 대해 '조개껍질과 조개껍데기는 둘 다 많이 쓰이는 말이어서 복수 표준어로 올렸다'고 해명하였다.

철수와 나는 포장마차에서 돼지껍데기를 안주 삼아 소주를 마셨다.(×)

철수와 나는 포장마차에서 돼지껍질을 안주 삼아 소주를 마셨다.(○)

뒤통수 : 뒷통수

사이시옷을 넣어서 '뒤통수'를 '뒷통수'라고 표기하는 경우가 있는데, 이는 잘못이다. 왜냐하면 거센소리, 된소리 앞에는 사이시옷을 삽입하지 않기 때문이다. 마찬가지로 '뒤꿈치, 뒤쪽, 뒤처리, 뒤태, 뒤편, 뒤풀이'가 맞고, '뒷꿈치, 뒷쪽, 뒷처리, 뒷태, 뒷편, 뒷풀이'는 틀린 말이다.

그는 뒷통수가 잘생겨 뒷모습이 멋있다.(×)
그는 뒤통수가 잘생겨 뒷모습이 멋있다.(○)
본행사 끝나고 뒷풀이 있으니까 그냥 가지 마세요.(×)
본행사 끝나고 뒤풀이 있으니까 그냥 가지 마세요.(○)
뒷태가 예뻐야 진정한 미인이다.(×)
뒤태가 예뻐야 진정한 미인이다.(○)
나 먼저 갈 테니까 뒷처리를 부탁한다.(×)
나 먼저 갈 테니까 뒤처리를 부탁한다.(○)

만두소 : 만두속

'소'는 음식을 만들 때 맛을 내기 위하여 속에 넣는 각종 재료를 의미한다. 송편에 들어가는 재료는 '떡소', 만두 속에 들어가는 재료는 '만두소', 김치 속에 들어가는 재료는 '김칫소'라고 부른다. 빵 속에 들어가는 재료는 주로 팥이므로 '팥소'라고 한다. 속에 들어가는 재료를 부르는 말이 별도로 있으므로 그것을 살려 쓰도록 하자.

만두 맛은 속 맛이다.(×)
만두 맛은 만두소 맛이다.(○)
김칫속이 많이 들어가야 김치가 맛있다.(×)
김칫소가 많이 들어가야 김치가 맛있다.(○)

그리고 '앙꼬'라는 말은 일본어에서 유래한 말이므로 좋은 우리말 '팥소'를 쓰도록 하자.

앙꼬 없는 찐빵은 맛이 없다.(×)
팥소 없는 찐빵은 맛이 없다.(○)

맛보기 : 맛뵈기

미리 시범적으로 보여준다는 뜻으로 쓰이는 말은 '맛보기'이고, '맛뵈기'는 틀린 말이다. '맛보이기' 또는 '맛뵈기'라는 말이 파생되기 위해서는 '맛보이다'라는 동사가 존재해야 하는데 그런 말은 없다.

이건 아무것도 아니야. 맛뵈기일 뿐이야.(×)
이건 아무것도 아니야. 맛보기일 뿐이야.(○)

'몇 년, 몇 개월, 몇 월, 몇 시간'은 맞는 말이지만 '몇 일'은 틀린 말이다. 올바른 말은 '며칠'인데, 이는 '며칠날'의 준말이다. '몇 일'이 맞는 말이라면 '면 일'로 읽어야 할 것이다. 그러나 그렇게 발음되지 않으므로 '몇 일'은 틀린 말이라는 것을 알 수 있다. '몇 일'은 틀린 말이고 '며칠'이 맞는 말이라는 것을 꼭 기억해 두자.

오늘 날짜가 몇 월 몇 일인가요?(×)
오늘 날짜가 몇 월 며칠인가요?(○)
몸살감기로 몇 일간 푹 쉬어야 할 것 같아요.(×)
몸살감기로 며칠간 푹 쉬어야 할 것 같아요.(○)

'무릎'과 동의어에는 '무르팍'과 '물팍'이 있다. '무릎팍'은 방송사에서 만들어 낸 틀린 말이므로 혹시라도 쓰는 일이 있어서는 안 된다.

관절염이 있어서 무릎이 수시로 쑤신다.
=관절염이 있어서 무르팍이 수시로 쑤신다.
=관절염이 있어서 물팍이 수시로 쑤신다.

식물에 물을 줄 때 사용하는 주전자같이 생긴 도구 이름에 혼란이 많은 것 같다. 인터넷 쇼핑 사이트를 검색해 보면 '물조루, 물조리개, 물뿌리개' 등의 이름으로 판매되고 있다. 그런데 이를 가리키는 바른 명칭은 '물뿌리개'이다. 참고로 '물조루'의 '조루'는 포르투갈 어에서 유래한 말이라고 한다.

누군가가 다른 사람에게 반말로 얘기하는 것을 가리키는 말은 '반말짓거리'가 아니고 '반말지거리', '반말지거리하다'이다. 사람의 말 또는 행동을 낮잡아 부르는 '말짓거리, 짓거리'의 영향을 받아서 반말짓거리라는 표현이 쓰이는 듯하다. 참고로 다른 사람에게 욕설을 퍼붓는 것을 표현하는 말은 '욕지거리', '욕지거리하다'이다.

'방증'은 직접적이지는 않지만 간접적인 증거로써 무언가를 증명한다는 뜻이다. '반증'은 어떤 주장을 뒤집을 수 있는, 그 주장과 반대되는 증거 또는 그것으로써 그 주장이 틀렸음을 증명함을 뜻한다. 그러므로 방증과 반증을 구별해서 사용하도록 하자. 아래 문장에서 그가 이루어 놓은 업적들이 간접적으로 그가 열정적인 사람이라는 것을 증명해 주는 것으로 볼 때, '방증'을 사용하는 것이 맞다.

그가 이루어 놓은 많은 업적들이 그가 얼마나 열정적인 사람인지를 반증한다.(×)
그가 이루어 놓은 많은 업적들이 그가 얼마나 열정적인 사람인지를 방증한다.(○)

반면 아래 문장에서는 '그가 살인범이다, 그가 뇌물을 받았다'라는 사실에 반대되는 증거라는 뜻의 '반증'을 사용하는 것이 올바르다.

그가 무죄라는 것을 증명하려면 살인범이 아니라는 반증이 필요하다.
최근 그가 직무를 수행하는 과정에서 뇌물을 받았다는 주장이 제기되고 있지만, 그가 공직 생활 30년 동안 검소하게 살아왔다는 것이야말로 그 주장이 잘못되었다는 반증이다.

번 : 번지

우리는 일제 시대부터 '동명'과 '번지수'에 기초한 주소를 사용해 왔다고 한다. 반면 2014년도부터 전면 시행된 도로명 주소 체계에서는 번지수 대신 '도로명'과 '건물 번호'로써 주소를 표시한다. 기존 주소

체계에서는 마지막에 있는 숫자가 번지수를 의미했으므로 'ᄋᄋ번지'
라고 읽었지만, 도로명 주소 체계에서는 숫자가 건물 번호를 뜻하기
때문에 'ᄋᄋ번'이라고 읽는다.

외국 영화나 드라마 한글 자막을 보면 외국 주소인데도 항상 'ᄋᄋ
번지' 등으로 번역해 놓았다. 한국에서 도로명 주소가 시행되기 전에
는 설령 외국 주소라 하더라도 우리말로 번역할 때 '번지'를 사용해도
큰 문제가 되지는 않았다. 그러나 이젠 한국에서도 도로명 주소를 쓰
고 있으며 번지라는 말은 역사 속으로 사라졌으므로, 앞으로는 외국
주소를 우리말로 번역할 때 '번지'라는 말을 사용하면 안 되고 '번'이
라는 말을 사용해야 한다. 외국의 많은 나라에서 도로명 주소 체계를
사용하고 있기 때문이다.

서울시 종로구 세종대로 175번지(×)

서울시 종로구 세종대로 175번(○)

다우닝 가 1번지(×)

다우닝 가 1번(○)

보랭 : 보냉

'보온'이라는 말은 오래전부터 사용해 왔지만 '보냉'이라는 말은 최근
에야 쓰이기 시작했다. 보온의 의미를 사전에서 찾아보면 사실 보냉
은 불필요한 말임을 확인할 수 있다. 사전에서는 보온을 주위의 온도

에 상관없이 일정한 온도를 유지하는 것으로 설명하고 있기 때문이다. 그런데 언어 사용자들이 보온을 온기를 유지한다는 뜻을 가진 말로 생각하다 보니, 냉기를 유지한다는 뜻의 보냉을 만들어 쓰고 있다. 아마도 냉장고도 있고 온장고도 있으니까 따뜻한 것과 차가운 것을 구별할 필요가 있다고 생각한 듯하다.

사전의 설명이 맞는다면 보온의 '온'은 '따뜻함'이 아니라 '온도'이다. 우리는 '온도, 고온, 저온'이라는 말은 쓰지만 '냉도, 저냉'이라는 말은 쓰지 않는다. 하지만 마침내 차가운 온도를 유지한다는 것을 의미하는 말이 국어 사전에도 실렸다. 보냉이 실렸을까? 그렇지 않다. 두음 법칙에 따라 한자 랭冷이 두음에 있지 않을 때에는 원음대로 표기하는 것이 맞는다. 국어 사전에는 보랭을 '주위의 온도에 관계없이 시원한 온도를 유지함'이라고 설명해 놓았다. 일본어 사전에도 보온과 보랭이 함께 실려 있는 것으로 보아 아마도 보랭은 일본에서 수입된 말임을 미루어 짐작할 수 있다.

이 용기는 보온 및 보냉 기능이 탁월하다.(×)
이 용기는 보온 및 보랭 기능이 탁월하다.(○)

참고로 엔진 냉각 방식에는 '공랭식'과 '수랭식'이 있다. 마찬가지로 '수랭식'을 '수냉식'으로 쓰는 것은 잘못이다.

부종으로 부은 상태를 가리켜 '붓기'라고 많이 표현하고들 있다. 하지만 이는 잘못이며 한자어 부기浮氣가 맞는 표기이다. 또 그 발음도 [부기]이다. 아마도 동사 '붓다'와 관련이 있다고 생각해 붓기로 표기하는 듯싶다.

철수는 얼마 전에 수술을 받은 터라 붓기가 아직 가라앉지 않은 상태이다.(×)
철수는 얼마 전에 수술을 받은 터라 부기가 아직 가라앉지 않은 상태이다.(○)

우리나라에서는 각종 경조사가 있을 때마다 봉투에 돈을 담아서 축하하거나 위로하기 위해 당사자에게 건넨다. 이 행위를 가리키는 말은 '부주'가 아니라 '부조'이다. 마찬가지로 그 돈을 가리키는 말은 '부조금扶助金' 또는 '부좃돈'이 맞고, '부줏돈'은 틀린 말이다. 한편 축의금은 좋은 일이 있을 때 내는 돈을 가리키고, 조의금, 조위금, 부의금 등은 상갓집에 내는 돈을 가리키는 말이다.

나는 친구가 결혼을 해서 부주를 하였다.(×)
나는 친구가 결혼을 해서 부조를 하였다.(○)

분류는 구체적이고 개별적인 많은 것들을 일정 기준에 따라 몇 가지 그룹으로 나누는 것을 말한다. 구분은 추상적인 개념이나 하나의 사물을 일정 기준에 따라 세부적으로 나누는 것을 말한다. 분류와 구분을 많이 혼동하는데 정 헷갈리면 우리말 '나누다'로 통일하여 사용하면 된다. 또 분리는 붙어 있는 것을 서로 떼어 내는 것을 말한다.

아래 문장 (1)에서 '분리 수거'는 '분류 배출, 종류별 배출, 나눠 내놓기' 등으로 고쳐야 한다. 왜냐하면 가정집에서 쓰레기들을 종류별로 분류해서 지정 장소에 내다 놓으면 수거는 청소 용역 업체에서 하기 때문이다. 마찬가지로 문장 (2)에서는 '구분'이 아니라 '분류'를 쓰는 것이 맞는다. 문장 (3)에서도 수많은 개별적인 우편물들을 우편번호라는 기준에 따라 여러 그룹으로 나누는 것이기 때문에 '구분'이 아니라 '분류'가 맞는다.

1. 쓰레기를 철저히 분리 수거 해 주세요.(×)
2. 1) 반입된 쓰레기를 폐기, 재활용으로 구분하다.(×)
   2) 반입된 쓰레기를 폐기, 재활용으로 분류하다.(○)
3. 1) 우편물을 우편번호별로 구분하다.(×)
   2) 우편물을 우편번호별로 분류하다.(○)
4. 핸드폰은 전자 제품으로 분류된다.
5. 병아리 감별사는 병아리들을 암수로 분류하는 일을 하는 사람이다.
6. 살인죄는 일급 범죄로 분류된다.

아래 문장 (7)~(9)에서 보는 것처럼 구분은 하나의 덩어리를 일정 기준에 따라 세부적으로 나누는 것을 말한다. 그리고 분리는 문장 (10), (11)에서처럼 서로 붙어 있던 것을 자르거나 떼어 내는 것을 말한다.

7. 시는 서정시, 서사시, 극시로 구분된다.

8. 각 객실은 칸막이로 서로 구분된다.

9. 지구 내부는 지각, 맨틀, 핵으로 구분된다.

10. 우리 회사에서는 올해 초 벤처 사업부를 분리하여 별도의 회사로 독립시켰다.

11. 냉장고에서 문이 분리되었다.

비눗갑 : 비눗곽

우리는 흔히 비누를 담아 두는 통을 '비눗곽'으로 부른다. 사전에서 '곽'이라는 말을 찾아보면 '갑'의 잘못된 말이라고 설명돼 있다. 다시 갑을 찾아보면 '물건을 담는 상자' 또는 '거기에 든 물건을 세는 단위' 라고 돼 있다. 따라서 비눗곽이 아니라 비눗갑이 맞는 말이다. 마찬가지로 '우유곽'은 잘못된 말이고 바른 말은 '우유갑'이다. 이 밖에도 갑이 사용된 말에는 '필갑, 지갑, 분갑, 성냥갑, 담뱃갑' 등이 있다. 이 밖에 종이 상자 안에 들어 있는 화장지를 '곽 티슈'라고 부르는 경우가 많은데, 이도 잘못된 말이 분명하다.

영어 자모 'C'의 한글 표기는 '시'이다. 따라서 '비타민 씨'가 아니라 '비타민 시'로 표기하는 것이 맞는다. 외래어 표기법에 의하면 외래어를 한글로 표기할 때 된소리를 사용하지 않는 것이 원칙이기 때문이다. 외래어는 외국에서 들어온 말이지만 그 나라의 말처럼 일상생활에서 사용되는 말을 가리킨다. 어떻게든 외국에서 건너온 말인 것을 증명이라도 하겠다는 듯이 표기를 우리말과 차별화하는 것은 그야말로 우리말을 차별하는 것일 뿐이다. 외래어를 자국어답게 표기하는 것이 자국어에 대한 최소한의 예의이다. 아래는 무심코 우리가 잘못 쓰는 외래어이다.

잘못된 표기	맞는 표기	잘못된 표기	맞는 표기
피씨	피시	빠리	파리
싸이코	사이코	헤르쯔	헤르츠
미쓰	미스	루이뷔똥	루이뷔통
씬	신	구찌	구치
씨티	시티	까르티에	카르티에
로또	로토	엣지	에지
썸씽	섬싱	브릿지	브리지
삐에로	피에로	왓치	와치

'너머'는 어떤 장애물을 넘어가서 반대편에 존재하는 곳을 이르는 말이다. 아래 문장에서 보는 것처럼 화자가 현재 있는 곳과 남촌, 친정 사이에는 산과 고개라는 장애물이 존재하고 있다. 이처럼 너머는 화자가 있는 곳에서 그 장애물을 넘어가면 존재하는 곳을 가리킨다.

1. 산 너머 남촌에는 누가 살고 있을까?
2. 고개 너머에 내 친정이 있다.

문장 (3)에서는 동사 '넘다'가 나오는데 문장 (4)와 전체 의미는 큰 차이가 없지만 문장 (3)에는 움직임이 내포되어 있다. 문장 (5-1)과 (5-2)를 살펴보면 이런 사소한 차이를 느낄 수 있다. '산 너머 산'으로는 역경을 헤쳐 나가는 것을 설명하는 말로는 뭔가 부족하다. 이 경우에는 '산 넘어 산'이라는 표현을 쓰는 것이 적당하다.

3. 저 산을 넘으면 또 산이 나온다.
4. 저 산 너머에 다른 산이 또 있다.
5. 1) 산 너머 산이라고 어려움이 동시에 닥치는 경우가 있다.(×)
   2) 산 넘어 산이라고 어려움이 동시에 닥치는 경우가 있다.(○)

상관없다 : 상관 없다

둘 이상의 것들이 서로 관련성이 없다는 뜻으로 '상관없다'는 말을 쓴다. 상관없다는 명사 '상관'과 '없다'가 합쳐진 합성어이기 때문에 붙여 쓴다. 우리말 합성어는 항상 붙여 쓰는 것은 아니고 상황에 따라 쉽게 분리되는 특성이 있다. 동사와 동사가 합쳐진 합성어 '들어가다'는 '들어는 간다, 들어들 가라'와 같이 보조사의 삽입으로 분리가 된다. 파생어 '안녕하다'도 중간에 보조사가 삽입되면 '안녕들 하다'처럼 분리된다.

명사와 접미사 '-하다'가 결합한 '공부하다, 걱정하다'와 달리 '국어 공부를 하다, 쓸데없는 걱정을 하다'에 쓰인 '하다'는 동사이다. 따라서 앞말과 띄어 써야 한다. 마찬가지로 '상관'과 '없다'도 항상 붙여 쓰는 것이 아니라 '상관이 없다, 아무런 상관 없다'와 같은 표현에서는 반드시 앞말과 띄어 써야 한다.

이 일은 너랑은 상관없다.

그가 회사를 그만두는 것은 나와 상관이 없는 일이다.

너와 아무런 상관 없는 일에 신경 쓰지 마라.

생각하다 : 생각 하다

　명사 뒤에 접미사 '-하다'가 붙을 수 있는 말은 띄어쓰기에 주의해야 한다. 동사 '하다'와 접미사 '-하다'를 구별할 수 있어야 띄어쓰기를 바르게 할 수 있다. '생각'을 수식하는 관형어나 관형절이 없을 경우 '-하다'는 접미사이므로 '생각하다'처럼 표기하면 된다. 아래 문장 (1-2), (2-2)에서는 '생각' 앞에 각각 인용절, 목적어가 있고, 관형사나 관형절이 없으므로 하나의 단어로 보아 '생각하다'처럼 붙여 쓴다.

1. 1) 나는 철수가 공부를 잘한다고 생각 했다.(×)
　　2) 나는 철수가 공부를 잘한다고 생각했다.(○)
2. 1) 그는 항상 자신보다 다른 사람을 먼저 생각 한다.(×)
　　2) 그는 항상 자신보다 다른 사람을 먼저 생각한다.(○)

　반대로 아래 문장 (3), (4)에서처럼 '생각' 앞에 관형사나 관형절이 놓여 생각을 수식하는 경우 '하다'는 동사이므로 '생각 하다'로 표기해야 한다. 문장 (3)에서 '무슨'은 관형사이므로 '생각'은 명사, '하다'는 동사가 된다. 따라서 '무슨 생각 하고(조사 '을' 생략)'로 표기해야 한다. 아래 문장들에 쓰인 '하다'는 접미사가 아니라 모두 동사이므로 앞말과 띄어 쓴다.

3. 넌 지금 무슨 생각 하고 있니?
4. 돈을 많이 벌겠다는 생각만 하지 말고 네가 좋아하는 일을 찾아라.

5. 넌 지금 어떤 공부 하고 있니?

6. 철수는 대입 준비 하느라고 1년 내내 정신적 여유가 없었다.

7. 사돈 남 말 하고 있네.

8. 남의 탓 하지 말고 네 할 일이나 똑바로 해라.

'셋째, 넷째'는 수사 및 관형사로 쓰인다. 예전에는 '세째, 네째'로 표기하는 것도 허용했으나 현재는 셋째, 넷째로만 표기한다. '열, 스물, …' 뒤에도 셋째, 넷째로 표기한다.

철수는 세째 아들이다.(×)

철수는 셋째 아들이다.(○)

네째, 실내에서 조용히 할 것.(×)

넷째, 실내에서 조용히 할 것.(○)

영수의 발표 순서는 열셋째이다.

그의 이번 한국 방문은 스물넷째 번이다.

승부 : 승패

한자어 '승부勝負'는 '이김과 짐'을 뜻하는 말로서 '승패'와 같은 말이다. 그러므로 '승패하다'라는 말과 마찬가지로 '승부하다'라는 말도 틀린 말이다. 동시에 이기고 질 수 없기 때문이다. 그런데도 '승부사, 승부욕' 등이 많이 쓰이는 것을 보면 '승부하다'라는 말의 뜻을 경기에서 '승리하다' 또는 '결전에 임하다'쯤으로 알고 있는 듯싶다. 사전에 실려 있는 단어들을 살펴보면, '승부처'는 승부를 결정하는 분기점, '승부수'는 승부를 결정하는 수를 뜻한다. 이처럼 승부가 포함된 단어들은 '이김과 짐 중 하나를 결정한다'는 뜻을 담고 있다.

우리가 사용하는 말들 중에는 한자어가 큰 비중을 차지하는데 요즘에는 한글로만 표기하다 보니 아무래도 그 단어의 본래 뜻을 잘 모르고 쓰게 된다. 우리는 '승부'가 결정되고 나면 이긴 쪽만 생각하게 된다. 따라서 승부를 결정짓는 것을 승리를 확정 짓는다는 뜻으로 곧잘 받아들이게 되므로 이런 현상이 빚어진다. 그러므로 한자어는 반드시 사전을 찾아보아 정확한 뜻을 확인해 두어야 적절하게 사용할 수 있다.

그들은 오늘 경기에서 타력으로써 승부할 생각이다.(×)

그들은 오늘 경기에서 타력에 승부를 걸 생각이다.(○)

철수는 무엇을 하든지 승부욕이 강하다.(×)

철수는 무엇을 하든지 투지가 강하다.(○)

그는 타고난 승부사이다.(×)

그는 이기려는 근성이 강하다.(○)

우리가 익히 알고 있는 일본어 '쇼부'(しょうぶ, 勝負)는 한자어 표기가 우리말 승부와 같다. 하지만 일본어 쇼부와 우리말 승부는 뜻이 똑같 지는 않다. 일본에서 쓰이는 한자어라고 해서 우리나라에서도 그대로 통한다고 생각한다면 착각일 뿐이다. 생각건대 '승부욕'은 일본말 '쇼부'에 해당하는 한자에 '욕'을 붙여 쓰는 말일 것이다. 실제로 일본어에서 '勝負師'(한국식 발음은 승부사)는 '기사(직업으로 바둑이나 장기를 두는 사람), 노름꾼'을 의미한다. 이렇듯 우리는 일제 잔재 청산에도 노력을 다해야 하지만, 무분별한 일본어 수입도 막아 내야 한다.

시가 : 싯가

횟집에 가서 메뉴판을 유심히 보면 음식값이 고정되어 있지 않고 그때그때 시세에 따라 받는다는 뜻으로 메뉴 옆에 가격 대신 '싯가'라고 적어 놓은 걸 가끔 볼 수 있다. 하지만 '싯가'는 '시가'의 잘못이다. 한자로만 이루어진 말이므로 발음과 관계없이 사이시옷이 들어가지 않은 시가가 바른 표기이다.

싯가 1000만 원짜리 시계가 도둑맞았다.(×)
시가 1000만 원짜리 시계가 도둑맞았다.(○)
그 그림의 가치는 싯가로 환산해 1억 원가량이다.(×)
그 그림의 가치는 시가로 환산해 1억 원가량이다.(○)

'애당초'는 '처음' 또는 '미리'라는 뜻으로 쓰이는 말이다. 애당초와 비슷한 뜻을 가진 말에는 '애초, 당초' 등이 있다. 그러나 사전에 '애시당초'는 애당초의 잘못이라고 나와 있다. 애시당초는 애당초를 강조하는 말인 것처럼 보이지만 잘못된 말이라는 것을 기억하자.

애시당초 나쁜 습관은 들이지 말아야 한다.(×)
애당초 나쁜 습관은 들이지 말아야 한다.(○)
일정이 지연되는 통에 당초 계획을 약간 변경하였습니다.
애초에 넌 그 녀석을 믿지 말았어야 한다.

예전에 나이가 지긋한 남자들이 입던 바지는 양복을 만드는 옷감으로 만든 통이 넓은 바지였다. 사람들은 그 바지를 흔히 '기지 바지'라고 불렀다. 이 '기지'가 일본말이 아니라 한국말이라고 생각하는 사람도 많을 듯하다. '기지'는 '生地'의 일본어 발음이며 옷감을 뜻한다. 그렇게 우리가 일본말인 줄 모르고 쓰는 말이 한두 개가 아닐 것이다. 한국뿐 아니라 전 세계적으로 중국산 제품 없이 도저히 살 수 없다는 말을 들은 적이 있다. 한편 우리는 일본말 없이 살아갈 수 있을까 하는 의문도 든다.

억지 : 어거지

무언가를 해내려고 무리하게 부리는 고집을 가리키는 말은 '억지'이다. 억지 대신에 '어거지'라는 말을 쓰는 사람이 많은데 이는 잘못된 말이라는 것을 알아야 한다. 명사 억지에서 파생한 부사로는 '억지로'가 있다.

그가 갑자기 물건 값을 반이나 깎아 달라고 어거지를 부렸다.(×)
그가 갑자기 물건 값을 반이나 깎아 달라고 억지를 부렸다.(○)
그녀가 머리핀을 자기에게 달라고 떼를 쓰는 바람에 어거지로 주고 말았다.(×)
그녀가 머리핀을 자기에게 달라고 떼를 쓰는 바람에 억지로 주고 말았다.(○)

여러분 : 여러 분

'여러분'은 말하는 사람 앞에 있는 많은 사람들을 지칭할 때 쓰는 2인칭 대명사이다. 반면 '여러 분'은 '여러 명'을 높여 부르는 말이다. 상황에 맞게 구별해서 써야 하는 말이다.

여러분, 앞에 있는 저를 주목해 주십시오.
여러분이 이 나라의 주인공입니다.
이번 행사는 자원 봉사자 여러 분이 도와 주셨습니다.
오늘 교육 관련 전문가 여러 분을 모시고 토론하는 자리를 마련했습니다.

　두음법칙에 따라 '년월일'이 아니고 '연월일'이 맞는다. 그러나 '생년월일' 같은 단어에서는 두음이 아니어서 '년'으로 표기한다.

　이 제품의 제조 연월일은 언제인가요?
　당신의 생년월일을 말씀해 주세요.

　마찬가지로 '年度'가 독립적으로 쓰일 때에는 두음법칙에 따라 '연도'로 표기하고, 독립적으로 쓰이지 않을 경우에만 '년도'로 표기한다.

　당신의 졸업 연도를 말씀해 주세요.
　이 제품의 생산 연도는 2012년입니다.
　한국의 회계연도는 1월 1일부터 12월 31일까지이다.
　2014년도 졸업식을 거행하겠습니다.
　금년도에는 작년도보다 사건 사고가 많이 줄어들기를 기대합니다.

　'오랜만'과 '오랫만'은 발음이 같기 때문에 일상생활에서 많이 쓰면서도 표기할 때는 헷갈리게 마련이다. 표준어는 아니지만 흔히 '간만에 친구를 만났다'처럼 쓰고 있는데, 이것은 '오래간만'에서 앞의 두 글자를 떼어내고 쓰는 말로 보인다. 사실 오래간만의 준말은 바로 오랜만이다. 그래서 받침이 'ㄴ'인 것이다. 이런 사실을 알면 헷갈리지 않을 것이다. 따라서 오랫만은 잘못된 표기이다.

오래간만에 외출을 했더니 기분이 날아갈 것 같다.
철수가 극장에 가서 영화를 본 것은 무척이나 오랫만이었다.(×)
철수가 극장에 가서 영화를 본 것은 무척이나 오랜만이었다.(○)

오랜만과 오랫만을 혼동하는 데에는 '오랫동안'이 한몫했는지도 모르겠다. 오랫동안에 'ㅅ'이 들어가니까 당연히 오랫만이 맞는다고 생각할 수도 있다. 한편 '오랜동안'은 '오랫동안'의 잘못된 표현이다.

나는 오랜동안 하늘의 별자리를 관찰해 왔다.(×)
나는 오랫동안 하늘의 별자리를 관찰해 왔다.(○)

한편 '오랜 동안'은 잘 쓰이는 말은 아니지만 문법적으로는 문제가 없는 말이다. '오랜'은 관형사로 사전에 실려 있으며 '오랜 시간', '오랜 경험'과 같이 쓰인다.

왕거니 : 왕건(?)

국물 있는 음식에서 국물 속에 숨어 있던 큼직한 건더기를 건지고 서 '왕거니다' 또는 '왕건이다(?)' 하고 말하는 것을 들어 보았을 것이다. 물론 생뚱맞게 이런 상황에서 고려를 건국한 태조의 이름이 등장할 리는 없을 것이다. 물론 왕거니가 왕건의 변형된 말일 수는 있다. 사 전에서는 '왕거니'를 '살코기'의 은어로 설명하고 있다. 어쨌든 '왕거니' 가 맞고 '왕건' 또는 '왕건이'는 틀린 말이다.

웃옷 : 윗옷

겉에 입는 옷은 '웃옷'이라고 부르고 위에 입는 옷은 '윗옷'이라고 부 른다. 웃옷은 속옷의 반대말이고 윗옷은 치마나 바지 등 아래옷의 반 대말이다.

날이 추우니까 두꺼운 웃옷을 입고 나가라.
엑스레이 촬영을 할 때에는 윗옷를 벗어야 한다.

그리고 '웃통'은 '사람 몸에서 허리 윗부분' 또는 '윗옷'이라는 뜻을 가 진 말이다.

'유래하다'는 어떤 현상이나 물질의 기원을 설명하고자 할 때 쓰이는 말이다. 그런데 유래와 발음이 비슷하게 들리는 말에 '유례'가 있다. 유례는 어떤 대상과 견줄 수 있는 과거의 비슷한 사례를 뜻하며 '전례'와 뜻이 비슷한 말이다. 모음을 정확히 발음하고 알아듣는 능력이 점점 퇴화하고 있는데, 그것이 표기에 혼란을 초래하고 있는 것이 사실이다. 한편 '유례없다'는 합성어로 사전에 실려 있다.

이 말의 유래를 알기 위해서는 100년 전으로 거슬러 올라가야 한다.
햄버거라는 음식 이름은 독일 지명 함부르크에서 유래하였다.
20세기에 세계는 역사상 유례없는 세계 대전을 두 차례나 겪었다.
한국 현대사의 비극은 세계적으로 그 유례를 찾아보기 힘들다.

명사 이외以外와 의존명사 외外는 뜻이 같은 말이며 긍정문에 쓰일 때와 부정문에 쓰일 때 각각 뜻이 다르다. 이들이 긍정문에서 '이외에(도), 외에(도)'의 형태로 쓰일 때에는 '밖(명사)에도, 말고도'와 비슷한 의미이고, 부정문에서 '이외에(는), 외에(는)'의 형태로 쓰일 때에는 조사 '밖에'와 의미가 비슷하다. 한편 의존명사 '외' 앞에는 지시대명사 '이', '그' 등이 오는 경우가 있다.

1. 한글 이외에도 한국에는 훌륭한 문화유산이 많다.

   = 한글 외에도 한국에는 훌륭한 문화유산이 많다.

   = 한글 말고도 한국에는 훌륭한 문화유산이 많다.

2. 이 외에도 우리 회사에는 좋은 제품이 많습니다.

   = 이 밖에도 우리 회사에는 좋은 제품이 많습니다.

3. 배가 고프니 먹을 것 이외에는 아무것도 생각나지 않는다.

   = 배가 고프니 먹을 것 외에는 아무것도 생각나지 않는다.

   = 배가 고프니 먹을 것밖에 생각나지 않는다.

4. 내가 가진 것은 이것 외에는 없다.

   = 내가 가진 것은 이것밖에 없다.

한편 (3), (4) 문장을 조사 '뿐'을 이용해 아래와 같이 표현하는 것은 잘못이고, '~뿐이다, ~뿐이 아니다' 등의 형태로 사용해야 한다.

3. 배가 고프니 먹을 것뿐이 생각나지 않는다.(×)

4. 내가 가진 것은 이것뿐이 없다.(×)

일대일 : 일 대 일

접두사 '대對-'는 '대북한, 대일본'처럼 뒷말에 붙어 쓰이고, 의존명사 '대對'는 '한국 대 북한, 연합국 대 동맹국, 삼 대 일'처럼 앞말과 뒷말 모두와 띄어 쓴다. 단위성 의존명사 앞에 숫자가 오면 숫자와 붙여 쓸

수 있지만 의존명사 '대對'는 단위를 세는 데 쓰는 의존명사가 아니므로 숫자 뒤에 붙어 쓰일 수 없다. '5개, 10명, 20장, 50리터'는 가능해도 '3대 1'로 표기하는 것은 잘못이라는 것이다. 한편 사람이 한 명씩 서로 맞붙는 상황을 나타내는 '일대일'은 합성어이므로 모두 붙여 쓴다.

현재 중간 득점 상황은 일 대 일(1 대 1)이다.

철수는 복식경기보다 일대일 경기에서 강한 면을 보인다.

한국은 대일본 축구 경기에서 3대 1로 이겼다.(×)

한국은 대일본 축구 경기에서 3 대 1로 이겼다.(○)

그녀는 1000대 1의 경쟁을 뚫고 주인공 역을 따냈다.(×)

그녀는 1000 대 1의 경쟁을 뚫고 주인공 역을 따냈다.(○)

일체 : 일절

한자 표기는 둘 다 '一切'로 같지만 의미에 따라 한글 표기가 달라지는 말이다. '일체'는 긍정문에, '일절'은 부정문에 사용된다는 것을 명심하자.

일체

전임 대통령의 권한 일체는 후임 대통령에게 인계되었다.

카드사에서 내가 지난달 사용한 일체의 결제 내역을 기재한 청구서를 보내왔다.

이번 일은 내가 알아서 처리할 테니, 일절 이러쿵저러쿵 말을 마라.

우리 식당에서는 음식 조리 시 조미료를 일절 사용하지 않습니다.

그러나 아래 문장은 일체와 일절을 잘못 사용한 예이다.

우리 식당에서는 음식 조리 시 조미료를 일체 사용하지 않습니다.(×)

미용 도구 일절 구비.(×)

임 : 님

그리워하는 사람, 존경하는 사람 등을 가리킬 때 '님'을 사용하는 경우가 많다. 그리고 인터넷상에서는 이인칭 대명사로도 많이 쓰인다. 하지만 님은 접미사, 의존명사로 사용되며 명사처럼 단독으로 쓰일 수 없다. 명사로 쓰일 때에는 두음법칙에 따라 '임'으로 쓰는 것이 맞는다.

나는 우리 담임 선생님을 존경한다.(접미사)

홍길동 님, 안으로 들어오세요.(의존명사)

그리운 님 다시 보고 싶어라.(×)

그리운 임 다시 보고 싶어라.(○)

임대 : 임차

'임대'는 빌려주는 것이고 '임차'는 빌리는 것인데, 한 가지 행위를 당사자끼리 서로 다르게 부르는 것뿐이다. 임대인은 임대라고 부르고, 임차인은 임차라고 부르면 아무 문제가 없다. 그리고 제3자가 볼 때는 '임대차'인 것이다. 그런데 임대인이든 임차인이든 무조건 임대라는 말을 쓰고 임차라는 말은 아껴 두는 것 같다.

이 건물 당신 거예요?
-아니요, 임대했어요.(×)
-아니요, 임차했어요.(○)

위 대화에서 건물이 본인 소유인지를 물어보는 질문에 '아니요'라고 했으므로 '임차했다'고 하는 것이 맞는 대답이다.

그리고 빌딩 외벽에 '임대 문의'라고 적혀 있는 것을 볼 수 있는데 적절한 말은 '임차 문의'이다. '표 파는 곳'이 아니라 '표 사는 곳'이 더 적절한 것처럼 말이다.

자루걸레 : 밀대

학교나 큰 건물에서 '바닥을 청소하는 데 쓰는 긴 자루 달린 걸레' 이름은 정말 다양하게 불린다. 지금까지 들어 본 이름은 '밀대, 봉걸레, 마대자루, 마포자루' 등이다. 그리고 인터넷을 검색해 보아도 아주 다양한 명칭이 사용되고 있다. 이런 걸레를 만드는 재료가 마포(삼베)인지는 모르나 그렇다고 그 걸레를 재료의 이름으로 부르는 것은 적절치 않다. 심지어는 걸레질을 마포질이라고도 하는 것 같다. 이 걸레를 가리키는 올바른 명칭은 '자루걸레, 대걸레, 밀걸레'이다. 그런데 주위에서 이 말들을 쓰는 사람은 많이 보지 못했다. 한편 '밀대'는 '밀가루 반죽을 얇고 평평하게 만드는 데 쓰는 기다란 원기둥형 막대'라고 사전에 나와 있다.

철수야, 자루걸레 가져와서 바닥의 물기 좀 닦아 내.
내가 어렸을 적 어머니는 밀대를 이용해서 직접 칼국수를 만드시곤 하셨다.

잘못 : 잘 못

'잘못'은 명사 및 부사로 쓰이는 말이며 뒤에 '-하다'와 결합하면 동사가 된다. '잘못'과 '잘못하다'의 용례는 아래와 같다.

명사 잘못

그 사람은 아무런 잘못이 없다.
누구나 잘못을 저지르면 대가를 치르게 된다.

여름에 음식을 잘못 먹으면 식중독에 걸린다.

약을 잘못 사용하면 오히려 독이 될 수 있다.

제가 말을 잘못했습니다. 부디 용서해 주십시오.

건설 공사 현장에서는 자칫 잘못하면 대형 사고가 일어날 수 있다.

한편 '잘'과 '못'은 각각 부사로 쓰이는 말이다. 부사 '잘'의 대표적인 뜻은 '아주 훌륭하게'인 반면 부사 '못'은 부정('일시성, 일회성' 내포) 또는 무언가를 제대로 하지 못한다('능력 상실' 또는 '지속성' 내포)는 것을 뜻한다. 부사 '못' 앞에 그와 반대되는 의미를 가진 '잘'이 놓여 쓰이는 것은 '무언가를 할 능력이 없다'거나 '할 수 없는 상태가 지속된다'는 뜻을 명확하게 하기 위해서라고 보면 된다.

할아버지는 이가 없으셔서 음식을 잘 못 씹으신다.

영수는 식욕이 별로 없어 밥을 잘 못 먹는다.

장난기 : 장난끼

연예인으로서의 소질, 재능을 뜻하는 말로 '끼'가 사전에 올라 있다. 끼라는 말은 '기가 살다, 기가 죽다'라는 표현에 들어 있는 한자어 기

氣를 강하게 발음한 것에서 유래하였으며 최근에야 사전에 실린 말이다. 연예인이 될 만한 소질이나 능력을 뜻하는 말로 사전에 올랐는데, 거기에서 멈추지 않고 점점 뜻이 확장되고 있는 듯하다. 최근에는 '끼 부리다'라는 표현까지 유행하고 있는 형국이다.

어쨌거나 '바람기, 소금기, 물기' 등과 마찬가지로 '장난기'도 발음은 된소리로 나지만 표기는 예사소리로 한다. '끼'가 사전에 올랐다고 해서 기존 표준어에 쓰인 '기'까지 된소리로 표기하라는 법은 없다. '장난끼'는 틀린 말이고 '장난기'가 맞는 말이라는 것을 기억해 두자. 요즘 우리말, 외래어 할 것 없이 된소리로 발음하고 표기하는 경향이 심해지고 있어 걱정이다. 모 방송에서는 자막에 '쩔친'이라는 표현까지 쓰고 있었다.

바람끼가 있는 사람이랑 결혼하면 결혼 생활이 힘들어진다.(×)
바람기가 있는 사람이랑 결혼하면 결혼 생활이 힘들어진다.(○)
그는 장난끼가 많아서 곧잘 다른 사람의 미움을 산다.(×)
그는 장난기가 많아서 곧잘 다른 사람의 미움을 산다.(○)

조종 : 조정

'조종'이란 비행기나 배 등 큰 탈것을 운전하는 것 또는 모든 것을 자기 마음대로 들고 주무르는 것을 가리키는 말이다. '조작'과 함께 조종은 안 좋은 의미로 곧잘 쓰이고 있다. 반면, '조정'은 잘못되거나 규정에 맞지 않는 것을 바로잡는다는 뜻으로 사용하는 말이다. 조종을 써야 할 자리에 조정을 사용하거나, 조정을 써야 할 자리에 조종을 사용하는 일이 없도록 하자.

철수는 비행기를 조정하는 일을 하고 있다.(×)

철수는 비행기를 조종하는 일을 하고 있다.(○)

그는 경쟁 업체에서 일하는 직원을 조정하여 그 회사의 기밀을 빼냈다.(×)

그는 경쟁 업체에서 일하는 직원을 조종하여 그 회사의 기밀을 빼냈다.(○)

정부에서는 지나치게 낮은 금리를 상향 조종하기로 하였다.(×)

정부에서는 지나치게 낮은 금리를 상향 조정하기로 하였다.(○)

초점이 맞지 않아 카메라 초점을 조종하였다.(×)

초점이 맞지 않아 카메라 초점을 조정하였다.(○)

주스 : 쥬스

외래어 표기법에 따라 영어 'juice'는 '쥬스'가 아니라 '주스'로 표기해야 한다. 그 근거는 한국인들이 주스와 쥬스를 구별해서 발음할 수가 없다는 것이다. 자음 ㅈ, ㅊ은 단모음과 결합하든 복모음과 결합하든 발음에 차이가 없기 때문이다. 따라서 외래어를 한글로 표기할 때 복모음이 들어 있는 '쟈, 져, 죠, 쥬, 챠, 쳐, 쵸, 츄'와 같은 글자들은 사용하지 않는다. 만약 '고개를 처박다'와 '고개를 쳐들다'도 구별해서 표기하지 못하는 사람이 쥬스, 비젼 등의 표현을 즐겨 쓴다면 그것은 정말로 부끄러운 일일 수밖에 없다.

잘못된 표기	맞는 표기	잘못된 표기	맞는 표기
미쟝센	미장센	쟝 발쟝	장 발장
벤쳐	벤처	쥬얼리	주얼리
비젼	비전	챠밍	차밍
비쥬얼	비주얼	쵸이스	초이스
어벤져	어벤저	츄어블	추어블
쟝르	장르	캐쥬얼	캐주얼

> ### 집안 : 집 안

'집안'은 가족 구성원들을 포함하는 공동체를 가리키는 말이며, 가문을 뜻하기도 한다. 반면 '집 안'은 집이라는 건물의 내부를 뜻한다. '집안'은 가족 공동체와 그들이 거주하는 장소와 건물까지를 포함하는 말인 반면, '집 안'은 말 그대로 건물만을 가리킨다. 집과 안이 합쳐져 합성어가 되면서 의미가 확장되었기 때문이다. 참고로 '집안일'은 하나의 단어이므로 모두 붙여 쓴다.

집안

오늘 우리 집안에 행사가 있다.

우리 아이 돌잔치는 집안 식구끼리 단출하게 하기로 했다.

오늘 집안 분위기가 왜 이래?

집안에 무슨 우환이라도 있으십니까?

그 사람은 집안이 좋다.

철수는 집안 형편 때문에 대학 진학을 포기하였다.

이상한 사람을 집안에 들이는 바람에 그 집안은 풍비박산이 났다.

그는 요즘 집 안에 틀어박혀 산다.

애들이 집 안을 온통 어질러 놓았다.

나쁜 사람들을 집 안으로 들이면 안 된다.

손님이 많아 집 안이 시끌벅적하였다.

작은 집 안이 온갖 물건들로 가득 차 있다.

칠푼 바지 : 칠부 바지

'칠부 바지'에 쓰인 '칠부'는 '七分'이 원어이고 한자 '分'의 일본어 발음 '부'를 받아들여 표기한 형태이다. 그래서 칠부 바지가 사전에 올라는 있지만 '칠푼 바지'가 순화어로 제시되어 있다. 의존명사 '푼'과 '분'은 '1할의 10분의 1'을 뜻하므로 '전체의 100분의 1'이라는 의미를 가진 말이지만, 이들이 수사 및 관형사로 쓰일 때에는 '10분의 1'을 뜻한다. 분과 푼은 동의어이면서 일상생활에서 자주 쓰이는 말인데, 다만 부는 分의 일본식 발음이므로 순화 대상이 된 것으로 보인다. 이에 근거하면 '칠부 능선, 팔부 능선'이라는 말도 곧잘 쓰이는데 이들도 '칠분 능선, 팔분 능선' 또는 '칠푼 능선, 팔푼 능선'이라고 해야 옳을 것이다.

한마디 : 한 마디

'한마디'를 사전에서 찾아보면 짧은 말 또는 간단한 말로 설명되어 있다. 한마디는 '한'과 '마디'가 합쳐져서 이루어진 합성어이다. 한편 '마디'를 사전에서 찾아보면 말 또는 글의 한 도막, 즉 어절이라는 설명이 나온다. 따라서 낱낱의 마디를 셀 수 있을 경우에는 '한 마디'로 표기하고, 셀 수 없으면 '한마디'로 표기해야 한다는 결론을 얻을 수 있다. 통상적으로 '한마디'로 붙여 표기해도 큰 문제는 없어 보인다.

사전 용례 검색을 해 보면 '한마디'와 '한 마디'가 모두 있다. '한마디로'가 사용된 용례가 '한 마디로'가 사용된 용례보다 많이 검색된다. 특별히 한 어절이라는 것을 강조할 경우가 아니라면 '한마디로'가 바른 표기일 것이다. 그러나 '단 한 마디'가 사용된 용례는 검색되는 반면 '단 한마디'가 사용된 용례는 없었으며, '단 한 마디'가 사용된 용례는 부정문이었다. 이것은 관형사 '단'이 앞에 놓임으로써 그야말로 '한 어절'의 말도 하지 않았다는 뜻을 나타내기 위함인 것으로 보인다.

한마디로 그는 실패자이다.

그 사람은 한마디로 설명하기 힘든 사람이다.

제가 한마디 하겠습니다.

한마디로 말해, 우리는 지금보다 좀 더 남을 배려해야 한다.

그는 짝꿍이랑 단 한 마디도 하지 않는다.

어느 날 그 사람은 단 한 마디 말도 없이 떠나 버렸다.

일상 생활에서 흔히 '한켠'이라는 말을 쓰고는 있지만 바른 말은 '한편'이다. 사전에는 '켠'이 '편'의 잘못이라고 나와 있다.

자질구레한 물건들은 집 한켠에 모아 두어라.(×)
자질구레한 물건들은 집 한편에 모아 두어라.(○)
그는 돌아가신 아버지의 유품을 우연히 보고는 가슴 한켠이 아려 옴을 느꼈다.(×)
그는 돌아가신 아버지의 유품을 우연히 보고는 가슴 한편이 아려 옴을 느꼈다.(○)

'쌀'이라는 말은 고어의 영향으로 쌀 앞에 다른 말이 오게 되면 초성에 숨어 있는 ㅂ 음이 앞말의 받침으로 실현된다. 따라서 '해쌀(또는 햇쌀), 찰쌀, 메쌀은 틀린 말이고 '햅쌀, 찹쌀, 멥쌀'이 맞는 표기이다. 최근 들어 쌀도 상표를 가지게 되다 보니 시중에 유통되는 쌀의 상표명으로 '햇살'과 발음이 같은 '햇쌀'을 쓰고 있는 것을 종종 볼 수 있지만 잘못된 표기이다. 한편 햅쌀로 지은 밥은 햇밥, 햅쌀밥으로 부른다.

이 밥은 햇쌀로 지은 밥이라서 윤기가 자르르 흐른다.(×)

이 밥은 햅쌀로 지은 밥이라서 윤기가 자르르 흐른다.(○)

햇밥 : 햇반

'햇반'은 인스턴트 밥의 상표명이다. 그러나 이것은 우리말의 고유어를 비속어쯤으로 간주하는 사람들이 만들어 낸 말일 뿐이다. 아침을 조반으로, 점심을 중반으로, 저녁을 석반으로 부르는 것과 다름없으며, 한자를 추앙하고 우리말을 괄시하는 풍조가 빚어 낸 말이다. 또 햇반이라는 말은 성립할 수 없는 말이기도 하다. 독립성이 없는 두 글자를 붙여 놓았기 때문이다. '햇-'은 접두사이므로 당연히 독립성이 없는 말이고, 반飯도 독립성이 없는 한자일 뿐이지 단독으로 쓰이는 명사가 아니다. 당연히 '햇-'은 독립성이 있는 '밥' 앞에 붙어야 맛이 살아난다.

참고로 접두사 '햇-'과 '해-'는 뒤에 있는 명사에 그것이 올해에 생산된 것이라는 뜻을 더해 준다. 그런데 된소리나 거센소리로 시작하는 명사 앞에는 '해-'가 붙는다는 것에 주의해야 한다. 따라서 콩, 땅콩, 팥, 찹쌀 등에는 '햇-'이 아니라 '해-'가 붙는다.

틀린 표기 : 햇콩, 햇땅콩, 햇팥, 햇찹쌀

바른 표기 : 해콩, 해땅콩, 해팥, 해찹쌀

'구녕'은 각 지방에서 '구멍'의 사투리로 쓰이는 말이다. '혼꾸멍나다, 혼꾸멍내다'는 '혼나다, 혼내다'의 속된 말이라고 사전에 실려 있으며 일상생활에서 쓰이기도 한다. 그런데 '혼꾸멍'을 '혼구멍'으로 잘못 알고 있어선지 '혼구녕'을 '혼구멍'의 사투리쯤으로 알고서 쓰는 사람도 있는 것 같다. '혼꾸멍'과 '구멍'은 아무 관련이 없는 말이므로 '혼나다, 혼내다'를 '혼구녕나다, 혼구녕내다'로 잘못 쓰는 일이 없도록 하자.

접미사 '-발'은 명사 뒤에 붙어 그것의 힘 또는 효과라는 뜻을 더해 주는 말이다. 역시나 접미사 '-발'도 된소리 표기 현상에 희생되고 말았다. '화장발, 조명발, 사진발, 말발' 등을 '화장빨, 조명빨, 사진빨, 말빨'로 잘못 표기하는 경우가 많기 때문이다. 글을 쓰기 전에 잠시라도 시간을 내서 사전 찾아보는 습관을 들이도록 하자.

한편 접미사 '-발發'은 특정 시간, 장소에서 출발하거나 시작되었다는 뜻을 더해 주는 말이다.

열 시발 고속버스
서울발 춘천행 열차

미국발 한국행 여객기

미국발 금융 위기

환절기 : 간절기

환절기라는 말은 사전에 올라 있는데, 간절기는 사전에 없다. 환절기가 '두 계절이 공존하는 기간'이라는 뜻이 있는 반면, 간절기間節期는 '두 계절 사이에 끼어 있으면서 어느 계절에도 속하지 않는 기간'의 뜻으로 쓰이는 것 같다. 두 용어를 해석해 놓고 봐도 차이를 느끼기 힘들다. 간절기가 존재한다면 그 자체를 하나의 계절로 봐야 할 것이다. 만약 그렇다면 한국에는 사계절이 아니라 총 여덟 계절이 있다고 해도 틀린 얘기가 아니다. 의류 회사에서 상품 판매를 위해 만들어 낸 말이라는 의심이 든다.

이 옷은 간절기에 입기 딱 좋습니다.(×)

이 옷은 환절기에 입기 딱 좋습니다.(○)

여름에서 가을로 바뀌는 환절기에는 감기를 조심해야 한다.

회를 파는 식당 간판을 살펴보면 '횟집' 대신에 '회집'이라고 표기한 곳이 대부분인 것 같다. 음식 솜씨는 좋은지 몰라도 우리말 실력은 그리 좋지 않은 모양이다. '횟집'은 한자어 '회'와 고유어 '집'이 결합한 말인데 집의 발음이 된소리로 나기 때문에 표기할 때 사이시옷이 삽입된다. 식당을 나타내는 '고깃집, 국숫집' 등도 사이시옷이 들어가는 말이다. 다음부터 회 먹으러 갈 때에는 식당 입구에 씌어 있는 간판부터 한번 살펴보자.

또 음식 이름 중에도 사이시옷이 들어가는 말이 많다. 사전에 실린 말을 예로 들면, '김칫국, 냉잇국, 동탯국, 만둣국, 뭇국, 배춧국, 북엇국, 선짓국, 순댓국, 우거짓국' 등이 있다.

인간이 살면서 느끼는 여러 가지 감정을 뜻하는 말은 '희노애락'이 아니라 '희로애락'으로 표기한다. 한자 '怒'는 원래 음이 '노'이지만 희노애락으로 발음하는 것보다는 희로애락으로 발음하는 것이 훨씬 자연스럽기 때문에 희로애락이 표준어가 되었다. 이 외에도 원래의 한자음에서 달라진 표기를 다음과 같이 표준어로 인정한 사례가 있다.

원래 한자음	달라진 표기(표준어)
대노	대로
허낙	허락
곤난	곤란
무녕왕	무령왕
지이산	지리산
한나산	한라산

사람과 관련 있는 말(모두 붙여서 표기)

내면/외양		행동/관계	
기죽다	잘생기다	벗하다	주제넘다
덜되다	정붙이다	정들다	죽어나다
못나다	주책없다	짝하다	쥐여살다
못되다	꾀까다롭다	동무하다	가까이하다
빼닮다	눈꼴사납다	마주하다	죽어지내다
빼쏘다	덜떨어지다	멀리하다	허튼짓하다
안되다	될성부르다	몰라보다	그럭저럭하다
잘나다	세상모르다	몰라주다	너나들이하다
정들다	스스럼없다	발붙이다	본체만체하다
눈꼴시다	아랑곳없다	사이좋다	우락부락하다
못생기다	엉터리없다	알아듣다	울고불고하다
빈틈없다	정떨어지다	알아보다	울며불며하다
속상하다	어처구니없다	알아주다	죽는소리하다
싹수없다	인정사정없다	앞장서다	죽는시늉하다
어이없다	오락가락하다	얹혀살다	쥐락펴락하다
잘빠지다	붉으락푸르락하다	자리하다	허튼수작하다
		잘나가다	안절부절못하다

제 2 부

동사·형용사

가렵다 : 간지럽다

많은 사람들이 '가렵다' 대신 '간지럽다'를 사용하고 있다. 벌에 쏘이거나 벌레에 물리면 간지러운 것이 아니라 가려운 것이다. 긁고 싶은 충동을 불러일으키는 것은 가려움이지 간지럼이 아닌 것이다. 머리가 가려우면 긁고 싶고, 귀가 가려우면 후비고 싶고, 눈이 가려우면 비비고 싶어진다. 반면 간지러운 것은 긁고 싶은 욕구를 불러일으키지 않으며 그것이 사라질 때까지 그냥 견뎌야 한다.

동생이 내 발바닥을 간질여서 무척 간지럽다.

머리를 안 감았더니 머리가 간지럽다.(×)

머리를 안 감았더니 머리가 가렵다.(○)

겨울에는 날씨가 건조해 피부가 간지러운 경우가 많다.(×)

겨울에는 날씨가 건조해 피부가 가려운 경우가 많다.(○)

마찬가지로 남 보기에 부끄럽다는 뜻을 가진 '낯간지럽다', 다른 사람이 자기 얘기를 하는 것 같을 때 쓰는 '귀가 간지럽다'라는 표현도 긁고 싶은 생각과는 아무런 관련이 없다.

가르치다 : 가르키다

'교육하다'와 같은 뜻으로 쓰이는 말은 '가르치다'이고, '가르키다, 아르키다'는 잘못된 말이다.

넌 걱정 말고 내가 가르켜 주는 대로만 하면 돼.(×)
넌 걱정 말고 내가 가르쳐 주는 대로만 하면 돼.(○)

한편, '가리키다'는 '지시하다, 지목하다'라는 뜻의 말이며 '가르치다'와 혼동해서는 안 된다.

철수가 손가락으로 영수를 가리켰다.
사람들은 그를 가리켜 이 시대의 마지막 영웅이라고 했다.

우리 전래 동요 중에 '우리 누나 손등을 간지러 주어라'라는 가사가 들어 있는 노래가 있다. 손등을 간지럽게 한다는 뜻을 그렇게 표현한 것이다. 그런데 사전을 찾아보면 '간질다' 또는 '간지르다'라는 말은 없다. 맞는 말은 '간질이다' 또는 몇 년 전에 표준어로 인정된 '간지럽히다'이다.

우리 누나 손등을 간질어 주어라.(×)
우리 누나 손등을 간질여 주어라.(○)
= 우리 누나 손등을 간지럽혀 주어라.

'간지럽히다'와 함께 2012년도에 표준어로 인정된 말 몇 개를 예시하면 다음과 같다. 아래 말들은 이른바 복수 표준어들인 셈이다.

기존 표준어	추가된 표준어
자장면	짜장면
만날	맨날('매일'과 동의어)
손자, 손녀	손주(손자와 손녀를 아울러 이름)
복사뼈	복숭아뼈
어수룩하다	어리숙하다('어수룩하다'와 달리 어리석다는 뜻)
거치적거리다	걸리적거리다
떨어뜨리다	떨구다

같이하다 : 같이 하다

타동사 '하다'의 목적어가 따로 있을 경우 '같이'는 '하다'를 수식하는 부사 노릇을 하게 된다. 그런 경우에는 '같이'와 '하다'는 별도의 낱말이므로 띄어 쓰면 된다.

나는 친구와 공부를 같이 하였다.
나는 김 부장님과 10년 동안 일을 같이 하였다.
그는 나보다 1년 먼저 입학하였지만 졸업은 같이 하였다.
영희는 철수와 방과후에 운동을 같이 하였다.
그들은 레스토랑에서 저녁 식사를 같이 하였다.

그러나 위의 문장에서처럼 동작이나 활동을 나타내는 명사가 아닌, '기간을 나타내는 말'이나 추상명사는 동사 '하다'의 목적어로 쓰일 수 없다. 하지만 그런 말들은 합성 동사 '같이하다'의 목적어로 쓰일 수 있다.

우리는 결혼 후 평생을 같이하였다.
그는 30년을 같이한 친구와 영원히 이별하였다.
뜻을 같이하는 사람들끼리 이 단체를 조직하였다.
그들은 같은 직장에서 기쁨과 슬픔을 같이하였다.
일부 직원들이 퇴근 후에 술자리를 같이하였다.

마찬가지로 '함께하다', '함께 하다'도 위에서 얘기한 기준에 따라 붙여 쓰거나 띄어 쓰면 된다.

개다 : 개이다

'비가 내리다가 그침'을 표현할 때 쓸 수 있는 말은 '개다'이다. '개이다'는 잘못된 말이다.

날이 개이기 전까지는 밖에 나가지 마라.(×)
날이 개기 전까지는 밖에 나가지 마라.(○)
오전까지 우중충하게 내리던 비가 오후에 활짝 개였다.(×)
오전까지 우중충하게 내리던 비가 오후에 활짝 개었다.(○)

계시다 : 있으시다

'있다'는 동사와 형용사로 쓰이는 말이다. '있다'는 높임말이 동사일 때와 형용사일 때가 각각 다르다. 동사로 쓰일 때의 높임말은 '계시다'이고 형용사로 쓰일 때의 높임말은 '있으시다'이다. 그러므로 '계시다'는 다른 동사와 같이 활용하고 '있으시다'는 형용사 '있다'와 똑같이 활용한다.

네 할머님은 아직 살아 계시느냐?

실내에 계시는 분은 지금 즉시 밖으로 나와 주십시오.

철수 아버지가 방에 계시다.(×)

철수 아버지가 방에 계신다.(○)

영희 어머니는 살아 계시다.(×)

영희 어머니는 살아 계신다.(○)

어머님, 무슨 걱정거리 있으신가요?

과장님에게는 그럴 권한이 있으시다.

박 교수님은 유럽 여행을 하신 경험이 있으시다.

김 선생님은 따님이 2명 계시다.(×)

김 선생님은 따님이 2명 있으시다.(○)

하지만 윗사람에 대한 존경심이 지나쳐선지 아래와 같이 높임말을
잘못 사용하는 경우도 있다.

이어서 사장님의 훈화가 계시겠습니다.(×)

이어서 사장님의 훈화가 있겠습니다.(○)

우리말에는 어간이 단음절인 용언이 많다. 용언 중에서도 동사는 형용사보다 다양하게 활용을 한다. 자주 쓰이는 동사는 그 활용 형태를 표기하는 데 별 문제가 없지만, 자주 안 쓰이는 말들은 표기할 때 혼동되는 경우가 종종 있다. 혼동하기 쉬운 동사의 활용 형태를 아래에 예시하였다.

고다

엄마가 소고기를 곤다.

할머니가 소뼈를 고신다.

어머니가 닭고기를 고고 계신다.

소뼈를 곤 국물이 아주 시원하다.(고은×)

소고기를 푹 고아서 먹다.(고와서×)

쪼다

그는 항상 부하 직원들을 쫀다.

거래처 직원들을 쪼러 가다.(쪼으러×)

정으로 쫀 돌.(쪼은×)

절다

여름에는 옷이 쉬이 땀에 전다.(쩐다×)

기름에 전 옷을 빨았다.(절은×, 쩔은×)

그는 다리를 전다.(절는다×)

다리를 저는 사람.(절는×)

 그 밖에 어간 마지막 음절에 있는 ㄹ 받침은 활용을 할 때 탈락하는 경우가 많다. 예를 들어 각각 '썰은 김치'는 '썬 김치'로, '말은 김밥'은 '만 김밥'으로, '갈은 고기'는 '간 고기'로, '지갑 속에 들은 돈'은 '지갑 속에 든 돈'으로 표기하여야 한다. 그리고 '머물은 자리'는 '머문(또는 머무른) 자리'로, '서툴은 솜씨'는 '서툰(또는 서투른) 솜씨'로, '낯설은 사람'은 '낯선 사람'으로 써야 한다.

골리다 : 곯리다

 '골'은 '화'와 같은 말이며, '골나다, 골내다'는 각각 '화나다, 화내다'와 같은 뜻이다. 한편 '골리다'는 다른 사람을 골나게 한다는 뜻인데, '곯리다'와 발음이 같아서 혼동하기 쉽다. '곯리다'는 '곯다'의 사동사이다. '곯다'는 '음식물 등이 오래되어 물크러지다', '사람이 골병이 들다', 그리고 '굶다'라는 뜻을 가진 말이다.

 한편 '곯아떨어지다'는 술을 많이 마신 후 잠에 빠져드는 것을 가리키는 말이고, '코를 골다'라는 말은 사람이 잠자면서 드르렁거리는 것을 가리키는 표현이다. 그리고 '골탕을 먹다'는 큰 어려움을 당한다는 말이고, 위에 나왔던 '골병'은 몸속 깊이 든 병을 뜻하는 말이다. 위에 나온 말들은 표기할 때 헷갈리는 말들이어서 여기에서 한꺼번에 다루었다.

> 너 자꾸 귀찮게 사람을 꼴릴 거야?(×)
> 너 자꾸 귀찮게 사람을 골릴 거야?(○)
> 아버지는 피곤하신지 바로 골아떨어지셨다.(×)
> 아버지는 피곤하신지 바로 곯아떨어지셨다.(○)

그러고 나서 : 그리고 나서

'그리고 나서'는 접속부사 '그리고' 뒤에 보조동사 '나서(나+-서)'가 이어지는 형태이므로 올바른 표현이 아니다. 보조동사는 본동사 뒤에만 올 수 있기 때문이다. 맞는 말은 '그러고 나서(그러+고 나+-서)'이다. '그러다'는 '그리하다'의 준말로서 동사이다.

> 나는 집에 오면 먼저 손과 발을 씻는다. 그리고 나서 나는 공부를 한다.(×)
> 나는 집에 오면 먼저 손과 발을 씻는다. 그러고 나서 나는 공부를 한다.(○)
> =나는 집에 오면 먼저 손과 발을 씻고 나서 공부를 한다.

'그러다'는 '그러고는, 그러곤'의 형태로도 자주 쓰인다. 마찬가지로 이것을 '그리고는, 그리곤'으로 잘못 표기하지 않도록 하자.

그는 사흘 일정으로 여행을 떠났다. 그리고는 5일 후에 돌아왔다.(×)

그는 사흘 일정으로 여행을 떠났다. 그러고는 5일 후에 돌아왔다.(○)

=그는 사흘 일정으로 여행을 떠났다. 그러곤 5일 후에 돌아왔다.

그러네 : 그렇네

형용사 '그러하다'의 준말은 '그렇다'인데 본말보다 준말이 더 많이 쓰인다. 준말 '그렇다'는 다른 ㅎ 받침 형용사처럼 ㅎ 받침이 탈락하는 경우가 있다. 어간 '그렇'에 ㄴ으로 시작하는 어미가 결합하면 탈락하는 것이다. 따라서 '그러네(그렇+-네), 그러니(그렇+-으니), 그러냐(그렇+-으냐)'와 같이 활용한다. 마찬가지로 '파랗다, 빨갛다'도 '파라네, 빨가네', '파라니, 빨가니', '파라냐, 빨가냐'로 활용한다. 예전에는 이들의 어간 뒤에 '-ㅂ니다'가 결합한 형태도 표준어로 인정되었지만, 지금은 다른 용언(좋다, 빻다, 닿다 등)과 마찬가지로 '-습니다'가 결합한 형태만 표준어로 인정된다. 따라서 '그럽니다, 파랍니다, 빨갑니다'는 틀린 말이고 '그렇습니다, 파랗습니다, 빨갛습니다'가 맞는 말이다. 아래 문장 (3-2)의 '어떻다'는 '어떠하다'의 준말이다. 마찬가지로 어간의 ㅎ 받침이 탈락하였다.

1. 이제야 철수가 교실에 들어오고 있다.
   - 그렇네.(×)
   - 그러네.(○)

2. 나 지금 무척 배고프단 말이야.

    - 그렇냐?(×) / - 그렇니?(×)

    - 그러냐?(○) / - 그러니?(○)

3. 1) 그는 음식을 먹을 때 맛이 짜네 어떻네 하고 불평을 하곤 한다.(×)

    2) 그는 음식을 먹을 때 맛이 짜네 어떠네 하고 불평을 하곤 한다.(○)

그렇지 : 그치

형용사 '그러하다'는 '그렇다'로는 줄어들지만, '글타(글ㅎ다)'나 '그타(그ㅎ다)'로 줄어들지는 않는다. 따라서 일상적으로 입말에서 '글쵸(그쵸)?', '글치(그치)?'라고 하지만 표기할 때에는 '그렇죠?', '그렇지?'로 해야 한다.

네가 교실 바닥에 쓰레기 버렸지, 글치?(×)

네가 교실 바닥에 쓰레기 버렸지, 그렇지?(○)

당신은 범행 현장에 있었어요. 글쵸?(×)

당신은 범행 현장에 있었어요. 그렇죠?(○)

부사 '그리로, 이리로, 저리로'는 '글로, 일로, 절로'로 줄어드는 것이 인정된다. 그러나 '아래로, 어디로'가 줄어든 '알로, 얼로'는 표준어로 인정되지 않는다. 참고로 '얼로'는 '어디로'의 방언으로 사전에 실려 있다.

금지하다

동사 '금지하다'는 정부기관 등이 관련 법령에 의거 사람들로 하여금 어떤 행위를 하지 못하게 한다는 의미를 갖는다. 따라서 개인이 스스로 어떤 행동을 자제한다는 뜻으로는 쓸 수 없다. 아래 문장은 금지하다를 바르게 사용한 예이다.

1. 정부는 공공장소에서 흡연하는 것을 법으로 금지하였다.
2. 이곳을 출입하는 것은 관련 법에 따라 금지돼 있다.

위 첫째 문장에서 '금지하다'를 쓰면 충분한데 굳이 '금지시키다'를 쓰는 경우도 있다. 정부에서 직접 나서 금지한다는 뜻이라면 '금지시키다'를 사용할 이유가 없다. 아래 문장 (3)에서는 '금지하다'를 '자제하다'로 고쳐야 한다.

1.' 정부는 공공장소에서 흡연하는 것을 법으로 금지시켰다.(×)
3. 이곳은 군사시설이오니 사진 촬영을 금지하여 주시기 바랍니다.(×)

까다롭다 : 까탈스럽다

조건이나 사람이 순조롭거나 무난하지 않을 때 쓸 수 있는 말은 '까다롭다'이며, '까탈스럽다'와 '가탈스럽다'는 잘못된 말이다.

금년도 대입 수능 시험에는 까탈스러운 문제가 많이 출제되었다.(×)

금년도 대입 수능 시험에는 까다로운 문제가 많이 출제되었다.(○)

그는 성격이 이만저만 가탈스러운 편이 아니어서 맞추기가 힘들다.(×)

그는 성격이 이만저만 까다로운 편이 아니어서 맞추기가 힘들다.(○)

그럼 '까탈' 또는 '가탈'은 어떻게 써야 할까? 까탈 또는 가탈은 명사로서 이리저리 트집을 잡음을 뜻한다. 아래 문장에서처럼 '까탈(또는 가탈)을 부리다'의 형태로 쓰인다. 모든 명사 뒤에 접미사 '-스럽다'를 붙일 수 있는 것은 아닌 것이다. 어쨌든 현행 규정상으로는 '까탈스럽다, 가탈스럽다'는 인정되지 않는다.

요즘 거래처에서 까탈을 부리는 바람에 힘들어 죽겠다.

깨치다 : 깨우치다

동사 '깨치다'는 스스로 깨달아 안다는 뜻이다. '깨우치다'는 '깨치다'의 사동사로서 다른 사람으로 하여금 깨달아 알게 한다는 뜻이 된다. 뜻이 다른 말이므로 구별해서 사용하도록 하자.

그가 세상의 이치를 깨우치는 데는 많은 시간이 걸리지 않았다.(×)

그가 세상의 이치를 깨치는 데는 많은 시간이 걸리지 않았다.(○)

그의 아버지는 그에게 사람을 함부로 믿지 말라는 것을 깨우쳤다.

동사 '꼽다'는 자기가 생각하는 어떤 대상을 지목한다는 뜻을 가진 말이다. 반면 동사 '뽑다'는 어떤 공식적인 과정을 거쳐 여럿 중에서 가장 좋은 것을 고르거나 그들 간의 순위를 정한다는 뜻을 갖고 있다. '뽑다'는 '선정하다, 선출하다'라는 의미가 있는 것이다. '꼽다'를 써야 할 상황에서 '뽑다'를 쓰지 않도록 하자.

네티즌은 온라인 투표를 통해 올해 최고의 인기 배우를 뽑았다.
대종상 영화제는 매년 한국 최고의 영화를 뽑는 행사이다.
노벨상 시상식은 매년 각 분야별 최고의 과학자를 뽑아 시상하는 행사이다.
이 영화는 영화 관계자들이 공통적으로 올해 개봉된 영화 중 최고로 뽑은 영화이다.(×)
이 영화는 영화 관계자들이 공통적으로 올해 개봉된 영화 중 최고로 꼽은 영화이다.(○)
저 집은 우리 동네에서 맛있기로 첫손에 뽑히는 식당이다.(×)
저 집은 우리 동네에서 맛있기로 첫손에 꼽히는 식당이다.(○)

동사 '꽂다'는 끼우거나 찔러서 고정한다는 뜻으로 쓰인다. '꼽다'는 손가락을 이용해 헤아리거나 지목한다는 뜻으로 사용한다. '꽂다'를 써야 할 자리에 '꼽다'를 쓰는 경우가 있는데 이는 잘못 사용하는 것이다.

철수는 소풍 갈 날을 손꼽아 기다린다.

그는 한국에서 첫손에 꼽히는 등산가이다.

다 본 책은 다시 책꽂이에 꼽아 놓아라.(×)

다 본 책은 다시 책꽂이에 꽂아 놓아라.(○)

저기 머리핀을 꼽은 애가 내 딸이다.(×)

저기 머리핀을 꽂은 애가 내 딸이다.(○)

나는 케이크에 양초를 언니 나이 수만큼 꼽았다.(×)

나는 케이크에 양초를 언니 나이 수만큼 꽂았다.(○)

꿔어줘 : 꿔줘

동사 '빌리다'와 '빌려주다'의 관계는 '꾸다'와 '꿔어주다'의 관계와 같다. '빌리다'와 '꾸다'는 다른 사람한테 받는 것을 말하고 '빌려주다'와 '꿔어주다'는 다른 사람한테 주는 것을 뜻한다. 따라서 다른 사람한테 돈을 빌릴 때 '돈 좀 꿔줘'가 아니라 '돈 좀 꿔어줘'라고 해야 한다.

나는 돈이 급히 필요해 철수한테 돈을 꾸었다.

영희야, 나한테 돈 천 원만 꿔줘.(×)

영희야, 나한테 돈 천 원만 꿔어줘.(○)

나는 영수한테 돈 천 원을 꿔주었다.(×)

나는 영수한테 돈 천 원을 뀌어주었다.(○)

끼워 주다 : 껴 주다

사전을 찾아보면 동사 '끼이다'와 '끼우다'의 준말로 '끼다'가 실려 있다. 따라서 '문에 끼이다, 사람들 틈에 끼이다, 나사를 끼우다, 타이어를 끼우다' 들의 준말로 '문에 끼다, 사람들 틈에 끼다, 나사를 끼다, 타이어를 끼다'가 인정되는 것이다. 그러나 '사람을 같은 편에 끼워 주다', '끼워팔기' 등에 쓰인 '끼우다'는 준말 '끼다'가 인정되지 않는다.

우리 모임에 철수도 껴 주자.(×)

우리 모임에 철수도 끼워 주자.(○)

운영 체제와 인터넷 브라우저를 껴 팔다.(×)

운영 체제와 인터넷 브라우저를 끼워 팔다.(○)

한편 '끼이다, 끼우다'의 과거형인 '끼였다, 끼웠다'는 아래와 같이 모두 '끼었다'와 '꼈다'로 줄어들 수 있다.

문틈에 손이 끼였다.

=문틈에 손이 끼었다.

=문틈에 손이 꼈다.

형광등을 갈아 끼웠다.

=형광등을 갈아 끼었다.

=형광등을 갈아 꼈다.

나뉘다 : 나뉘어지다

동사 '나누다'의 피동사는 피동 접미사 '-이-'가 결합한 '나뉘다'이다. 어간에 '-어지다'가 결합된 '나누어지다'를 써도 된다. 그러나 '나뉘어지다'는 이중 피동형으로 잘못된 말이다.

쓰레기는 크게 일반 쓰레기와 재활용 쓰레기로 나뉜다.

지구 표면은 육지와 바다의 분포에 따라 육반구와 수반구로 나누어진다.

운동장에서 아이들이 두 편으로 나뉘어져 축구를 하고 있다.(×)

운동장에서 아이들이 두 편으로 나뉘어 축구를 하고 있다.(○)

날다 : 나르다

어간의 마지막 음절이 ㄹ 받침인 용언은 활용할 때 ㄹ이 탈락하는 경우가 많다. 이런 용언의 어간 뒤에 ㄴ, ㅂ, 일부 모음으로 시작하는 어미가 결합하거나 높임을 나타내는 어미 '-시-'가 결합할 때 이런 현상이 일어난다.

한편 동사 '절다'를 강하게 '쩔다'로 발음하거나 표기하는 경향이 있는데 이는 잘못이라는 것을 기억하자. 인터넷상에는 신조어 '쩔다'가 돌아다니고 있다.

인간에게 하늘을 <u>나는</u> 것은 오랜 꿈이었다.(날+는)

비행기가 발명되기 전에도 인간은 하늘을 <u>난</u> 적이 있다.(날+은)

종이비행기가 잘 <u>나네</u>.(날+네)

종이비행기가 잘 <u>나는군요</u>.(날+는군요)

시골에 <u>사시는</u> 분 계세요?(살+시는)

땀에 <u>전</u> 옷을 깨끗하게 빨았다.(절+ㄴ)

녹이 <u>슨</u> 칼을 숫돌에 갈았다.(슬+ㄴ)

그런데 어간의 마지막 음절의 받침이 ㄹ이 아니라 ㅀ인 경우에 아래와 같이 ㅀ을 탈락시켜서 발음하거나 표기하는 경우가 있는데 이는 잘못이다.

핸드폰이 오래되니까 배터리가 잘 다네.(×)

핸드폰이 오래되니까 배터리가 잘 닳네.(○)

통화를 오래 하면 배터리가 금방 단다.(×)

통화를 오래 하면 배터리가 금방 닳는다.(○)

또 사람들이 실수하는 것이 동사 '나르다'와 착각을 해선지 '날다'의 과거형을 '날랐다'로 표기한다는 것이다. 아래에서 보는 것처럼 '나르다'의 과거형이 '날랐다'이고, '날다'의 과거형은 '날았다'이다. '날라 차기'도 '날아 차기'의 잘못된 형태이다.

> 증시 폭락으로 내 투자금은 그야말로 바람처럼 날라갔다.(×)
> 증시 폭락으로 내 투자금은 그야말로 바람처럼 날아갔다.(○)
> 그 사기꾼들은 사기 행각이 들통이 나자마자 바로 날랐다.(×)
> 그 사기꾼들은 사기 행각이 들통이 나자마자 바로 날았다.(○)
> 철수야, 영수와 함께 이삿짐 좀 날라라!
> 나는 영수와 함께 이삿짐을 날랐다.

위에서 얘기한 내용들을 기억한다면 노래 가사 중에도 틀린 것들이 꽤 있다는 것을 알게 될 것이다. 그중 몇 가지 생각나는 가사를 적어 보면 다음과 같다.

> 거치른 벌판으로 달려가자~(→ 거친)
> 저 넓고 거칠은 세상 끝 바다로~(→ 거친)
> 울며 울며 날으는 갈매기여~(→ 나는)
> 힘들은 나의 일기도 내일을 향해서라면~(→ 힘든)

낳은 : 나은

'한국이 나은 세계적인 학자'라는 표현에 쓰인 '나은'은 틀린 표기이다. 기본형이 '낳다'이므로 '낳은'이라고 표기해야 한다. 받침이 있는 용언 뒤에 어미가 결합할 때 변형이 생기는 경우가 많기 때문에 받침이 없는 용언과 달리 표기하는 데 주의가 필요하다. 받침이 있는 주요 용언들의 활용 형태를 아래와 같이 표로 정리했다.

어간의 받침	용언의 관형형(기본형)
ㅅ	지은(짓다) 이은(잇다) 부은(붓다) 숫은(솟다) 씻은(씻다) 나은(낫다)
ㅎ	낳은(낳다¹) 닿은(닿다) 쌓은(쌓다) 찧은(찧다) 좋은(좋다) 파란(파랗다) 그런(그렇다) 널따란(널따랗다)
ㄹ	머문(머물다) 서둔(서둘다) 난(날다) 단(달다) 언(얼다) 푼(풀다) 슨(슬다²) 가문(가물다) 서툰(서툴다)
ㅂ	잡은(잡다) 주운(줍다) 도운(돕다) 곱은(곱다³) 고운(곱다, 형용사) 좁은(좁다) 반가운(반갑다)
ㄷ	실은(싣다) 불은(붇다) 물은(묻다=질문하다) 길은(긷다) 묻은(묻다=매장하다) 닫은(닫다) 디딘(딛다⁴) 굳은(굳다)
ㅈ	가진(갖다⁴) 낮은(낮다)

1) 낫다, 낮다와 혼동하지 말 것

2) 슬다: 녹이 슬다, 곰팡이가 슬다

3) 곱다: 추워서 손가락이 곱다

4) '딛은', '갖은'이라고 표기하지 말 것(관형사 '갖은'과 혼동하지 말 것)

* '머물다, 서둘다, 서툴다, 딛다, 갖다'는 각각 '머무르다, 서두르다, 서투르다, 디디다, 가지다'의 준말임

위에서 보듯이 받침 ㄹ은 활용할 때 탈락하는 경우가 많다. '머문, 난, 단, 연' 등을 '머물은, 날은, 달은, 열은' 등으로 표기하지 않도록 하자. 받침 ㅂ은 변화가 없는 경우와 모음 '우'로 변형되는 경우로 나뉘며, 받침 ㄷ도 ㄹ로 변형되는 경우와 변형되지 않는 경우로 나뉜다.

놀래다 : 놀래키다

동사 '놀라다'의 사동사는 사동 접미사 '-이-'가 결합한 '놀래다'이다. '놀래키다'는 '놀래다'의 잘못된 말이다.

사람들을 함부로 놀래켜서는 안 된다.(×)
사람들을 함부로 놀래서는 안 된다.(○)

그리고 '놀라다'의 과거형은 '놀랐다'이다. '놀래다'의 과거형 '놀랬다'와 혼동하지 말아야 한다.

철수가 뒤에서 큰 소리로 나를 부르는 바람에 나는 깜짝 놀랬다.(×)
철수가 뒤에서 큰 소리로 나를 부르는 바람에 나는 깜짝 놀랐다.(○)
철수가 건물 모퉁이 뒤에 숨어 있다가 영희를 놀랬다.

참고로 '혼내키다'는 '혼내다'의 잘못된 말이다.

동사 '눋다'는 '너무 뜨거워져 타다'의 의미가 있다. 흔히 '밥솥이 과열되면 밥이 눋는다'와 같이 표현된다. '눌어붙다'는 눌어서 어딘가에 붙어 버리는 것을 표현하는 말이다. '눋다'의 어간에 어미 '-어'가 결합하면 '눌어'가 된다. 따라서 '눌어붙다'가 맞는 말이고 '눌러붙다'는 틀린 말이다. 한곳에 머무른다는 의미가 있는 '눌러살다, 눌러앉다'와 표기를 혼동하지 말아야 한다. 왜냐하면 이 단어들 앞에 있는 '눌러'는 동사 '누르다'의 활용 형태이기 때문이다. 한편 '눌어붙다'와 의미가 비슷한 말로 '들러붙다, 달라붙다'가 있다.

밥알이 밥솥 바닥에 눌러붙었다.(×)
밥알이 밥솥 바닥에 눌어붙었다.(○)

참고로 '누룽지'와 '눌은밥'에도 동사 '눋다'의 활용형이 들어 있다. 누룽지는 솥에 눌어붙은 상태의 딱딱한 밥이라는 뜻이고 눌은밥은 누룽지를 물에 불려서 긁어 낸 밥이라는 뜻이다.

형용사 '다르다'는 같지 않다는 뜻이고 동사 '틀리다'는 맞지 않는다는 뜻이므로, 구별해서 사용해야 한다. '다르다'를 써야 할 자리에 '틀리다'를 쓰는 경우가 많다.

진품과 모조품은 색깔부터 틀리다.(×)
진품과 모조품은 색깔부터 다르다.(○)
그 두 사람의 경기 진작 방안은 서로 틀렸다.(×)
그 두 사람의 경기 진작 방안은 서로 달랐다.(○)
단지 네 생각과 다르다고 해서 틀렸다고 하지 마라.
네 주장이 맞는지 틀렸는지 곧 밝혀질 것이다.

다하다 : 다 하다

'다하다'는 부사 '다'와 동사 '하다'가 합쳐진 합성어이다. '다하다'가 목적어로 취할 수 있는 단어는 제한적이다. '다하다'의 앞에 놓이는 단어들은 보통 추상명사이며 개별화할 수 없는 말이다.

타동사로 쓰이는 경우

나는 지금까지 살아오면서 모든 일에 항상 최선을 다했다.
저희 임직원은 고객 여러분을 위해 정성을 다하겠습니다.

나는 회사에서 내 책임을 다하였고, 마침내 과장으로 승진하였다.

지금 여러분이 각자 자신의 역할을 다해 주시기 바랍니다.

이 외에도 '도리를 다하다, 전력을 다하다, 열성을 다하다, 힘을 다하다, 의무를 다하다, 몫을 다하다, 노력을 다하다, 열과 성을 다하다' 등의 표현이 가능하다.

자동사로 쓰이는 경우

자동차 수명이 다해 폐차할 예정이다.

위 문장에서처럼 자동사로 쓰일 때에는 종료 지점에 도달한다는 의미가 있다.

그러나 위에서 보인 용례 이외에는 합성어가 아니므로 '다 하다'와 같이 띄어 써야 한다.

나는 집에 오자마자 숙제를 다 했다.

오늘 할 일 다 하고 노는 거니?

나는 휴일에 그동안 밀렸던 빨래를 다 해 버렸다.

철수한테 그동안 참았던 말을 다 하고 나니 속이 후련하다.

나는 가난에서 벗어나기 위해 별짓을 다 해 봤다.

힘, 돈 등이 부족하다는 뜻으로 쓰일 수 있는 말은 '달리다'이며, 그 발음도 [딸리다]가 아니고 [달리다]로 한다. 한편 '딸리다'는 부수적인 것들이 곁들여져 있다는 뜻이다.

철수에 비해 나는 학습 능력이 많이 달리는 편이다.
요즘 기운이 통 없고 힘도 예전에 비해 달린다.
그녀에게는 딸아이 한 명과 아들아이 한 명이 딸려 있다.
대한민국 본토에는 약 3000개의 섬이 딸려 있다.

단맛을 표현하는 말은 매우 많다. '달콤하다, 달큼하다, 들큼하다'를 비롯해 '달곰하다, 달금하다, 달착지근하다, 달짝지근하다, 들쩍지근하다, 들척지근하다' 등이 그것들이다. 그러나 요즘 들어 '달콤하다'는 뜻으로 '달달하다'라는 말이 쓰이고 있는데 이는 잘못된 쓰임이다. 사전을 찾아보면 '달달하다'는 몸을 떤다는 의미의 의태어 또는 달달 소리를 낸다는 의미의 의성어이다. 한편 '달다하다'는 '달곰하다'의 방언으로, '다달하다'는 '달콤하다'의 잘못으로 사전에 올라 있다.

사과가 달달하게 맛있다.(×)

사과가 달콤하게 맛있다.(○)

담그다 : 담다

음식 따위를 만든다는 뜻으로 쓸 수 있는 말은 '담그다'이다. '담다'는 물건 같은 것을 집어넣는다는 의미로 쓰인다. 음식을 만든다는 뜻으로 '담다'를 쓰는 것은 잘못이다.

어머니는 항상 김장철이면 손수 김치를 담곤 하셨다.(×)

어머니는 항상 김장철이면 손수 김치를 담그곤 하셨다.(○)

우리 집은 김치를 사서 먹지 않고 직접 담아서 먹는다.(×)

우리 집은 김치를 사서 먹지 않고 직접 담가서 먹는다.(○)

당기다 : 댕기다 : 땅기다 : 땡기다

'당기다'는 앞으로 잡아 끈다는 뜻이고, '댕기다'는 불을 붙인다는 뜻이며, '땅기다'는 근육 등이 긴장해 아프다는 의미이다. 많은 사람들이 입맛이 당긴다는 뜻으로 '땡기다'를 쓰고 있지만, 이는 '당기다'를 잘못 쓴 경우이다.

나는 의자를 앞으로 바짝 땡겨 앉았다.(×)

나는 의자를 앞으로 바짝 당겨 앉았다.(○)

오늘은 비가 와서 그런지 얼큰한 칼국수가 땡긴다.(×)

오늘은 비가 와서 그런지 얼큰한 칼국수가 당긴다.(○)

한편 '당기다'를 '댕기다' 또는 '땅기다' 대신 사용하는 경우도 흔히 볼 수 있다.

나는 성냥으로 케이크에 꽂힌 양초에 불을 당겼다.(×)

나는 성냥으로 케이크에 꽂힌 양초에 불을 댕겼다.(○)

오랫동안 쉬지 않고 걸었더니 종아리가 무척이나 당긴다.(×)

오랫동안 쉬지 않고 걸었더니 종아리가 무척이나 땡긴다.(×)

오랫동안 쉬지 않고 걸었더니 종아리가 무척이나 땅긴다.(○)

마지막으로 '잡아당기다' 대신 '잡아다니다'를 쓰는 경우도 있는데 이것도 잘못이다.

당황하다 : 황당하다

일상생활에서 '당황하다'와 '황당하다'라는 말을 자주 쓴다. 글자를 뒤바꿔 놓은 듯한 이 말들을 사람들은 뜻이 비슷하다고 생각하는 듯하다. 그러나 두 단어는 뜻이 확연히 다르다. 동사 '당황하다'는 '적잖이 놀라다'라는 뜻으로 사람의 감정을 표현할 수 있는 말이다. 하지만 형용사 '황당하다'는 허황되고 터무니없다는 뜻으로 쓰이며 '황당무계하다'와 동의어이다. '황당하다'는 '어이없다', '어처구니없다'와는 뜻이 다른 말이며, 따라서 사람의 감정을 표현하는 데 쓸 수 없는 말이다. 많은 사람들이 '황당하다'를 '어이없다', '어처구니없다' 대신에 사용하고 있지만, 이는 잘못된 사용이다.

> 철수는 좁은 골목길 반대편에서 사람이 갑자기 나타나 당황하였다.
> 어제 어머니한테서 황당한 얘기를 들었다.
> 웬 낯선 남자가 내 가방을 뒤지는 것을 보고 황당하였다.(×)
> 웬 낯선 남자가 내 가방을 뒤지는 것을 보고 어이가 없었다.(○)
> 예전에 사귄 남자가 맞선 자리에 나타난 순간 그녀는 황당했다고 한다.(×)
> 예전에 사귄 남자가 맞선 자리에 나타난 순간 그녀는 어처구니없었다고 한다.(○)

대신하다 : 대신 하다

'대신代身'은 명사인데 '무엇을 누구 대신 하다', '무엇 대신 무엇', '~은/는 대신' 등의 형태로 쓰이는 말이다. '하다'가 명백히 동사로 쓰인 경우에는 앞에 오는 '대신'과 띄어 써야 한다. 그러나 '대체하다, 대용하다'와 비슷한 의미로 쓰이는 '대신하다'는 한 단어이므로 붙여 써야 한다.

1. 1) 작은 것 대신 큰 것을 가져가거라.

   2) 철수는 착한 대신 공부를 못한다.

2. 1) 오늘 청소는 제가 철수 대신 하겠습니다.

   2) 그는 늘 궂은일을 다른 사람 대신 하였다.

3. 1) 오늘 체육 수업은 실내 수업으로 대신한다.

   2) 이 영수증은 세금계산서를 대신합니다.

   3) 요즘은 전기밥솥이 가마솥을 대신하고 있다.

더하다 : 더 하다

'더하다'는 합성어로서 형용사로도, 동사로도 쓰이는 말이다. 우선 형용사로는 문장 (1-1), (1-2)에서처럼 조사 '보다'와 어울려 '심하다'라는 뜻으로 쓰인다. 한편 동사로서는 문장 (2-1)~(2-3)에서처럼 '합산하다, 심해지다' 등의 뜻으로 쓰인다.

1. 1) 오늘이 어제보다 추위가 더하다.

   2) 넌 공부도 안 하는 데다가 사고까지 치니 철수보다 더한 놈이다.

2. 1) 숫자 3과 5를 더하면 8이 된다.

   2) 평론가들은 그가 출연한 것이 이 영화에 한층 재미를 더했다고 말한다.

   3) 일본과 주변 국가 간 갈등이 날로 더하고 있다.

그 밖의 뜻으로 쓰일 때에는 '더'는 부사이고 '하다'는 동사이므로 띄어 쓴다.

난 공부 더 하고 갈 테니 너 먼저 가라.
이대로 끝내면 아쉬우니까 한 번 더 해 봐.

덜하다 : 덜 하다

'덜하다'는 '더하다'의 반대어로서 '더하다'와 달리 동사로는 쓰이지 않는다. 그 대신 동사 '덜다'가 동사 '더하다'의 반대어로 쓰일 수 있다. 보통 조사 '보다'와 어울려 쓰인다.

오늘은 어제보다 무릎 통증이 훨씬 덜하다.
흔히 영화의 속편은 전편보다 재미가 덜하다고 한다.

그 외의 경우에는 '덜 하다'와 같이 띄어 쓴다. 이때 '덜'은 부사이고 '하다'는 동사이다.

과장님이 먼저 퇴근했고, 난 일을 덜 했기 때문에 사무실에 남았다.

덮이다 : 덮히다

'-이-'와 '-히-' 둘 다 피동 및 사동 접미사로 쓰이지만, '덮다'를 피동사로 만드는 접미사는 '-이-'이다. 따라서 '덮이다'가 맞는 말이고 '덮히다'는 틀린 말이다. 동사 어간이 거센소리나 된소리 받침으로 끝나면 접미사 '-히-' 대신 '-이-'가 붙는다.

만년설에 덮힌 히말라야 고봉들이 새하얗다.(×)
만년설에 덮인 히말라야 고봉들이 새하얗다.(○)

한편 '덥히다'는 형용사 '덥다'의 어간에 사동 접미사 '-히-'가 붙어 이루어진 말이다. '데우다'와 뜻은 비슷하다.

그의 따뜻한 말 한마디가 내 마음을 덥혀 주었다.
물 덥혀 놓았으니까 얼른 씻어라.

데다 : 데이다

'화상을 입다'라는 뜻으로 쓰는 말은 동사 '데다'이다. '데다'는 자동사이므로 피동사가 존재하지 않는다. 따라서 '데이다'는 틀린 말이다. 한편 동사 '베다'는 타동사여서 피동사(베이다)가 존재한다.

실수로 뜨거운 물에 손을 집어넣었다가 손가락을 데이고 말았다.(×)

실수로 뜨거운 물에 손을 집어넣었다가 손가락을 데고 말았다.(○)

너도 그 사람한테 데였냐? 나도 그랬어.(×)

너도 그 사람한테 데었냐? 나도 그랬어.(○)

돋치다 : 돋히다

동사 '돋치다'는 속에 있거나 안 보이던 것이 겉으로 나타나는 것을 의미하며 동사 '돋다'의 어간 뒤에 강조의 뜻을 나타내는 접미사 '-치-'가 결합된 말이다. 그러나 얼핏 '돋다'의 피동사인 것 같은 '돋히다'는 잘못된 말이다. '돋다'는 자동사이므로 피동사가 존재하지 않는다.

이 물건은 날개가 돋친 듯이 팔릴 정도로 인기가 많다.

나는 무서운 영화를 보면 온몸에 소름이 돋친다.

되뇌다 : 되뇌이다

동사 '되뇌다'는 마음속으로 다짐한다는 뜻으로 쓰이는 말이다. '되뇌이다'는 '개이다(→ 개다)', '배이다(→ 배다)' '설레이다(→ 설레다)', '헤매이다(→ 헤매다)'와 마찬가지로 잘못된 말이다.

철수는 마음속으로 다시는 실수하지 말자고 되뇌였다.(×)

철수는 마음속으로 다시는 실수하지 말자고 되뇌었다.(○)

되다 : -되다

　사전을 찾아보면 '되다, 하다, 당하다, 시키다, 받다, 드리다'는 동사로
도, 접미사로도 쓰이므로 별도의 표제어로 실려 있다. 동사로 쓰일 때와
달리 접미사로 쓰일 때에는 앞말에 붙여 써야 한다는 점을 꼭 기억하자.
'-하다'는 능동의 의미, '-되다, -당하다, -받다'는 피동의 의미, '-시키다'는
사동의 의미를 더해 주며, '-드리다'는 공손의 의미를 더해 주는 말이다.
'드리다'는 보조동사로도 쓰이는데 보조동사 '주다'의 높임말이다.

　철수는 영어를 공부 한다.(×)

　철수는 영어를 공부한다.(○)(접미사)

　영희는 국어 공부한다.(×)

　영희는 국어 공부를 한다.(○)(본동사)

　눈이 얼어 얼음이 되었다.(본동사)

　이 방은 서재로 사용된다.(접미사)

　그는 사람들 앞에서 굴욕을 당했다.(본동사)

　그는 실형 선고를 받고 구속당했다.(접미사)

　휴일에 빨리 회사로 출근하라는 전화를 받았다.(본동사)

　그는 가족들한테 버림받았다는 생각이 들었다.(접미사)

음식을 시켰으나 아직 나오지 않았다.(본동사)

아이들 교육시키는 데 돈이 많이 든다.(접미사)

나는 아버지에게 생신선물을 드렸다. (본동사)

나는 어머니에게 앞으로 잘하겠다고 말씀드렸다.(접미사)

아저씨, 제가 도와 드리겠습니다.(보조동사)

한편 동사 '되다'의 어간 뒤에 '-어지다'를 붙인 '되어지다', '-게 되다'를 붙인 '되게 되다'라는 표현을 간혹 쓰는데, 둘 다 부자연스러운 말이다. '-어지다'는 타동사나 형용사 뒤에 붙는 말이기 때문이다. 그리고 '되게 되다'와 '되다'의 의미상 차이는 없다. 이것들은 군더더기를 덧붙인 표현에 불과하다. 또 접미사 '-되다'가 붙어 이루어진 동사 뒤에 '-어지다'를 붙인 형태는 이중 피동형이므로 당연히 잘못된 말이다.

그는 졸업 후 회사원이 되어졌다.(×)

그는 졸업 후 회사원이 되게 되었다.(×)

그는 졸업 후 회사원이 되었다.(○)

우리의 문자인 한글은 15세기에 창제되어졌다.(×)

우리의 문자인 한글은 15세기에 창제되게 되었다.(×)

우리의 문자인 한글은 15세기에 창제되었다.(○)

휴대 전화는 전 세계적으로 사용되어지고 있다.(×)

휴대 전화는 전 세계적으로 사용되고 있다.(○)

그는 한국에서 가장 뛰어난 물리학자로 생각되어진다.(×)

그는 한국에서 가장 뛰어난 물리학자로 생각된다.(○)

두말하다 : 두말 하다

일상생활에서 우리는 흔히 '두말하면 잔소리'라는 표현을 자주 쓴다. 그런데 '두말하다'를 '두말 하다' 또는 '두 말하다'로 잘못 표기하는 경우가 있다. '두말하다'는 말을 이랬다저랬다 한다는 뜻으로 쓰이는 합성어이므로 붙여 써야 한다. '군말하다, 딴말하다, 긴말하다, 빈말하다, 잔말하다' 등도 붙여 쓰는 말이다.

괜히 나중에 딴말하면 안 돼.
잔말하지 말고 일이나 열심히 해.
이번 사건에 대해서는 더 긴말할 필요가 없다.

뒤처지다 : 뒤쳐지다

'뒤처지다'는 남보다 뒤떨어진다는 뜻이고, '뒤쳐지다'는 뒤로 젖힌다는 뜻을 가진 '뒤치다'의 피동형이다. '뒤처지다'를 써야 할 자리에 '뒤쳐지다'를 잘못 쓰는 경우가 있다. 표기가 비슷하지만 뜻이 전혀 다르므로 서로 혼동하지 말아야 한다.

예습과 복습을 철저히 하지 않으면, 공부에서 남보다 뒤쳐지게 된다.(×)
예습과 복습을 철저히 하지 않으면, 공부에서 남보다 뒤처지게 된다.(○)
널어 놓은 빨래가 바람에 뒤쳐졌다.

들어내다 : 드러내다

'들어내다'는 바깥으로 끄집어낸다는 뜻이고, '드러내다'는 '들통이 나다'의 뜻인 '드러나다'의 사동사이다. 이 둘도 발음이 같아서 혼동하기 쉬운 말이다.

그는 집 안에 있는 집기들을 모두 밖으로 드러냈다.(×)
그는 집 안에 있는 집기들을 모두 밖으로 들어냈다.(○)
1년 만에 그가 공식 석상에 모습을 들어냈다.(×)
1년 만에 그가 공식 석상에 모습을 드러냈다.(○)

들렀다 : 들렸다

어떤 장소에 방문한다는 뜻으로 쓰이는 동사의 기본형은 '들리다'가 아니라 '들르다'이다. '들르다'의 어간에 어미 '-어'가 결합하면 '들러'가 되고, '들르다'의 과거형은 '들렀다'이다. '들르다'를 써야 할 자리에 '들리다'를 써서는 안 된다.

1. 1) 오늘 우리 집에 한번 들려라.(×)
   2) 오늘 우리 집에 한번 들러라.(○)
2. 1) 아침에 처갓집에 들렸다가 회사에 출근하였다.(×)
   2) 아침에 처갓집에 들렀다가 회사에 출근하였다.(○)

한편 '들리다'는 동사 '듣다'와 '들다'와 관련된 말이다. 아래 문장 (3)에서는 '듣다'의 피동사가, 문장 (4)에서는 타동사 '들다'의 사동사가 쓰였다.

3. 나는 고막을 다쳐서 소리가 들리지 않는다.
4. 나는 철수에게 철수 부모님께 드릴 선물을 들려 보냈다.

들이켜다 : 들이키다

액체나 기체를 들이마신다는 뜻으로 쓰이는 동사는 '들이켜다'이다. 그런데 동사 '들이키다'가 그런 뜻을 가진 말이라고 생각하는 사람들이 꽤 있는 것 같다. 하지만 '들이키다'는 뭔가를 안쪽으로 옮긴다는 뜻으로 쓰인다. 어쨌든 둘 다 과거형은 '들이켰다'로 같다.

1. 1) 그가 맥주를 한잔 들이키더니 크하 소리를 냈다.(×)
   2) 그가 맥주를 한잔 들이켜더니 크하 소리를 냈다.(○)
2. 1) 아버지는 약을 드시고는 물 한 잔을 쭉 들이키셨다.(×)
   2) 아버지는 약을 드시고는 물 한 잔을 쭉 들이켜셨다.(○)
3. 그는 집 울타리를 새로 지으면서 안쪽으로 들이켰다.

디뎠다 : 딛었다

동사 '딛다'는 '디디다'의 준말로 사전 표제어로 실려 있다. 재미있는 것은 '딛다'는 준말이어서 활용이 제한적이라는 점이다. '딛다'는 자음으로 시작하는 어미하고만 결합할 수 있다. 아래 문장은 '딛다'의 어간 뒤에 자음으로 시작하는 어미가 결합하여 활용한 경우이다.

그는 허리 부상을 딛고 일어서 마침내 재기에 성공하였다.(딛+고)
아래를 잘 보고 발을 딛지 않으면 다칠 수 있다.(딛+지)

하지만 '딛다'의 어간 뒤에 모음으로 시작하는 어미가 결합한 형태는 표준어로 인정되지 않는다. 본딧말 '디디다'의 어간 뒤에 어미가 결합한 형태만 인정되는 것이다.

발을 잘못 디뎌 넘어지는 바람에 다리를 다쳤다.(디디+어)(○)
정신 집중을 하지 않고 발을 디디니 자꾸 넘어지지.(디디+니)(○)
땅을 잘 보고 발을 디뎌야 다치지 않는다.(디디+어야)(○)
어머니는 아들에게 돌다리가 불안하니 잘 보고 발을 디디라고 말했다.
(디디+라고)(○)
내가 내디딘 첫발이 후배들에게 귀감이 되기를 기대한다.(내디디+ㄴ)(○)
내일 새벽 한국인 우주인이 최초로 달 표면에 첫발을 내디딜 예정이다.
(내디디+ㄹ)(○)

한편 '딛다'의 어간 뒤에 모음으로 시작하는 어미가 결합된 형태를 사용한 아래 문장들은 잘못된 것들이다. '디뎌'와 '딛어'를 보면 활용 후의 글자 수가 같다는 것을 알 수 있다. 사실상 준말의 효과가 사라진 셈이다. 이를 감안하면 준말의 활용형을 제한하는 규정의 필요성을 이해할 수 있을 것이다.

발을 잘못 딛어 넘어지는 바람에 다리를 다쳤다.(딛+어)(×)

정신 집중을 하지 않고 발을 딛으니 자꾸 넘어지지.(딛+으니)(×)

땅을 잘 보고 발을 딛어야 다치지 않는다.(딛+어야)(×)

어머니는 아들에게 돌다리가 불안하니 잘 보고 발을 딛으라고 말했다.

(딛+으라고)(×)

내가 내딛은 첫발이 후배들에게 귀감이 되기를 기대한다.(내딛+은)(×)

내일 새벽 한국인 우주인이 최초로 달 표면에 첫발을 내딛을 예정이다.

(내딛+을)(×)

마찬가지로 '머무르다, 가지다, 서두르다, 서투르다, 내디디다, 건드리다, 까부르다, 구르다'의 준말인 '머물다, 갖다, 서둘다, 서툴다, 내딛다, 건들다, 까불다, 굴다' 등이 모음으로 시작하는 어미와 결합된 활용 형태도 표준어로 인정되지 않는다.

우리말에는 같은 뜻을 다양하게 표현할 수 있는 형용사가 발달하였다. '따뜻하다'는 뜻을 표현하는 데도 여러 가지 단어를 사용할 수 있다. '따스하다, 따습다, 따사롭다, 따사하다, 따끈하다, 따뜻하다, 따듯하다'를 비롯해 '다스하다, 다습다, 다사롭다, 다사하다; 뜨스하다, 뜨습다, 뜨끈하다, 뜨뜻하다, 뜨듯하다; 드스하다, 드습다' 등이 모두 '따뜻하다'와 비슷하거나 같은 뜻을 가진 말이다. 물론 '따끈따끈하다, 뜨끈뜨끈하다'는 말도 있다. 이렇게 다양한 형용사가 발달한 것으로 봐서 우리 조상들은 표현력이 뛰어났으며 어감을 대단히 중시했던 것 같다.

한편 '따시다, 뜨시다'는 방언이고, '다숩다, 따삽다'는 잘못된 말로 사전에 올라 있다.

'때려치우다'는 '그만두다'와 뜻이 같은 말이다. 구어에서는 '그만 때려쳐!'와 같이 말하는 경우가 있으나 표기할 때는 '그만 때려치워!'로 해야 한다. 기본형이 '때려치다'가 아니라 '때려치우다'이기 때문이다. 마찬가지로 '집어치다'는 틀린 말이고 '집어치우다'가 바른 말이다.

철수는 홧김에 다니던 직장을 때려쳤다.(×)
철수는 홧김에 다니던 직장을 때려치웠다.(○)

그따위로 할 거면 다 집어쳐.(×)

그따위로 할 거면 다 집어치워.(○)

띠다 : 띄우다

미소, 웃음, 노여움, 적대감 등 감정을 표현할 때는 동사 '띠다'를 사용하고, 배, 비행기, 편지가 목적어로 올 때에는 서술어 자리에 동사 '띄우다'가 와야 한다. 따라서 '미소를 띄우다' 또는 '미소를 띠우다'라는 말은 잘못된 말이고 '미소를 띠다'가 바른 말이다.

미소를 띄우며 나를 보낸 그 모습처럼~(×)

미소를 띠며 나를 보낸 그 모습처럼~(○)

잘 익은 사과는 붉은빛을 띤다.

우리는 민족 중흥의 역사적 사명을 띠고 이 땅에 태어났다.

전화기가 발명되기 전에 사람들은 편지를 띄워서 소식을 주고받았다.

태풍이 불고 있어, 비행기를 띄울 수 없다고 한다.

위 문장에서처럼 '띠다'는 표정, 색깔, 속성, 임무 등을 나타내는 추상명사를 주로 목적어로 취하는 특성이 있다. 반면 '띄우다'는 주로 구체적 명사를 목적어로 취한다. '띠다'와 '띄우다'를 명확하게 구별해서 사용하도록 하자.

마요 : 말아요

'말다'는 본동사와 보조동사로 쓰이는 말이다. 먼저 보조동사로 쓰이는 경우를 보면 아래 문장에서처럼 '동사 어간+-지 말다', '동사 어간+-고야 말다'의 형태로 쓰인다.

지정된 장소 외에서 흡연하지 말아 주세요.
이번에는 기필코 우승하고야 말겠다.

위에서 예시한 쓰임 외에는 모두 본동사로 쓰인 경우이다. 아래 문장에서처럼 목적어를 취하기도 하고 부사 뒤에 이어질 때도 있다.

차라리 생각을 말자.
내가 알아서 할 테니 걱정 마세요.
경찰관이 범인에게 '꼼짝 마' 하고 소리쳤다.
남들이 뭐라고 하거나 말거나 나는 내 할 일만 열심히 하였다.
그가 하나 마나 한 소리를 지껄이고 있다.
넌 공부 말고 좋아하는 것 있니?

한편, 말다는 ㄹ 받침이 들어 있는 다른 동사와 형태 면에서 조금 다르다. 말다의 어간 뒤에 어미 '-아/-아라/-아요'를 붙여 명령문을 만들 경우 ㄹ 받침이 탈락하는 특징이 있다.

비가 올 때에는 밖에 나가지 말아.(×)

비가 올 때에는 밖에 나가지 마.(○)

비가 올 때에는 밖에 나가지 말아라.(×)

비가 올 때에는 밖에 나가지 마라.(○)

비가 올 때에는 밖에 나가지 말아요.(×)

비가 올 때에는 밖에 나가지 마요.(○)

그러나 간접 명령문으로서 말다의 어간 뒤에 '-라고'가 직접 결합하는 경우에는 '마라고'가 아닌 '말라고'가 된다.

그가 나에게 걱정 말라고 위로하였다.

철수가 영수에게 가지 말라고 명령하였다.

그런데 '형용사 어간+-어 말다' 형태의 명령문을 사용하는 경우가 있는데, 이는 잘못된 것이다. '걱정 마세요'라는 표현은 '걱정하지 마세요'에서 '-하지'가 생략된 것이 아니고, 명사 '걱정'이 본동사 '마세요'의 목적어로 쓰인 경우이다. 아래와 같이 보조동사로 사용하기 위해서는 반드시 '동사 어간+-지' 뒤에 이어져야 한다.

제가 곁에 있을 테니까 외로워 마세요.(×)

제가 곁에 있을 테니까 외로워하지 마세요.(○)

너무 슬퍼 마세요.(×)

너무 슬퍼하지 마세요.(○)

맑다[막따] **: 맑다**[말따]

동사 '읽다'의 발음은 어간 뒤에 어떤 어미가 뒤따르는지에 따라 다르다는 데 주의해야 한다. '읽다'의 어간 뒤에 모음으로 시작하는 어미가 결합하면 ㄹ 음만 발음되고 ㄱ 음은 뒤 음절 첫소리로 연음된다. 한편 ㄱ을 제외한 자음으로 시작하는 어미가 뒤따르면 ㄱ 음만 발음된다. 그리고 ㄱ으로 시작하는 어미와 결합하면 ㄹ 음만 발음된다. 따라서 '맑다, 읽다'의 발음은 '[막따], [익따]'가 된다. 어간의 받침이 ㄺ인 용언은 모두 이렇게 발음된다는 것을 기억하자.

오늘은 날씨가 <u>맑지</u> 않다.([막찌])

이 약은 피를 <u>맑게</u> 해 준다.([말께])

철수가 오늘은 경제학 전공서를 <u>읽는다</u>.([익는다])

나는 일주일 전에 산 소설책을 아직 <u>읽지</u> 않았다.([익찌])

영수 덕분에 나는 그 책을 <u>읽게</u> 되었다.([일께])

맞는다 : 맞다

'맞다'는 동사이므로 현재형으로 표현할 때 어미 '-는'이 어간 뒤에 붙는다는 것에 주의해야 한다. '맞다'는 형용사 '옳다, 올바르다'와 같은 의미로 쓰이는 경우가 있어서 형용사라고 생각하기 쉽고, 또 형용사로 다루어야 한다는 주장도 있다. 하지만 '네 말이 맞는 소리야'라고 하지 '네 말이 맞은 소리야'라고 하지 않는 걸로 봐서 분명히 동사이다. 당연히 '맞는다'의 부정은 '맞지 않다'가 아니라 '맞지 않는다'이다.

나는 네 말이 맞다고 생각해.(×)

나는 네 말이 맞는다고 생각해.(○)

그동안 네가 한 말들이 앞뒤가 맞지 않다.(×)

그동안 네가 한 말들이 앞뒤가 맞지 않는다.(○)

그 사람은 앞뒤가 맞지 않은 소리를 자꾸 한다.(×)

그 사람은 앞뒤가 맞지 않는 소리를 자꾸 한다.(○)

반면 '알맞다, 걸맞다'는 형용사이기 때문에 현재형일 때 어미 '-는'이 들어가지 않는다. '알맞다, 걸맞다'의 부정은 '알맞지 않다, 걸맞지 않다'이다.

괄호 속에 들어갈 다음 말 중 알맞지 않는 것은?(×)

괄호 속에 들어갈 다음 말 중 알맞지 않은 것은?(○)

빈칸에 알맞은 말을 집어넣으시오.

너의 수입에 걸맞은 생활을 해라.

맞히다 : 맞추다

'맞히다'는 '맞다'의 사동사로서 '맞게 하다'의 의미가 있다. '맞추다'
는 훨씬 더 광범위한 의미가 있다.

'맞히다'의 주요 용례 :

비를 맞히다, 눈雪을 맞히다, 바람을 맞히다, 주사를 맞히다, 과녁을 맞히
다, 정답을 맞히다

'맞추다'의 주요 용례 :

퍼즐을 맞추다, 시험 문제의 답안을 정답과 맞추다, 일정을 맞추다, 보조를
맞추다, 시간(때)에 맞추다, 구두(양복)를 맞추다, 줄을 맞추다, 상대방과 서
로 눈眼을 맞추다

아래 문장 (1), (2)에서는 '사람을 맞히다, 정답을 맞히다'가 맞는 말
이다. 반면 문장 (3)에서는 '맞추다'를 써야 한다.

1. 1) 새총으로 사람을 맞춰서는 안 된다.(×)

   2) 새총으로 사람을 맞혀서는 안 된다.(○)

2. 1) 퀴즈의 정답을 맞추신 분께는 양복을 맞출 수 있는 기회를 드리겠습니다.(×)

   2) 퀴즈의 정답을 맞히신 분께는 양복을 맞출 수 있는 기회를 드리겠습니다.(○)

3. 1) 그 경찰관은 수사 과정에서 드러난 단서들을 퍼즐 조각처럼 하나하나 맞추고 있다.(○)

   2) 시험이 끝나자마자 학생들은 자신들의 답안을 정답과 맞춰 보았다.(○)

머지않다 : 멀지 않다

'멀다'는 시간과 공간을 모두 표현할 수 있다. '멀다'의 부정형인 '멀지 않다'도 시간, 공간을 표현하는 데 쓰이는 말이다. 한편 '머지않다'는 현재 시점으로부터 미래 특정 시점까지 시간적으로 멀지 않다는 뜻을 나타내는 합성어이다. 따라서 '머지않다'는 과거를 표현하는 말로는 적당하지 않다. '지금으로부터 머지않은 옛날'은 어색하고 '지금으로부터 멀지 않은 옛날'이 적절한 표현이다.

시간

원양 어선을 탄 그가 다시 돌아오려면 멀었다.

우리가 다시 만날 날도 머지않았다.

머지않아 이곳도 육지와 연결될 것이다.

그 두 사건이 일어난 시간은 서로 그리 멀지 않다.

인류가 인터넷을 사용하게 된 것은 지금으로부터 그리 멀지 않다.

서울과 부산은 거리가 매우 멀다.
이곳은 서울과 거리가 멀지 않다.

먹고살다 : 먹고 살다

'먹고살다'는 생계 활동을 한다는 뜻으로 쓰이는 합성어이고, '먹고 살다'는 두 개의 동사가 연결어미로 연결된 것이다.

너는 요즘 뭐 해서 먹고사니?
누구에게나 먹고사는 일은 녹록지 않다.
먹고살자고 하는 일인데 일단 밥이나 먹죠.

위의 문장에서는 '먹고살다'가 하나의 단어로서 기능하고 있지만, 아래 문장에서는 각각 '밥(을)'과 '뭐(를)'이 '먹다'의 목적어로 쓰인 경우이므로 '먹고 살다'와 같이 띄어 쓴다.

철수는 과일 장사를 하고 있는데, 수입이 겨우 밥 먹고 살 정도라고 한다.
너희가 손님 다 뺏어 가면 우린 뭐 먹고 사니?

'모자라다'가 맞는 말이며, '모자르다'는 틀린 말이다. 주의해야 할 점은 '모자라다'가 동사이기 때문에 현재형은 '모자란다'라는 점이다.

그는 어렸을 때 머리를 다쳐 지능이 조금 모자르다.(×)

그는 어렸을 때 머리를 다쳐 지능이 조금 모자란다.(○)

용돈이 모자르니 이번 달부터 용돈 좀 올려 주세요.(×)

용돈이 모자라니 이번 달부터 용돈 좀 올려 주세요.(○)

'목매다'는 목에 '줄을 걸어 매달다' 또는 '지나치게 소중히 여기다'의 뜻으로 쓰이며, '목매달다'와 동의어이다.

그는 결혼에 목매었다.

=그는 결혼에 목매달았다.

나는 이번 해외 건설 수주 계약 건에 목매었다.

=나는 이번 해외 건설 수주 계약 건에 목매달았다.

한편 '목메다'는 기쁘거나 슬퍼서 목이 막힌다는 뜻이다. '목메다'의 '메다'는 '막혀 있다' 또는 '가득 차 있다'라는 뜻이다.

하수구가 메어서 물이 안 빠진다.
물 없이 밥을 먹었더니 목이 멘다.
철수는 대학 합격 소식을 듣고 너무나 기뻐 목메었다.

마지막으로 어떤 공간에 사람이나 물건이 꽉 차 있다는 뜻으로 쓰는 말에는 '메어 터지다'와 '미어터지다'가 있다. '미어터지다'는 합성어로 사전에 올라 있다.

도로가 메어 터질 정도로 차가 많다.
좁은 공간이 미어터질 정도로 많은 사람들이 몰려들었다.

무르다 : 물다 : 묻다

동사 '무르다, 물다, 묻다'는 기본형은 다 다르지만 활용 과정에서 조금씩 비슷해지기도 해 헷갈리는 경우가 많다. 먼저 '무르다'는 물건 구입과 관련된 거래를 되돌린다는 뜻을 가진 말이다. 어간 '무르'와 어미 '-어'가 결합하면 '물러'가 된다. 그리고 '무르다'의 사동사는 '물리다'이다. 따라서 사동사 '물리다'는 다른 사람으로 하여금 거래를 되돌리게한다는 뜻이다.

나는 어제 산 세탁기를 물렀다.
철수야, 당장 이것 돈으로 물러 와.

인터넷으로 산 물건이 불량이어서 무르려고 한다.

나는 동생을 시켜 어제 산 세탁기를 물렀다. ('무르다'의 사동사)

'물다'는 금전적인 대가를 치르거나 부담한다는 뜻을 가진 말이다. 주로 외상값, 부채, 세금, 손해 금액 등과 관련해서 쓰이는 말이다. 그런데 '물다'의 사동사는 '무르다'의 사동사와 같은 형태인 '물리다'이다. 둘의 형태가 같기 때문에 뜻으로 구별하는 수밖에 없다. 위 문장에서는 물건과 관련된 거래이므로 물건을 돌려주고 돈을 회수할 수 있지만, 아래 문장에서는 이미 발생한 수리비는 마땅히 갚아야 할 돈인 것이다.

나는 고장 난 차 수리비로 100만 원을 물었다.

철수가 나 때문에 다쳐서 치료비를 물어 주었다.

영수는 비싼 임차료를 물고 새 집으로 이사하였다.

자동차 수리소에서 수리비 100만 원을 나에게 물렀다. ('물다'의 사동사)

한편 '묻다'는 '물어보다, 책임을 지게 하다'의 뜻을 가진 말이다.

일이 잘못되더라도 나에게 책임을 묻지 않는다고 했잖아.

회사에서는 이 일로 나에게 책임을 물을 것이라고 했다.

부실 공사에 대해 현장 책임자에게 책임을 물었다.

문제 되다 : 문제되다

'되다'를 사전에서 검색해 보면 동사 '되다'와 접미사 '-되다'가 별도로 올라 있다. '-되다'는 일부 명사 뒤에 붙어서 피동의 의미를 갖는 동사로 만들어 준다. 그런데 그 명사들은 접미사 '-하다'를 붙이면 능동의 의미를 갖는 동사가 되는 것들이다. 명사 '문제' 뒤에 '-하다'를 붙여서 동사를 만들 수는 없으므로 '-되다'를 붙여 동사를 만드는 것도 불가능하다. 따라서 '문제되다'는 틀린 것이고 '문제(가) 되다'가 맞는 말이다. '피가 되고 살이 되는 인생 지침' 같은 표현을 생각하면 이해가 갈 것이다. 네 글자면 무슨 사자성어라도 되는 줄 알고 붙여 쓰는데 그것은 어문 규정을 어기는 일일 뿐이다.

현 시국을 감안할 때 그의 언행은 문제될 수밖에 없다.(×)
현 시국을 감안할 때 그의 언행은 문제 될 수밖에 없다.(○)
학교에서는 문제되는 행동을 삼가야 한다.(×)
학교에서는 문제 되는 행동을 삼가야 한다.(○)

그러나 아래 문장에서 보듯이 '문제시하다'라는 말이 있기 때문에 '문제시되다'라는 표현도 가능하다.

현 시국을 감안할 때 그의 언행은 문제시될 수밖에 없다.
학교에서는 문제시되는 행동을 삼가야 한다.

이 외에도 '부담 되다, 도움 되다, 하나 되다'를 '부담되다, 도움되다, 하나되다'로 잘못 쓰는 경우가 있는데 모두 잘못된 표현들이다. '부담, 도움, 하나'는 모두 '되다'의 보어로 쓰인 경우이기 때문에 띄어 써야 한다.

나에게 100만 원이라는 돈은 부담되는 금액이다.(×)
나에게 100만 원이라는 돈은 부담 되는 금액이다.(○)
내가 힘들 때 그가 나에게 도움되는 말을 많이 해 주었다.(×)
내가 힘들 때 그가 나에게 도움 되는 말을 많이 해 주었다.(○)
우리 모두 하나된 마음으로 이 어려움을 극복합시다.(×)
우리 모두 하나 된 마음으로 이 어려움을 극복합시다.(○)

뭐하다 : 뭐 하다

'뭐하다'는 '무엇하다'의 준말로, 동사와 형용사로 쓰인다.

동사로서는 단독으로는 쓰이지 않고 서술어를 보충해 주는 역할을 하는데, 이유나 목적을 나타내 준다. 아래 문장들에서처럼 다른 동사(밑줄 친 부분)를 보충해 주는 역할을 하고 있다.

넌 뭐하러 여기까지 <u>왔어</u>?
네가 그걸 <u>알아서</u> 뭐하게?
외국에는 <u>가서</u> 뭐하려고?

'부적절하다, 난처하다'는 것을 돌려서 말할 때 형용사 '뭐하다'를 사용한다.

내 입으로 이런 말 하기는 뭐하지만, 난 참 타고난 천재야.
상황이 뭐해서 얼른 나는 그 자리를 피해 버렸다.

한편 '뭐 하다'는 '무엇을 하다'에서 줄어든 형태로서 '뭐'는 동사 '하다'의 목적어이다.

너 지금까지 뭐 하다가 들어왔어?
=너 지금까지 무엇을 하다가 들어왔어?
그 사람 지금은 뭐 하고 있지?
=그 사람 지금은 무엇을 하고 있지?
철수야, 지금 시간이 몇 시인데 아직 안 자고 뭐 하니?
=철수야, 지금 시간이 몇 시인데 아직 안 자고 무엇을 하니?

박수하다 : 박수 치다

양손의 손바닥을 맞부딪치는 것을 우리는 '박수 친다'고 표현한다. 하지만 '박수'라는 한자어의 의미가 두 손뼉을 마주 친다는 의미를 가지고 있다. 따라서 '박수를 친다'는 표현은 의미가 중복되어 있는 셈이다. '박수 친다'는 말보다 '박수한다'는 말이 더 정확한 표현이다. 물론 우리말을 사용하여 '손뼉을 친다'고 하는 것이 제일 좋다.

이 밖에도 '낙과가 떨어지다, 낙엽이 떨어지다, 낙숫물이 떨어지다' 등도 의미가 중복된 표현이지만 우리가 일상적으로 사용하는 말이다. 사전에서는 '낙엽, 낙과'에 대하여 각각 '진 잎, 떨어진 열매'라는 순화어를 제시하고 있다.

받히다 : 받치다

'받히다'는 동사 '받다'의 어간 뒤에 피동 접미사 '-히-'가 결합된 말이다. 한편 '받치다'는 '감정이 일어나다, 뒷받침하다, 어울리게 하다'의 의미로 쓰인다.

1. 한 소년이 길을 가다가 마주 오는 자전거에 받혔다.
2. 1) 그가 내 가방을 뒤지는 것을 보고 울화가 받쳤다.
   2) 철수는 조끼 안에 남방을 받쳐 입었다.
   3) 안타를 치고 진루한 선두 타자를 후속 타자들이 받쳐 주지 못해 득점에 실패하였다.

밟다[밥:따] : 밟다[발:따]

동사 '밟다'의 발음은 형용사 '넓다[널따], 짧다[짤따], 얇다[얄:따], 엷다[열:따]'와 다르다. '밟'과 자음으로 시작하는 어미가 결합하면 받침 'ㄼ'은 'ㅂ' 음으로 발음된다. 따라서 '밟다'의 발음은 [밥:따]이다. 그러나 모음으로 시작하는 어미와 결합하면 ㅂ 음이 뒤 음절 첫소리로 연음된다는 점은 다른 용언과 같다. 참고로 '읊다'의 발음은 [읍따]이다.

철수가 내 발을 <u>밟았다</u>.([발받따])
남극 대륙을 처음으로 <u>밟은</u> 사람이 누구지?([발븐])
네가 처음으로 그곳을 <u>밟는</u> 사람이 될 것이다.([밤:는])
철수는 경영학 박사 과정을 <u>밟고</u> 있다.([밥:꼬])
그는 은퇴 후 선수 지도자 과정을 <u>밟게</u> 돼 있다.([밥:께])
남의 발을 <u>밟지</u> 마라.([밥:찌])

밤새우다 : 밤새다

잠을 자지 않고 밤을 보내는 것을 가리키는 말에는 '지새우다, 새우다, 밝히다, 패다' 등이 있다. 물론 '밤새우다'도 이와 뜻이 같은 말이다. 그러나 '밤새다, 지새다, 새다'는 뜻이 다른 말이다. 이들은 날이 밝아 온다는 뜻으로 쓰이는 말이다. 밤을 새우는 것을 가리키는 명사는 '밤새움' 또는 그것의 준말인 '밤샘'이다. 그리고 '밤사이, 밤새'는 '밤

동안'을 뜻하는 말이다.

내가 밤새지 말라고 했잖아.(×)

내가 밤새우지 말라고 했잖아.(○)

우리는 밤새워 이야기꽃을 피웠다.

그녀는 시험 공부를 하느라 밤을 하얗게 지새웠다.

나는 시험을 앞두고 밤샘 공부를 하였다.

그는 밤새도록 잠을 이루지 못하였다.

밤새 안녕히 주무셨습니까?

배가되다 : 배가 되다

인터넷을 검색하다 보면 '감동이 배가 된다, 즐거움이 배가 된다' 등의 표현이 많이 보인다. 그러나 이들은 잘못된 표현이다. '배가倍加되다'는 한 단어이므로 붙여 써야 하기 때문이다. '배가되다'는 원래보다 두 배 이상으로 늘어나거나 커진다는 뜻이다. 따라서 '감동이 배가되다, 즐거움이 배가되다' 하는 식으로 표기해야 한다. 명사 뒤에 붙는 접미사 '-되다, -하다'는 그 명사와 분리될 수 없다.

부딪히다 : 부딪치다

동사 '부딪히다'는 '부딪다'의 어간 뒤에 피동 접미사 '-히-'가 붙은 말이고, '부딪치다'는 강조의 뜻을 더하는 접미사 '-치-'가 붙은 말이다. '부딪히다'와 '부딪치다'는 서로 혼용하여 쓰기도 하지만, '의도한 행위'일 경우에는 반드시 '부딪치다'를 써야 한다.

의도하지 않은 행위

인도 위를 걸어가다가 뜻하지 않게 뒤에서 달려온 자전거에 부딪혔다.

자동차를 급정거하면 뒤차에 부딪힐 수도 있다.

중앙선을 넘어 달려온 승용차와 버스가 부딪쳐 차들이 크게 부서졌다.

빗길에서는 차끼리 부딪치는 경우가 많다.

투명한 유리문에 머리를 꽝 부딪쳐서 혹이 났다.

의도한 행위

'인간은 사회적 동물이다'라는 말은 인간은 어쩔 수 없이 서로 부딪치며 살아야 한다는 말이다.

일을 하다 보면 윗사람에게 부딪쳐야 하는 경우도 있다.

계란을 바위에 부딪치는 행위는 무모한 짓이다.

드라마를 보면 등장인물이 동사 '부수다'를 '부시다, 뿌시다, 뿌수다, 뽀수다'로 잘못 말하는 것을 종종 보게 된다. '부시다'는 '그릇 따위를 깨끗이 씻는다'는 뜻의 동사와, '눈이 부시다'와 같은 표현에서 쓰인 형용사로 구분된다.

그가 내 자동차를 부셔 버렸다.(×)
그가 내 자동차를 부숴 버렸다.(○)
부셔 먹는 라면.(×)
부숴 먹는 라면.(○)
그릇을 깨끗하게 부셔 오너라.
그녀의 황홀한 아름다움에 눈이 부셨다.

그런데 '부수다'에서 파생어가 생성될 때 어간에 있는 모음 '우'가 탈락하는 현상이 일어난다. 즉 '부수다'의 어간 뒤에 보조동사 '-어지다'와 접미사 '-뜨리다, -트리다'가 결합하면 각각 '부서지다, 부서뜨리다, 부서트리다'와 같이 된다.

성난 파도가 바위에 부딪쳐 새하얗게 부숴졌다.(×)
성난 파도가 바위에 부딪쳐 새하얗게 부서졌다.(○)
그는 화가 난 나머지 집 안에 있는 집기들을 부숴뜨렸다.(×)
그는 화가 난 나머지 집 안에 있는 집기들을 부서뜨렸다.(○)

우리말 모음 '으'는 '이'보다도 발음하기가 까다로운 편이다. 따라서 몇몇 말에서는 사람들이 모음 '으'를 '이'로 발음하는 경향이 매우 강하다. 하지만 표기는 원칙대로 해야 한다. 이러한 경향이 나타나는 단어에는 '부스스하다' 외에도 몇 개가 더 있다.

틀린 말		맞는 말	
검칙하다	부실부실	검측하다	부슬부슬
까실까실	으시대다	까슬까슬	으스대다
망칙하다	으시시하다	망측하다	으스스하다
복실복실	으실으실	복슬복슬	으슬으슬
부시럭거리다	진직	부스럭거리다	진즉(=진작)
부시럭대다	흉칙하다	부스럭대다	흉측하다

붇다 : 불다

'붇다'는 부피나 양이 커지거나 늘어난다는 뜻을 가진 말이다. '불어, 불으니, 불었다'와 같이 활용하다 보니 기본형이 '불다'인 것으로 오해하기 쉬운 단어이다. 그러나 만약 기본형이 '불다'이면 '불으니'가 아니라 '부니'와 같이 활용될 것이다. ㄹ 받침이 탈락하기 때문이다. 한편 이러한 실수는 '붇다'를 [불:다], [뿔:다]로 발음하려는 경향에서 비롯된 것일 수도 있다.

빨리 와서 먹어라. 라면 분다.(×)

빨리 와서 먹어라. 라면 불는다.(×)

빨리 와서 먹어라. 라면 붇는다.(○)

라면 부니까 빨리 와.(×)

라면 불으니까 빨리 와.(○)

면은 조리해서 금방 먹지 않으면 불어 터진다.

운동하지 않고 먹기만 하니까 몸이 붇는 거야.

추석 연휴 며칠 사이에 몸이 몇 킬로그램이나 불었다.

탕 속에 들어갔던 아이들이 불은 몸으로 밖으로 나왔다.

한편 겨울철에 살가죽이 거칠어지거나 부어 오르는 경우를 가리킬 때는 '부르트다'를 쓴다. 이를 '불어트다'로 쓰는 것은 옳지 않다.

불리다 : 불리어지다

동사 '부르다'의 피동사는 피동 접미사 '-리-'가 붙은 '불리다'이다. 그런데 '불리어지다, 불려지다, 불리우다, 불리워지다'는 잘 쓰이는 표현이기는 하지만 다중 피동의 형태로서 올바른 말이 아니다. 사동사, 피동사를 만들 때에는 항상 동사의 원형을 생각해야 한다.

1. 사람들은 그를 천재라고 부른다.

2. 1) 그 노래가 한국에서 가장 많이 불리우는 팝송이다.(×)

2) 그 노래가 한국에서 가장 많이 불리워지는 팝송이다.(×)

3) 그 노래가 한국에서 가장 많이 불리는 팝송이다.(○)

'불리다'는 동사 '불다'와 '붙다', 그리고 형용사 '부르다'의 사동사이다. 이렇듯 원형이 서로 다른 용언들이 같은 형태의 파생어를 생성하기도 해 우리들을 혼란스럽게 하기도 한다.

비껴가다 : 빗겨가다

'비끼다'는 '방향, 위치나 자세가 비스듬하다'라는 뜻이고, '빗기다'는 동사 (머리를) 빗다'의 사동사인데 '비끼다'의 옛말로도 사전에 실려 있다. 따라서 현행 맞춤법 규정상으로는 '비껴가다'가 맞는 표기이고 '빗겨가다'는 잘못된 표기이다. 두 동사가 발음이 비슷해서 혼동하는 사람들이 많은 것 같다.

엄마가 내 머리를 빗겨 주셨다.

태풍이 우리나라를 살짝 빗겨갔다.(×)

태풍이 우리나라를 살짝 비껴갔다.(○)

비치다 : 비추다 : 비춰지다

동사 '비치다'는 타동사로는 '의사를 표현하다'라는 뜻으로, 자동사로는 '나타나다, 드러나다, 보이다'라는 뜻으로 쓰인다.

1. 1) 철수가 동료한테 직장을 그만두겠다는 뜻을 언뜻 비쳤다.

   2) 겉옷이 얇아서 속옷 색깔이 비친다.

   3) 이 집은 남향이라서 햇빛이 잘 비친다.

   4) 내 행동이 다른 사람한테 어떻게 비칠지 모르겠다.

   5) 나는 결혼식장에 잠깐 얼굴만 비치고 바로 출근하였다.

한편 '비추다'는 '불빛을 보내다, 판단의 기준으로 삼다'의 뜻으로 쓰이는 말이다.

2. 1) 뜨거운 태양빛이 창문을 비추고 있었다.

   2) 나는 손전등으로 침대 아래쪽을 비춰 보았다.

   3) 내 과거 경험에 비춰 볼 때 이번 일은 성사되기 힘들다.

그런데 '비치다' 대신에 타동사 '비추다'의 피동형인 '비춰지다' 또는 '비취다'를 쓰는 경우도 있지만 '비치다'를 쓰는 것이 더 자연스럽다. '비취다'는 사전에 '어두워진 무대에 달빛이 어슴푸레하게 비취다'와 같은 용례가 실려 있지만 일상적으로 거의 쓸 일이 없는 말이다. 특히 아래 두 문장은 모두 틀린 문장이다.

3. 1) 내 행동이 다른 사람한테 어떻게 비춰질지 모르겠다.(×)

   2) 내 행동이 다른 사람한테 어떻게 비칠지 모르겠다.(×)

빌리다 : 빌다

현행 표준어 규정으로는 돈이나 물건을 임차하는 것은 '빌리다'로 표현하는 것이 맞는다. 과거에는 '빌다'가 표준어였지만 후에 규정이 바뀌었다. 지금은 다른 사람에게서 받을 때는 '빌리다'를 쓰고, 다른 사람에게 줄 때는 '빌려주다'를 쓰면 된다. 또 모처럼 찾아온 기회에 미루었던 인사를 할 때에도 '빌리다'를 사용한다. 이 경우에 '빌다'를 사용해서는 안 된다. 하지만 이 경우에 대부분의 사람들이 '빌리다'를 사용하지 않고 '빌다'를 사용하는 실정이다.

나는 친구에게서 돈 천 원을 빌렸다.

철수가 나에게 우산을 빌려주었다.

이 자리를 빌어 그동안 나를 도와 준 모든 분들께 감사의 뜻을 전한다.(×)

이 자리를 빌려 그동안 나를 도와 준 모든 분들께 감사의 뜻을 전한다.(○)

현재는 '간청하다, 기원하다'의 뜻으로만 '빌다'를 사용한다.

큰 잘못을 저질렀으니 피해자를 찾아가서 비는 수밖에 없다.

네가 이번 시험에 꼭 합격하기를 빌어.

  우리말에는 준말이 발달하였다. 많은 사람들이 본딧말을 줄여서 짧게 발음하다 보니 그것을 표준어로 인정한 결과이다. 하지만 줄어든 말을 모두 표준어로 인정할 수는 없다. 현실적으로 '사귀어'는 [사귀에], [사겨] 등과 비슷하게 발음되지만 줄어든 발음을 표기할 방법이 마땅치 않다. 당연히 '사귀어'가 맞는 표기이다.

> 나도 이젠 괜찮은 사람을 사궈 보고 싶다.(×)
> 나도 이젠 괜찮은 사람을 사겨 보고 싶다.(×)
> 나도 이젠 괜찮은 사람을 사귀어 보고 싶다.(○)

  마찬가지로 동사 '바뀌다'의 어간에 어미 '-어'가 결합한 '바뀌어'도 '바껴'로 축약되지 않는다. 그러나 동사 '바꾸다'의 어간에 어미 '-어'가 결합한 '바꾸어'는 '바꿔'로 축약될 수 있다.

> 이제는 상황이 많이 바꼈다.(×)
> 이제는 상황이 많이 바뀌었다.(○)
> 나는 옷가게에 다시 가서 어제 산 옷을 한 치수 큰 옷으로 바꿨다.

삼가다 : 삼가하다

　조심하거나 절제한다는 뜻으로 쓰이는 말은 '삼가다'이다. '삼가하다'는 잘못된 말이다. 많은 사람들이, 심지어는 공공기관에서도 '삼가다'를 쓰지 않고, '삼가하다'를 애용하고 있다. 영어사전 찾아볼 시간에 국어사전을 한 번이라도 찾아보았다면 그런 실수를 하지 않았을 것이다.

　이곳은 금연 구역이니 흡연을 삼가하여 주시기 바랍니다.(×)

　그는 건강이 안 좋아져 흡연을 삼가하였다.(×)

　철수야, 건강을 생각해서 흡연을 좀 삼가해.(×)

　당신이 실내 흡연을 삼가하니 집 안 공기가 달라졌어요.(×)

　어른 앞에서는 행동을 삼가하게.(×)

　위 문장들은 모두 잘못된 표현이고, 아래 문장이 맞는 표현이다.

　이곳은 금연 구역이니 흡연을 삼가 주시기 바랍니다.(○)

　그는 건강이 안 좋아져 흡연을 삼갔다.(○)

　철수야, 건강을 생각해서 흡연을 좀 삼가.(○)

　당신이 실내 흡연을 삼가니 집 안 공기가 달라졌어요.(○)

　어른 앞에서는 행동을 삼가게.(○)

좋은 일을 앞두고 기분이 들뜨는 것을 가리키는 말은 '설레다'이다. '설레이다'는 '설레다'의 잘못된 말이다.

나는 10년 전에 헤어졌던 남동생을 다시 만날 생각을 하니 마음이 설레였다.(×)
나는 10년 전에 헤어졌던 남동생을 다시 만날 생각을 하니 마음이 설레었다.(○)
철수는 설레이는 마음으로 약속 장소에 나갔다.(×)
철수는 설레는 마음으로 약속 장소에 나갔다.(○)

그리고 당연히 '설레임'도 '설렘'의 잘못된 말이므로 사용하지 말아야 한다.

오래간만에 그를 다시 만난 설레임도 잠시뿐이었다.(×)
오래간만에 그를 다시 만난 설렘도 잠시뿐이었다.(○)

'소개하다'는 사람과 사람이 만나는 것을 주선한다는 뜻이다. 우리가 일상생활에서 쓰고 있는 '소개시키다'는 사실 '소개하다'를 잘못 쓴 것이다. 누군가를 소개해 달라고 부탁하는 것은 어떤 사람과 자신의 만남을 주선해 달라는 뜻이다. 구태여 '소개하다'의 사동사인 '소개시키다'를 쓸 이유가 없다. 그러므로 만남을 주선해 달라고 부탁할 때에는 '소개시켜 줘' 대신에 '소개해 줘'라고 말하는 것이 올바르다.

선배님, 영문과 후배 좀 저한테 소개시켜 주세요.(x)
선배님, 영문과 후배 좀 저한테 소개해 주세요.(○)
나는 우리 과 후배를 아는 후배한테 소개시켜 주었다.(x)
나는 우리 과 후배를 아는 후배한테 소개하여 주었다.(○)

한자 명사 뒤에 각각 '-되다'와 '-하다'를 붙였을 때 그 뜻이 같은 말들이 있다. 예를 들면, 성숙, 숙성, 격앙, 변질, 변화, 궤멸, 회전, 과열, 저하, 성장, 증가, 감소, 반감, 폭발 등이다. 물론 그 밖에도 이러한 말들이 더 있을 것이다. 예시한 명사들 뒤에 '-되다'와 '-하다'를 붙이면 모두 자동사가 된다. 따라서 타동사를 만들기 위해서는 '-시키다'를 붙일 수밖에 없다. 물론 정확하게 알지는 못하지만 이러한 유형의 말보다는 '-되다'를 붙이면 자동사로, '-하다'를 붙이면 타동사로 쓰이는 한자 명사가 더 많을 것 같다. 따라서 해당 동사가 자동사로 쓰이는 말인지 타동사로 쓰이는 말인지를 사전을 통해 확인해 두어야 한다. '소개'처럼 '-하다'를 붙이면 타동사로 쓰일 수 있는 명사 뒤에 '-시키다'를 붙이는 경우는 사동사로 쓰일 때라는 것을 기억해야 한다.

형용사 '시리다'는 겨울철에 몸이 추위를 느껴 차갑다는 뜻으로 쓰이는 말이다. 비유적으로 아름다움을 칭찬할 때 사용하기도 하는데, 이때는 형용사 '부시다'와 같은 의미이다. 그러나 '시럽다, 시럽다'라는 말은 없으며, '시러워, 시려워' 같은 활용 형태도 당연히 잘못된 말이다.

바른 사용

친구들과 눈싸움을 했더니 손이 시리다.

나는 찬물을 마시면 이가 시려.

가을 하늘이 눈이 시릴 정도로 파랗다.

틀린 사용

철수야, 장갑 끼고 나가. 안 그러면 손 시려워.

손이 시려워 발이 시려워 겨울 바람 때문에.

동사 '싣다'는 주로 '짐을 싣다'와 같이 사용되는 동사이다. '싣다'의 목적어로 '사람을 뜻하는 말'은 올 수 없다는 것에 주의해야 한다. 따라서 '사람을 싣다'는 틀린 표현이고 '사람을 태우다(=타게 하다)'가 맞는 표현이다. 그리고 이와 반대되는 표현은 '사람을 내리다'가 아니라 '사람을 내리게 하다'이다. 왜냐하면 '싣다'와 마찬가지로 '내리다'의 목적어로 사람을 뜻하는 말은 올 수 없기 때문이다. '사람'은 '짐'과 달리 스스로 타고 내릴 수 있는 능력이 있기 때문에 '사람을 내리다'라는 표현은 적절치 않은 것이다.

그리고 '싣다'의 발음은 [신:따]이다. '싣다'를 [실:따], '싣고'를 [실:꼬]로 발음하는 것은 잘못이다. 또 '싣다'의 현재형은 '싣는다'가 맞는 말이고 '실는다'는 틀린 말이다.

저기 앞에서 내려 주세요.(×)
저기 앞에서 내려요.(○)
=저기 앞에서 차 세워 주세요.

쌓이다 : 싸이다

동사 '쌓이다'는 '쌓다(포개다와 동의어)'의 피동사이고, '싸이다'는 '싸다(두르다와 동의어)'의 피동사이다. 각 동사의 원형인 '쌓다'와 '싸다'는 발음에 차이가 있어 그나마 표기에 혼란이 덜하지만 '쌓이다'와 '싸이다'는 발음이 같다 보니 표기에 혼란이 많은 듯하다.

간밤에 눈이 많이 쌓였다.
스트레스를 풀 방법이 없다 보니 가슴속에 (스트레스가) 쌓이는 게 당연하지.

위 문장에서 '쌓이다'의 주어는 '눈이'와 '스트레스가'이다. 이것을 목적어로 바꾸면 '눈을 쌓다, 스트레스를 쌓다'가 된다. 하지만 아래 문장에서는 그렇게 되지 않는다.

밤알은 가시가 송송 박힌 껍질로 싸여 있다.
수심에 가득 싸인 유가족들이 고인이 떠나는 길을 배웅하고 있다.

쓰이다 : 쓰여지다/씌어지다

동사 '쓰다'의 피동사는 피동 접미사 '-이-'가 붙어서 이루어진 '쓰이다' 또는 준말인 '씌다'이다. '쓰여지다, 씌어지다'는 모두 이중 피동형이므로 잘못된 말이다.

본 상품의 수익금의 일부는 불우 이웃 돕기에 쓰여집니다.(×)
본 상품의 수익금의 일부는 불우 이웃 돕기에 쓰입니다.(○)
이 책은 16세기에 씌어졌다.(×)
이 책은 16세기에 씌었다.(○)
안내판에 씌어진 글씨가 바래 알아볼 수가 없다.(×)
안내판에 씐(=쓰인) 글씨가 바래 알아볼 수가 없다.(○)
저수지 가장자리에 수영 금지라고 씌어져 있는 안내문이 있다.(×)
저수지 가장자리에 수영 금지라고 씌어 있는 안내문이 있다.(○)

아무런 쓰임새가 없다는 뜻으로 쓸 수 있는 말은 '쓸데없다, 쓸모없다, 쓰잘머리 없다' 등이다. 그러나 '쓰잘데 없다, 쓰잘데기 없다'는 틀린 말이다.

그 아무짝에도 쓰잘데 없는 신발 갖다 버리는 게 어때?(×)

그 아무짝에도 쓰잘데기 없는 신발 갖다 버리는 게 어때?(×)

그 아무짝에도 쓸데없는 신발 갖다 버리는 게 어때?(○)

=그 아무짝에도 쓸모없는 신발 갖다 버리는 게 어때?

"네 이마에 '학생'이라고 써 있어", "네 얼굴에 '청소년'이라고 써 있어" 하는 표현을 쓰는 경우가 있는데 이는 잘못된 표현이다. 능동 표현으로는 '~라고 (글자를) 쓰다'이지만 피동 표현은 '~라고 (글자가) 씌어 (=쓰여) 있다'이기 때문이다.

나는 칠판에 '오늘 수업 휴강'이라고 써 놓았다.

연못가 알림판에 '수영 금지'라고 써 있었다.(×)

연못가 알림판에 '수영 금지'라고 씌어 있었다.(○)

안녕치 못하다 : 안녕 못하다

일상생활에서 우리들은 '안녕하십니까, 안녕들 하십니까' 하고 인사한다. 그런데 '안녕하십니까' 하는 물음에 상대방이 '안녕 못하다'라고 농담 반, 진담 반으로 대답하는 경우가 종종 있다. 그러나 '안녕 못하다'라는 표현은 틀린 말이다. '안녕하다'가 형용사이기 때문이다. 만약 '안녕을(목적어) 하다(동사)'라는 말이 가능하다면 '안녕을 못하다', '안녕을 못 하다'라는 표현도 가능하겠지만, 동사 '하다'는 목적어로 '안녕을'을 취하지는 못한다. 한편 '하다'는 목적어로 '공부를'을 취할 수는 있기 때문에 '공부(를) 하다, 공부(를) 못하다, 공부(를) 못 하다' 등의 표현이 가능하다.

결론적으로 형용사 '안녕하다'의 부정 표현으로 '안녕 못하다' 또는 '안녕 못 하다'는 틀린 말이고, '안녕하지 못하다, 안녕하지 아니하다'가 맞는 말이다.

사회 구성원이 행복하지 않다면 그 사회는 안녕 못한 사회이다.(×)
사회 구성원이 행복하지 않다면 그 사회는 안녕하지 못한 사회이다.(○)
=사회 구성원이 행복하지 않다면 그 사회는 안녕치 못한 사회이다.

안쓰럽다 : 안스럽다

'안쓰럽다'는 상대방이 안 좋은 일을 당하거나 해서 보기에 딱하다는 뜻으로 쓰는 말이다. 감정을 표현하는 다른 말인 '쑥스럽다'처럼 생각해서 아무 생각 없이 '안스럽다'로 적다가 혹시라도 우리말을 할 줄아는 외국인 앞에서 망신당하는 일은 없어야겠다.

연거푸 시험에 떨어진 그가 무척이나 안스러웠다.(×)
연거푸 시험에 떨어진 그가 무척이나 안쓰러웠다.(○)

안치다 : 앉히다

'안치다'는 음식 만들 준비를 해서 불 위에 올려놓는 것을 가리키는말이다. '앉히다'는 동사 '앉다'의 사동사이다. 발음이 비슷하지만 뜻은전혀 다른 말이므로 혼동하지 않도록 하자.

밥을 하기 위해서 쌀을 씻어서 안쳤다.
그는 자신에게 충성하는 사람만을 주요 보직에 앉혔다.

알은체하다 : 아는 체하다

길을 가다가 아는 사람을 만났을 때 서로 인사하는 것을 가리키는 말은 '아는 체하다'가 아니라 '알은체하다' 또는 '알은척하다'이다. 알은체하다는 어떤 사실에 대해 관심을 보이거나 거론한다는 뜻으로도 쓰인다. 반면 '~는/은/ㄴ 체하다'는 거짓으로 그럴듯하게 꾸미는 것을 가리킬 때 사용되므로 결코 좋은 뜻으로 쓰이는 말이 아니다. 아래 문장에서처럼 '알은체하다' 대신 '아는 체하다'를 사용해서는 안 된다.

철수가 도서관에서 나를 보더니 아는 체했다.(×)
철수가 도서관에서 나를 보더니 알은체했다.(○)
영희가 내 남편의 시험 합격 소식을 들었는지 아는 체했다.(×)
영희가 내 남편의 시험 합격 소식을 들었는지 알은체했다.(○)

'아는 체하다'는 아래 문장에서처럼 어떤 사실에 대해서 잘 모르면서 볼썽사납게 잘난 척하는 것을 가리키는 말이다.

철수가 경제에 대해 전혀 모르면서 내 앞에서 아는 체했다.
그는 무슨 얘기만 나오면 아는 체를 하기 때문에 사람들이 싫어한다.

앰하다 : 엄하다

아무런 잘못이 없는데도 화풀이를 당하거나 벌을 받게 되는 경우를 가리키는 말은 '애매하다' 또는 이의 준말인 '앰하다'이다. 그런데 '앰하다'를 써야 하는 상황에 '엄하다'를 쓰는 사람들이 상당히 많다. 사전에 실려 있는 '엄(嚴)하다'는 우리가 익히 아는 것처럼 '온화하다, 친절하다'와 반대되는 뜻을 가진 말이다. 한편 '애먼'은 관형사로 사전에 올라 있는데 앰하다의 관형형 '앰한'과 뜻이 같다.

1. 1) 그가 괜히 엄한 사람한테 화풀이를 한다.(×)
   2) 그가 괜히 앰한 사람한테 화풀이를 한다.(○)
2. 나는 애매하게 그 사건에 연루되었다.
3. 우리 형제자매들은 엄한 아버지 밑에서 성장하였다.

최근에는 이 '엄하다'가 의미가 확장되는 현상까지 나타나고 있다.

4. 괜히 엄한 짓 하지 말고 조용히 살아.(×)

위 문장 (4)에서는 문장 (1-1)과는 또 다른 의미로 쓰인 듯싶다. 아마도 '쓸데없는, 허튼'의 의미로 쓰인 것 같다.

어떡하다 : 어떻하다

우리말에는 준말이 많으며 보통 본딧말보다 준말이 많이 사용된다. 형용사 '그러하다'의 준말은 '그렇다'이고, 동사 '그리하다'의 준말은 '그러다'이다. 또 '어찌하다'의 준말은 '어쩌다'이며, '어떻게 하다'의 준말은 '어떡하다'이다. 그러나 '어떻하다'는 틀린 말이다. '그렇게 하다, 이렇게 하다, 저렇게 하다'가 줄어들면 '그럭하다, 이럭하다, 저럭하다'가 된다는 것과 연관 지어 기억하면 된다. 한편 형용사 '어떠하다'의 준말은 '어떻다'이다. 아래 예문에서 괄호 속에 있는 말은 밑줄 친 부분의 본딧말이다.

오늘 그의 옷차림이 조금 그렇다.(그러하다)
철수한테 그러지 말라고 했는데도 그런다.(그리하지)
너 어쩌다 그렇게 됐니?(어찌하다)
엄마가 사 준 생일 선물을 잃어버리면 어떡하니?(어떻게 하니)
새 옷에 대해 좋다 어떻다 말이 없더라.(어떠하다)

참고로 '기연가미연가하다'의 준말은 '긴가민가하다'이며, '어디에다'의 준말은 '얻다'이다.

시장 골목에서 언뜻 영수를 본 듯도 한데 긴가민가하다.(기연가미연가하다)
너 지금 얻다 대고 반말을 지껄이느냐?(어디에다)

어지르다 : 어질다

　형용사 '어질다'는 슬기롭고 너그럽다는 뜻인데, 흐트러뜨린다는 뜻
의 동사 '어지르다'와 혼동하는 경우가 있다. 기본형이 다르므로 각각
의 활용형도 다르다(어미 '-어'와 결합하면 각각 '어질어', '어질러'가 됨)는 것을 유
념해야 한다. 표기할 때 혼동하지 않도록 하자.

　철수는 별로 어질지 못하다.

　영희는 어린 나이답지 않게 대단히 어질었다.

　네 방을 방금 청소했으니 어질지 말도록 해.(×)

　네 방을 방금 청소했으니 어지르지 말도록 해.(○)

　네가 방을 어질었으니 청소도 네가 해!(×)

　네가 방을 어질렀으니 청소도 네가 해!(○)

염두에 두다 : 염두하다

　'염두'는 '마음속'이라는 뜻이므로 '염두'에 접미사 '-하다'를 붙여서 동사
를 만들 수는 없다. 따라서 '염두하다'라는 말은 틀린 말이고, 그 대신
'염두에 두다'라는 구의 형태로 무언가를 고려한다는 뜻을 나타낸다.

　네가 무언가를 하기 전에 항상 그 일이 올바른 일인지를 염두해야 한다.(×)

　네가 무언가를 하기 전에 항상 그 일이 올바른 일인지를 염두에 둬야 한다.(○)

접미사 '-스럽다'는 명사 뒤에 붙는 말이므로, 명사 '예'에 붙은 '예스럽다'가 맞는 말이고 관형사 '옛'에 붙은 '옛스럽다'는 틀린 말이다. 관형사 '옛'은 반드시 명사 앞에 위치한다는 것을 명심하자.

나이를 먹을수록 옛 친구들이 생각나게 마련이다.

그가 입은 옷이 꽤나 옛스럽다.(×)

그가 입은 옷이 꽤나 예스럽다.(○)

철수는 매우 옛스러운 집에서 산다.(×)

철수는 매우 예스러운 집에서 산다.(○)

마찬가지로 조사 '부터'는 명사 뒤에 붙을 수 있는 말이므로 명사 '예' 뒤에 붙은 '예부터'가 맞는 말이고, 관형사 '옛' 뒤에 조사 '부터'가 결합한 '옛부터'는 틀린 말이다.

옛부터 이 마을에서는 유명한 학자들이 많이 배출되었다.(×)

예부터 이 마을에서는 유명한 학자들이 많이 배출되었다.(○)

지나간 세월이 오래되었음을 뜻하는 말은 형용사 '오래다'이다. '오래이다'는 부사 '오래'와 서술격 조사 '이다'가 결합한 형태로 '오래다' 대신에 쓸 수 없는 말이다. 이는 부사 '오래'와 동의어인 '오래도록, 오랫동안' 뒤에 '이다'를 붙여 쓸 수 없는 것과 마찬가지이다.

그 일이 터지고 철수랑 틀어진 지 오래이다.(×)

그 일이 터지고 철수랑 틀어진 지 오래다.(○)

그가 여기를 떠난 지도 오래이니 가족이 많이 그리울 거예요.(×)

그가 여기를 떠난 지도 오래니 가족이 많이 그리울 거예요.(○)

한편 '오래다'와 함께 시간의 경과를 표현하는 데 쓰일 수 있는 말이 '오래되다'이다. 형용사 '오래되다'를 사용해 위 문장들을 아래와 같이 표현할 수도 있다.

그 일이 터지고 철수랑 틀어진 지 오래됐다.

그가 여기를 떠난 지도 오래됐으니 가족이 많이 그리울 거예요.

웃긴다 : 웃기다

동사 '웃다'의 사동사는 '웃기다'이다. 엄연히 동사인데 근래 '재미있다, 우습다' 등의 형용사 대신 자주 쓰이다 보니 웃기다를 형용사로 착각하는 경우가 많은 것 같다. 사전을 기준으로 하면 동사로 분류된 말이므로 동사로 다루어야 할 것이다.

그 사람 말투가 되게 웃기다.(×)
그 사람 말투가 되게 웃긴다(=우습다).(○)
철수가 한 얘기 정말 웃기다.(×)
철수가 한 얘기 정말 웃긴다(=재미있다).(○)

동사 '웃기다'는 '웃다'의 사동사 또는 한심하고 기가 막힌다는 뜻으로 사용되는 말이다.

그 사람 정말로 웃기는 사람이야. 회사 들어온 지 얼마 되지도 않아 회사 공금을 훔쳐 달아났대.

'으뜸가다, 첫째가다, 제일가다'는 어떤 분야에서 '최고로 꼽히다'라는 의미로 쓰이고, '버금가다, 둘째가다'는 '최고에 다음가다'라는 뜻으로 쓰이는 말이다. 이들은 합성어이므로 붙여 쓰면 된다.

그는 이 마을에서 으뜸가는 부자이다.
=그는 이 마을에서 첫째가는 부자이다.
=그는 이 마을에서 제일가는 부자이다.
조선 시대에 영의정은 왕에 버금가는 자리였다.
그 사람은 노래에 관한 한 둘째가라면 서러운 사람이다.
영수는 철수에 다음가는 우등생이다.

한편 동사 '맞먹다'는 '다른 것과 대등한 상태에 이르다'라는 의미가 있으므로 '버금가다'와 의미가 같은 말은 아니다. 또 형용사 '못지아니하다, 못지않다'는 '다른 것에 뒤지지 않다'라는 의미여서 마찬가지로 '버금가다'와는 뜻이 다르다. 따라서 아래와 같은 문장에서 '버금가다'를 사용하면 의도한 뜻을 충분히 전달하지 못하게 된다.

그는 신인이지만 정상급 선수에 버금가는 실력을 갖췄다.
→ 그는 신인이지만 정상급 선수에 맞먹는 실력을 갖췄다.
→ 그는 신인이지만 정상급 선수에 못지않은 실력을 갖췄다.

동사 '잇따르다'와 '잇달다'는 사건 사고가 끊이지 않고 일어나는 경우를 표현할 때 많이 사용된다. '잇따르다'와 '잇달다'의 관형형은 각각 '잇따른, 잇단'이니 표기하는 데 주의하도록 하자. 한편 '잇달은'은 잘못된 표기이다.

잇달은 사업 실패로 그는 모든 재산을 날려 버렸다.(×)
잇단 사업 실패로 그는 모든 재산을 날려 버렸다.(○)
=잇따른 사업 실패로 그는 모든 재산을 날려 버렸다.

'있다'는 동사와 형용사로 두루 쓰인다. 동사로 쓰일 때에는 사람이나 동물이 특정한 경우에 어디를 벗어나지 않거나 어떠한 상태로 가만히 있는 것을 의미할 때이다. 그 외의 뜻으로 쓰일 때에는 형용사로 쓰인 경우라고 생각하면 된다. 형용사 '있다'의 부정은 '있지 않다'이고, 동사 '있다'의 부정은 '있지 않는다'이다. 그리고 형용사 '있다'의 높임말은 '있으시다'인 반면, 동사 '있다'의 높임말은 '계시다'이다.

나는 일요일에는 항상 집에 있는다.

나는 평일에는 집에 있지 않는다.

선생님이 교실에 계실 땐 아이들이 조용히 있는다.

선생님이 교실에 안 계실 땐 아이들이 조용히 있지 않는다.

아버지는 일요일에 집에 계신다.

아버님, 제발 조용히 계세요.

이번 주말에 집에 있는 사람 손들어 봐.

이번 주말에 집에 <u>있지 않는</u> 사람 손들어 봐.

위 마지막 문장에서 '있지 않는'을 '있지 않은'으로 쓰지 않도록 주의
해야 한다.

형용사

영수는 지금 집에 있다.

영수는 지금 집에 있지 않다.

나는 오늘 저녁에 약속이 있다.

나는 오늘 저녁에 약속이 있지 않다.

김 과장님은 자녀가 2명 있으시다.

혹시 자동차 있으십니까?

오늘 저녁에 약속 있는 분은 집에 가세요.

오늘 저녁에 특별한 약속 <u>있지 않은</u> 분은 좀 남아 주세요.

반대로 위 마지막 문장에서 '있지 않은'을 '있지 않는'으로 표기하지 않도록 주의해야 한다.

잊다 : 잃다

'잊다'와 '잊어버리다'의 목적어로는 '자신이 해야 하거나 한 행위, 어떤 사실에 관한 기억'이, '잃다'와 '잃어버리다'의 목적어로는 '구체적인 물건, 길(추상적 및 물리적), 정신 작용(기억, 의식, 정신력 등), 기회' 등이 올 수 있다. '잃다'를 써야 할 자리에 '잊다'를 쓰지 않도록 하자.

집을 나오기 전에 가스 잠그는 것을 깜박 잊어버렸다.
나는 영수 아버지가 돌아가셨다는 사실을 까맣게 잊고 있었다.
퇴근할 때 사무실에서 우산을 챙겨 나오는 것을 잊었다.
영희는 초등학교 단짝 친구 이름을 잊어버렸다.

영희는 지하철에서 지갑을 잃어버렸다.
한번 잃어버린 기억은 되찾기 힘들다.
영수는 등산을 갔다가 길을 잃는 바람에 조난당할 뻔하였다.
그는 가족을 잃고 삶의 의미를 잃고 말았다.
그녀는 남편이 크게 다쳤다는 소식에 정신을 잃고 말았다.
입영 통지서나 나와 그는 시험에 응시할 기회를 잃었다.

잘나가다 : 잘 나가다

동사 '잘나가다'는 사람이 성공 가도를 달리고 있을 때 쓸 수 있는 말이다. 반면 '잘 나가다'는 어떤 상품이 잘 팔리거나 인기가 많을 경우 쓸 수 있는 말이다. 이 둘은 구별해서 쓰도록 하자.

그 사람은 요즘 소위 잘나가는 연예인이다.

인터넷을 기반으로 한 사업은 계속 잘나가고 있다.

요즘에는 이 제품이 잘 나갑니다.

몇 년 전부터 정장은 잘 안 나가고 활동복이 잘 나간다.

잘살다 : 잘 살다

'잘살다'는 부사와 동사로 이루어진 합성어이다. 부유하게 산다는 뜻으로 쓰일 때만 합성어이고, 다른 의미로 쓰일 때에는 합성어가 아니므로 '잘 살다'처럼 띄어 써야 한다.

그는 부모에게서 많은 재산을 물려받아 잘살고 있다.

(=부유하게 살다)

그녀는 어린 나이에 결혼해서 아들딸 낳고 잘 살고 있다.

(≠부유하게 살다)

기본형이 '잠구다'가 아니라 '잠그다'이기 때문에 어간 '잠그'에 어미 '-아'가 결합하면 '잠가'가 된다. '잠궈'와 같은 틀린 활용 형태를 쓰지 않도록 하자.

철수는 집을 나와서 현관문을 잠궜다.(×)
철수는 집을 나와서 현관문을 잠갔다.(○)
영수야, 깜박하지 말고 꼭 대문 잠가라.
집에 들어왔을 때 나는 자동차 문을 안 잠근 게 생각났다.
낯선 사람 오면 문 열어 주지 말고 문 꼭 잠그고 있어라.

재끼다 : 제끼다

'제끼다'는 사전에 '젖히다, 제치다'의 잘못이라고 나와 있다. 그만큼 많은 사람들이 '젖히다, 제치다'를 써야 할 자리에 '제끼다'를 쓰고 있는 것이다.

철수는 목을 뒤로 제끼고 큰 웃음을 웃었다.(×)
철수는 목을 뒤로 젖히고 큰 웃음을 웃었다.(○)
영수가 앞서 달리는 한 명을 제끼고 가장 먼저 결승점에 도착하였다.(×)
영수가 앞서 달리는 한 명을 제치고 가장 먼저 결승점에 도착하였다.(○)

그런데 '제끼다'와 표기가 비슷한 '재끼다'는 사전에 실려 있다. 보조동사 '재끼다'는 아주 손쉽게 한다는 의미를 본동사에 더해 주는 말이다.

그는 노래방에서 연속으로 다섯 곡을 불러 재꼈다.

재밌다 : 잼있다

우리말에는 음운 축약 현상이 오래전부터 빈번하게 일어났고 지금도 계속 일어나고 있다. 인터넷을 검색해 보더라도 준말을 많이 쓰고 있다는 것을 금방 알 수 있다. 그중 '재미있다, 재미나다, 재미없다'의 준말로 '잼있다, 잼나다, 잼없다'를 많이 쓰는 것 같다. 이런 준말들이 표준어로 인정받기 위해서는 먼저 '재미'의 준말 '잼'이 표준어로 인정돼야 할 것이다. 음운 축약 현상에는 어떤 법칙이 존재하지 않는 게 사실이고 사전을 검색해 보면 많은 준말들이 검색되므로, '잼'이 '재미'의 준말로서 인정되는 날이 올 수도 있을 것이다. 하지만 현재까지 '재미나다, 재미없다'의 준말은 인정된 것이 없고, '재미있다'의 준말로 사전에 당당히 오른 말은 '재밌다'라는 것을 알아 두자.

언뜻 '접질리다'는 '접지르다'라는 동사의 피동사인 것처럼 보이지만 실상 '접지르다'라는 동사는 존재하지 않고, '접질리다'가 원형이다. '접질리다'는 '다치다'처럼 형태의 변화 없이 주어와 목적어를 다 취할 수 있다. 따라서 항상 '접질리다' 한 가지 형태만 존재한다는 것만 알아두면 된다. '접질리다'와 동의어로는 '겹질리다'가 있다.

높은 곳에서 뛰어내리다가 발목을 접질렀다.(×)
높은 곳에서 뛰어내리다가 발목을(발목이) 접질렸다.(○)
=높은 곳에서 뛰어내리다가 발목을(발목이) 겹질렸다.

졸리다 : 졸립다

'졸리다'는 동사와 형용사로 모두 쓰이는 단어이다. 따라서 얼핏 형용사로 보이는 '졸립다'를 쓸 필요가 없을뿐더러 이 말은 존재하지도 않는 말이다.

어제 잠을 푹 자지 못했더니 졸립다.(×)
어제 잠을 푹 자지 못했더니 졸리다.(○)

조금씩 조금씩 얻어듣는다는 뜻으로 쓰이는 말은 '주워듣다'이다. '줏어듣다'는 잘못된 말이다. 물론 '줏다'도 '줍다'의 잘못된 말이다.

길을 가다가 운 좋게 지폐 한 장을 줏었다.(×)
길을 가다가 운 좋게 지폐 한 장을 주웠다.(○)
영희는 여기저기서 줏어들은 이야기를 자랑삼아 다른 사람한테 옮기고 다닌다.(×)
영희는 여기저기서 주워들은 이야기를 자랑삼아 다른 사람한테 옮기고 다닌다.(○)

참고로 가끔씩 '주어대다'라는 말을 쓰는데 이것은 '주워대다'의 잘못이다. '주워대다'는 '주워섬기다'와 마찬가지로 이 말 저 말을 아무렇게나 늘어놓는다는 뜻을 가진 말이다.

동사 '쥐다'의 사동사와 피동사는 똑같이 '쥐이다'이다. 그런데 '쥐이다'는 '쥐다'로 줄어들지 않으므로 '쥐이다'의 어간에 어미 '-어'가 결합한 활용 형태는 '쥐어'가 아니라 '쥐여'이다. 문장 (1-2)에는 피동사가, 문장 (2-2)에는 사동사가 쓰였다.

1. 1) 그는 아내한테 쥐어 산다.(×)

   2) 그는 아내한테 쥐여 산다.(○)

2. 1) 철수는 영수한테 사탕을 쥐어 주었다.(×)

   2) 철수는 영수한테 사탕을 쥐여 주었다.(○)

지었다 : 졌다

동사 '짓다'의 어간 뒤에 모음 어미가 결합하면 ㅅ 탈락 현상이 일어
나지만 음운 축약은 일어나지 않는다. 따라서 '짓다'의 과거형은 '지었
다'이며 '졌다'로 표기하는 것은 잘못이다.

그는 농사를 지어 식구들을 먹여 살렸다.(짓+어)

오늘 중으로 모든 일을 마무리 지어야 한다.(짓+어야)

제가 선생님께 죽을죄를 지었습니다.(짓+었습니다)

나에게 미소를 지은 그녀가 생각났다.(짓+은)

반면 동사 '지다'는 어간 뒤에 모음 어미가 결합하면 음운 축약이 일
어난다. 따라서 '지다'의 과거형은 '졌다'이다.

그는 무거운 짐을 져 어깨가 무척 아팠다.

우리 팀이 상대팀에게 5 대 2로 졌다.

참고로 표준국어대사전에는 아래와 같은 예문이 있는데 위에서 살펴본 것처럼 잘못된 문장이다. 아마도 소설 속 문장이다 보니 굳이 수정하지 않은 듯하다.

"자신의 의사는 개입될 틈도 없이 부모의 뜻에 따라 중매로 한 결혼이었으면서도 들몰댁은 친정에 올 때마다 꼭 죄를 진 것 같은 기분이었다."〈조정래, 태백산맥〉

"정작 죄진 놈들은 도망친 다음이라 애먼 사람들이 얻어맞고 나동그라졌다."〈송기숙, 암태도〉

지루하다 : 지리하다

굉장히 따분함을 느낄 때 쓸 수 있는 말은 '지루하다'이다. '지리하다'는 '지루하다'의 어원이 되는 말이지만 현재 표준어는 '지루하다'뿐이다.

팽팽한 투수전이 전개되어 경기가 무척 지리하게 느껴졌다.(×)
팽팽한 투수전이 전개되어 경기가 무척 지루하게 느껴졌다.(○)
드디어 지리한 장마철이 끝났다.(×)
드디어 지루한 장마철이 끝났다.(○)

'작다'는 것을 표현하는 말에는 '조그마하다, 조끄마하다, 자그마하다, 쪼그마하다, 쪼끄마하다' 그리고 이들의 준말인 '조그맣다, 조끄맣다, 자그맣다, 쪼그맣다, 쪼끄맣다' 등이 있다. 한편 '조고마하다, 조꼬마하다, 쪼꼬마하다, 쬐그맣다, 쬐꾸맣다, 쬐끄맣다, 조맨하다, 쪼맨하다'는 틀린 말이고, '쩨깐하다, 쪼끔하다, 쪼만하다'는 방언으로 사전에 실려 있다. 이렇게 다양한 말들이 존재하는데 물론 이것을 다 알 필요는 없을 것이다. 다만 이 중에서 올바른 말을 골라서 쓰도록 하자.

쬐끄만 녀석이 까불고 난리야.(×)
쪼맨한 녀석이 까불고 난리야.(×)
쪼끄만 녀석이 까불고 난리야.(○)
=쪼끄마한 녀석이 까불고 난리야.

그 밖에 '조만하다'는 '상태, 모양이 조러하다'라는 뜻으로 작다는 느낌을 주는 말이지만 '작다'와 동의어는 아니다.

조만한 녀석도 다 하는 일을 네가 왜 못한다는 거니?

참고로 '조금'과 같은 뜻을 가진 말은 '조끔, 쪼금, 쪼끔'이며, '쬐끔'은 잘못된 말이다.

차지다 : 찰지다

찹쌀, 찰수수, 찰옥수수, 찰밥, 찰떡, 차조 등은 찰기가 많아서 '차지다'고 한다. ㄹ 탈락이 일어난 '차지다'가 맞는 말이고 '찰지다'는 틀린 말이다.

찹쌀로 밥을 지었더니 아주 찰지고 밥맛이 좋다.(×)
찹쌀로 밥을 지었더니 아주 차지고 밥맛이 좋다.(○)

이처럼 ㄹ 탈락이 일어난 말을 표준어로 삼는 경우가 몇 가지 있다. '따님, 나날이, 다달이, 싸전, 다디달다, 자디잘다, 기다랗다, 가느다랗다' 등이 그 예이다.

쌀전에 가서 쌀 좀 사오너라.(×)
싸전에 가서 쌀 좀 사오너라.(○)
수박이 아주 시원하고 달디달다.(×)
수박이 아주 시원하고 다디달다.(○)
올해 수확한 고구마는 전부 잘디잘다.(×)
올해 수확한 고구마는 전부 자디잘다.(○)
길다란 막대기 좀 구해 오너라.(×)
기다란 막대기 좀 구해 오너라.(○)

많은 사람들이 수습하거나 마무리한다는 뜻으로 쓰는 말의 원형이 '추스리다'인 줄 알지만 이는 잘못이다. 바른 말은 '추스르다'이며 이 말의 어간 뒤에 어미 '-어, -었-'이 결합하면 각각 '추슬러, 추슬렀-'이 된다.

> 몸과 마음을 잘 추스린다면 우리에게도 기회가 있다.(×)
> 몸과 마음을 잘 추스른다면 우리에게도 기회가 있다.(○)
> 안 좋았던 기억은 다 잊어버리고, 마음을 잘 추스려라.(×)
> 안 좋았던 기억은 다 잊어버리고, 마음을 잘 추슬러라.(○)

한편, 동사 '벼르다'의 활용 형태로 '벼렀다, 별었다' 등을 쓰는 경우가 있는데, 모두 잘못이다. '벼르다'의 어간 뒤에 어미 '-어, -었-'이 결합하면 각각 '별러, 별렀-'이 된다.

> 나는 그에게 당했던 수모를 되갚기 위해 오랫동안 벼러 왔다.(×)
> 나는 그에게 당했던 수모를 되갚기 위해 오랫동안 별러 왔다.(○)

이 밖에도 '거스르다(거슬러), 가파르다(가팔라), 고르다(골라), 바르다(발라), 올바르다(올발라)' 등의 활용 형태를 기억해 두자.

지급하거나 어떤 일을 겪어 낸다는 뜻으로 쓰이는 말은 '치르다'이고, '치루다'는 틀린 말이다. 또 '치르다'의 어간 뒤에 '-어지다'가 결합하면 '치러지다'가 된다.

이 행사를 성공적으로 치루기 위해서는 여러분의 적극적인 협조가 필요합니다.(×)

이 행사를 성공적으로 치르기 위해서는 여러분의 적극적인 협조가 필요합니다.(○)

올림픽 개막식이 성대하게 치뤄졌다.(×)

올림픽 개막식이 성대하게 치러졌다.(○)

죄를 지었으면 당연히 죗값을 치뤄야 한다.(×)

죄를 지었으면 당연히 죗값을 치러야 한다.(○)

특출하다 : 특출나다

'특출하다'는 순우리말 '뛰어나다'와 같은 말인데, '특출나다'가 바른 말인 줄 알고 쓰는 경우가 있다. '특별나다'라는 말이 쓰이고 있어서 '특출나다'도 맞는 말인 것으로 생각하는 듯싶다. 하지만 '특출나다'는 사전에 실려 있지 않다.

그에게는 아주 특출난 재주가 하나 있다.(×)

그에게는 아주 특출한 재주가 하나 있다.(○)

파였다 : 패였다

동사 '파다'의 피동사는 피동 접미사 '-이-'가 결합한 '파이다'이며, 이의 준말은 '패다'이다. '패이다'는 이중 피동형으로서 잘못된 말이다. 마찬가지로 동사 '차다'의 피동사는 '차이다, 채다'이며, '채이다'는 잘못된 말이다.

간밤에 내린 폭우로 도로 곳곳이 패였다.(×)

간밤에 내린 폭우로 도로 곳곳이 파였다(=패었다).(○)

도로에 패인 곳이 많아 걸어 다니기에 불편하다.(×)

도로에 파인(=팬) 곳이 많아 걸어 다니기에 불편하다.(○)

그는 여자 친구에게 채였다.(×)

그는 여자 친구에게 차였다(=채었다).(○)

푸른 : 푸르른

형용사 '푸르다' 관형형은 '푸르른'이 아니라 '푸른'이 맞는다. 푸르다의 어간에 어미 '-어'가 결합하면 '푸르러'가 되는데, 이것에 근거해서 관형사형이 '푸르른, 푸르런'이라고 생각하는 듯하다. 또 노래 가사에서 '즐겁게' 대신 '즐거웁게'가 대신 쓰이기도 한다. 하지만 '즐거운'은 맞는 말이지만 '즐거웁게'는 틀린 말이다. 틀린 말인 줄 알면서도 운율을 맞추기 위해 시나 노래 가사 등에는 이런 표현들이 자주 사용된다. 그러나 일반적인 글에서 이런 표현을 사용해도 된다는 것은 아니다.

여름 산은 너무나 푸르러서 보는 사람의 눈이 즐거워진다.

올해 가을 하늘이 유난히 푸르렀다.

가을 하늘은 정말 푸르르다.(×)

가을 하늘은 정말 푸르다.(○)

푸르른 산을 바라보고 있으니 마음이 상쾌해진다.(×)

푸른 산을 바라보고 있으니 마음이 상쾌해진다.(○)

이 밖에도 형용사 '노르다, 누르다'도 어간에 어미 '-어'가 결합하면 '노르러, 누르러'로 되고, 이들의 관형형은 '노른, 누른'이다.

참고로 '무색-色'은 '물색'에서 ㄹ이 탈락한 말로서 물감을 들인 빛깔이란 뜻이다. 따라서 색깔이 전혀 없다는 뜻의 무색無色과는 다른 말이다. 일반적으로 '무색 옷'이라고 하면 '색상이 들어가 있는 옷'을 의미한다. 그리고 무지無地란 무늬 없이 단색으로 돼 있다는 것을 뜻한다.

푸르디푸르다 : 푸르디 푸르다

형용사의 뜻을 강조하기 위하여 반복을 할 때 어미 '-디'를 이용해서 연결할 수 있다. 사전을 찾아보면 자주 쓰이는 말들이 표제어로 올라 있다. 아래 문장에 쓰인 합성 형용사들은 모두 사전에 실려 있는 말이다.

아기 손가락이 가늘디가늘었다.

색깔이 곱디고왔다.

백두산은 높디높다.

서쪽 바다 밑으로 지고 있는 해가 붉디붉다.

보약 맛이 쓰디썼다.

그녀의 눈은 예쁘디예뻤다.

그의 손은 차디찼다.

가을 하늘이 푸르디푸르렀다.

한편 아래 문장에서 보는 것처럼 어미 '-나'도 어미 '-디'처럼 일부 형용사를 반복할 때 연결해 주는 기능을 한다.

기나긴 여름이 드디어 끝났다.

머나먼 미래에는 태양과 지구가 사라질 수도 있다.

크나큰 실수를 저지르고 말았다.

동사 '풀다'와 '끄르다'는 '묶거나 매어 놓은 것을 원래대로 되돌리는 것'을 가리키는 말이다. 이 둘은 의미는 비슷하지만 활용 형태는 다르다. 두 동사의 어간 뒤에 어미 '-어'가 결합하면 각각 '풀어, 끌러'가 된다. 이 '풀어'를 '풀러'로 표기해서는 안 된다. 정확한 발음이 정확한 표기를 보장한다는 것을 기억하자.

> 매듭을 단단하게 지어 놔서 끄르기가 쉽지 않다.
> 그는 차고 있던 시계를 끌러 놓았다.
> 숙소에 도착하자마자 그는 짐을 풀렀다.(×)
> 숙소에 도착하자마자 그는 짐을 풀었다.(○)
> 그는 음식을 많이 먹기 위해 허리띠를 풀르고 있었다.(×)
> 그는 음식을 많이 먹기 위해 허리띠를 풀고 있었다.(○)

동사 '피우다'의 준말로서 '피다'는 인정되지 않는다. 입말에서 자주 '피다'를 사용하고 있지만 바른 말이 아니므로 표기할 때에는 '피우다'로 써야 한다.

철수는 부모님 몰래 담배를 핀다.(×)

철수는 부모님 몰래 담배를 피운다.(○)

게으름 피는 사람은 여기서 쫓아낼 거야.(×)

게으름 피우는 사람은 여기서 쫓아낼 거야.(○)

예전에 그 사람은 바람을 핀 적이 있다.(×)

예전에 그 사람은 바람을 피운 적이 있다.(○)

헤매다 : 헤매이다

여기저기 방황한다는 뜻으로 쓸 수 있는 말은 '헤매다'이다. '헤매이다'는 잘못된 말이다. 한편 '얽매이다, 매이다'는 '얽매다, 매다'의 피동사이다.

무작정 길을 나섰다가 헤매이지 말고 지도를 챙겨 가거라.(×)

무작정 길을 나섰다가 헤매지 말고 지도를 챙겨 가거라.(○)

희한하다 : 희안하다

톡톡 튀는 사람 또는 독특한 사람을 가리켜 '희한한 사람'이라고 해야지 '희안한 사람'이라고 불러서는 안 된다. '희안하다'는 존재하지 않는 말이기 때문이다.

편한 길을 놔 두고 험한 길로 굳이 가려고 하다니, 참 희안한 녀석이네.(×)

편한 길을 놔 두고 험한 길로 굳이 가려고 하다니, 참 희한한 녀석이네.(○)

오래 살다 보니 참 희안한 일도 다 있군.(×)

오래 살다 보니 참 희한한 일도 다 있군.(○)

신체 이름이 들어 있는 말(모두 붙여서 표기)

눈앞	귀먹다	손힘
한눈	귀엣말	큰손
눈감다	귓속말	손꼽다
눈뜨다	귀빠지다	손대다
눈멀다	가는귀먹다	손들다
눈가림	귀넘어듣다	손보다
눈대중	귀담아듣다	손쉽다
눈속임	귀여겨듣다	손쓰다
눈꼴시다		손잡다
눈부시다		손부끄럽다
눈엣가시		
눈짓콧짓		
눈치코치		
눈치채다		
눈여겨보다		
입심	코앞	낯간지럽다
한입	코골이	낯부끄럽다
입가심	코배기	눈코
입씻이	코빼기	다릿심
입차다	큰코다치다	머리하다
입바르다		목거리
입빠르다		목메다
		무릎맞춤
		무릎베개
		발힘
		발붙이다
		뱃심
		볼메다
		손발
		이갈이
		팔다리
		팔베개
		팔심
		한발
		한주먹
		한목소리
		허릿심

제 3 부

부사・관형사

제 3 부
부사·관형사

갈가리 : 갈갈이

여러 조각으로 사정없이 찢는 것을 표현할 때 '갈기갈기, 가리가리'
라는 부사를 사용한다. 그리고 '가리가리'의 준말인 '갈가리'도 곧잘
쓰인다. 그러나 '갈가리'를 써야 할 곳에 이와 발음이 같은 '갈갈이'를
쓰는 것은 잘못이다. '갈갈이'는 농업 관련 용어로서 '가을갈이'의 준
말이다.

나는 화가 나서 공책을 갈갈이 찢어 버렸다.(×)
나는 화가 나서 공책을 갈가리 찢어 버렸다.(○)

거꾸로 : 꺼꾸로

위아래 또는 앞뒤가 바뀐 상태를 표현할 때 사용하는 말은 부사 '거꾸로'이다. 발음되는 대로 '꺼꾸로'로 적으면 안 된다.

나는 급하게 옷을 입으면 항상 꺼꾸로 입게 된다.(×)
나는 급하게 옷을 입으면 항상 거꾸로 입게 된다.(○)
철수가 건물 옥상에서 꺼꾸로 떨어지는 바람에 크게 다쳤다.(×)
철수가 건물 옥상에서 거꾸로 떨어지는 바람에 크게 다쳤다.(○)

괜스레 : 괜시리

'괜시리'는 '괜스레'의 잘못이라고 사전에 나와 있다. 이렇게 잘못된 말이더라도 많은 사람들이 쓰고 있을 경우 사전에도 올라 있다. 그러나 알고만 있어야지 쓰라는 의미는 아니다. 항상 바른 말을 찾아 쓰는 습관을 들여야 할 것이다. 이 외에도 잘못된 형태로 쓰이는 표현이 있는데 아래와 같다.

기분 나쁘게시리 철수가 나에게 거짓말을 한 것이었다.(×)
기분 나쁘게 철수가 나에게 거짓말을 한 것이었다.(○)
영희는 뭐 마려운 사람처럼 왔다리 갔다리 하였다.(×)
영희는 뭐 마려운 사람처럼 왔다 갔다 하였다.(○)

돈이 한 푼도 없어서리 집까지 걸어왔다.(×)

돈이 한 푼도 없어서 집까지 걸어왔다.(○)

구 : 구-

사전에 관형사 '구舊'와 접두사 '구舊-'가 별도의 표제어로 실려 있다. 관형사 구는 '지금은 존재하지 않거나 다른 곳으로 이전한'의 뜻으로 쓰이며 관형사 '옛'과 동의어이다.

정부는 구 조선총독부 건물을 허물고 경복궁 건물을 복원하였다.

러시아(옛 소련)는 세계에서 가장 큰 나라이다.

시외 버스 터미널은 다른 곳으로 이전하였고 구 터미널 건물은 다른 용도로 쓰인다.

접두사 '구-'는 '낡은'의 뜻을 더하는 접두사이다. 비슷한 뜻을 가진 접두사로 '고古-'가 있다. 반면 접두사 '신新-'은 '새로운'이라는 의미를 갖고 있다. '구-'는 구체적인 말과 추상적인 말 앞에 다 쓰이고 '고-'는 주로 구체적인 말 앞에 쓰인다. '구-'는 '신-'과 서로 상대적인 의미를 갖는 데 반해 '고-'는 절대적인 의미를 갖는다. 관형사 '구'가 붙은 말과 달리 접두사 '구-'가 붙은 말은 현존한다는 특징이 있다. 접두사 '구-'와 '신-'은 뒷말과 붙여 써야 한다.

구세대와 신세대가 서로 갈등하고 있다.

그 학교는 학생 수가 늘어나자 구관 옆에 신관을 지었다.

신도시가 건설된 도시 내에는 구시가지와 신시가지가 공존한다.

우리 마을 앞에 고목 한 그루가 서 있다.

철수 아버지는 고서적을 다량으로 취급하고 있다.

그까짓 것 : 그까이꺼

예전에 어느 개그맨이 유행시킨 '그까이꺼'라는 말은 잘못된 표기이다. 맞는 표기는 '그까짓 것'이다. 관형사 '그까짓'은 '겨우 그 정도의'라는 뜻을 가진 말로서 비하하는 의미가 담겨 있다.

그까짓 일로 왜 쓸데없는 고민을 하니?

그까짓 것들은 다 갖다 버려.

그제야 : 그제서야

보조사 '야'는 강조의 의미를 더하기 위해 다른 말 뒤에 붙는다. '야'는 체언, 용언, 부사, 조사 뒤에 덧붙인다. 강조하기 위해 붙이는 말이므로 생략해도 당연히 의미가 통한다는 것을 기억하자. 시간을 나타내는 명사인 '어제, 오늘, 내일, 모레, 이때, 그때, 이제, 그제' 들을 강조할 때에는 '에야'를 붙인다. 따라서 조사 '야'가 붙게 되면 '어제야, 오늘에야, 내일에야, 모레야, 이때야, 그때야, 이제야, 그제야' 등으로 된다. 예시된 말에서 보는 것처럼 음운축약 현상이 일어나기도 한다. 그러나 '에서야'는 특정 분야나 장소를 나타내는 명사 뒤에 결합할 수 있기 때문에 '오늘에서야, 이제서야, 그제서야' 등은 잘못된 말이다. 이처럼 시간을 나타내는 명사 뒤에 '에서야'가 결합한 형태는 잘못된 것이고 '에야'가 결합한 형태가 올바르다고 생각하면 된다.

오전 열한 시에야 그는 출근하였다.
그는 술을 마시고 새벽에야 집에 들어왔다.

한편 '-아서야' 또는 '-어서야'는 아래 문장처럼 용언 뒤에 어미 '-아서, -어서'가 붙은 것에 다시 조사 '야'가 결합한 형태이다.

철수는 엄마를 다시 만나고서야 안심하였다.
그는 오후 세 시가 돼서야 도착하였다.
오늘날에 와서야 사람들은 자유로이 세계를 여행할 수 있게 됐다.

'그제서야, 오늘날에서야'라는 말은 각각 '그제가 돼서야, 오늘날에 와서야'를 줄여서 짧게 표기하려는 노력의 산물이 아닌가 생각해 본다. 짐작건대, '두려워 마, 마다 않다, 얼마지 않아' 등도 '두려워하지 마, 마다하지 않다, 얼마 지나지 않아'를 불법으로 줄여 쓴 표현일 것이다. 아무리 짧은 게 좋기로서니 지킬 건 지켜야 하지 않을까.

꼭꼭 숨기다 : 꽁꽁 숨기다

의태부사 '꼭꼭'과 '꽁꽁'은 의미가 통하는 면이 있다. '단단하게, 야무지게' 등의 의미를 공통적으로 함축하고 있는 말들이다. 그러나 관용적으로 각 말들이 어울리는 상황이 정해져 있다. 동사 '숨기다' 앞에는 '꽁꽁'이 아니라 '꼭꼭'이 와야 제격이다. 그 밖의 용례는 다음과 같다.

얼음이 꽁꽁 얼었다.
운동화 끈이 풀리지 않게 꽁꽁 묶었다.
꼭꼭 숨어라. 머리카락 보일라.
어머니는 보온밥통에 밥을 꼭꼭 눌러 담으셨다.
문을 꼭꼭 걸어 잠그고 낯선 사람에게 문을 열어 주지 마라.

너도나도 : 너 나 할 것 없이

'너도나도'와 '너나없이'는 합성어이므로 붙여 써야 한다. 반면 비슷한 뜻을 가진 '너 나 할 것 없이'는 띄어 써야 한다.

너도나도 앞다퉈 사재기를 하느라고 나라가 온통 난리이다.
사람들은 너나없이 즐거운 표정을 짓고 있었다.
너 나 할 것 없이 모두 이 일에 발 벗고 동참해야 합니다.

참고로 '너나들이하다'는 '서로 너니 나니 하면서 말을 트다'라는 뜻이다.

너무

부사 '너무'는 동사 '넘다'에서 파생된 말이다. '넘다'는 동사 '지나치다'와 뜻이 같은 말이다. 따라서 너무는 '지나치게'와 뜻이 같은 말이어서 좋은 의미로는 쓸 수 없는 말이다. 너무는 '심히, 몹시, 무지, 과히, 엄청' 등과 함께 다소 부정적으로 쓰이는 말이다. 좋은 의미를 강조하는 데 쓸 수 있는 말은 다양하다. '매우, 아주, 많이, 무척, 되게, 굉장히, 대단히, 썩, 퍽' 등이 그것들이다. 그러나 마침내 국립국어원에서도 두 손을 들고 말았다. 나머지 모든 것들을 물리치고 초강력 대세어로 자리 잡은 너무를 무시할 수 없었던 것이다. 이젠 마음 놓고 쓰기 바란다.

단번에 : 한 번에

한자 단(單)으로 시작하는 '단번, 단방, 단판, 단칼, 단박' 등은 '단 한 번'이나 '그 자리에서 바로'라는 의미를 포함하고 있다. 반면 관형사 '한'이 앞에 쓰인 '한 번, 한 방, 한 판'은 띄어 쓴다. 보통 관형사 '한'은 한 글자여서 그런지 뒷말과 붙여 쓰는 경향이 강하지만 올바른 표기는 아니다. '한칼'은 사전에 실려 있는 말이므로 붙어 쓴다.

이런 고민들을 단번에 해결해 주는 제품이 나왔다.

단방에 일을 끝내겠습니다.

당구 월드컵 대회는 40점 단판 경기로 진행된다.

그는 내 충고를 단칼에 거절하였다.

철수는 질문을 하면 단박에 대답하지 않는다.

이 문제들을 한 번에 해결하기는 어려워 보인다.

그 타자는 큰 것 한 방을 노렸다.

상대 선수가 한 판을 먼저 따냈다.

한칼로 적군 두 명을 쓰러뜨리다.

물론 '단 하나', '단 한 번'이라는 의미가 없어지고 합성어가 된 말은 다음과 같이 붙어 쓴다.

이 책 한번 읽어 보세요.

철수와 영수가 한판 붙었다.

모든 곳이 한눈에 내려다보인다.

그는 한국 고대사 연구에 한평생을 바쳤다.

마당에 있는 낙엽을 한데(=한군데, 한곳에) 모아라.

그는 평생 한길을 걸어왔다.

당시 : 그때 당시

사전에서 '당시'를 찾아보면 '그때'라는 설명이 있다. 따라서 '그때 당시, 그 당시'라는 말은 우리말과 한자어가 중복된 말이다. 한자어는 쓰고 싶고 한자어만으로는 허전하니까 우리말이 따라붙은 것이다. 둘 중에 하나만 써도 되는 말이다. 물론 이런 말이 한둘이 아니다. 입버릇처럼 굳어 버려서 고치기도 쉽지는 않아 보인다.

그때 당시 나는 대학생이었다.
→ 그때 나는 대학생이었다.
→ 당시 나는 대학생이었다.
1970년대 당시 남한은 북한과 경제적으로 비슷한 수준이었다.
→ 1970년대 남한은 북한과 경제적으로 비슷한 수준이었다.

더욱더 : 더욱 더

부사 '더욱더'는 한 단어이므로 붙여 쓰는 것이 올바르다. 뒤에 붙은 '더'를 별도의 부사로 인식하여 떼어 쓰는 경우가 있는 듯하다. '더욱'을 강조하는 말은 '더욱더'와 '더더욱'이 있다.

그렇게 해 주시면 더욱 더 좋지요.(×)
그렇게 해 주시면 더욱더 좋지요.(○)

=그렇게 해 주시면 더더욱 좋지요.

참고로 '더구나'를 강조하는 말은 '더더구나'이고, '더군다나'를 강조하는 말은 '더더군다나'이다.

몇

'몇'의 품사는 수사 및 관형사인데 단독으로도 쓰이지만, 숫자를 나타내는 다른 말과 어울려 쓰이기도 한다는 점이 특징이다.

시장에 가서 과일 몇 개만 사 오너라.
너는 여기서 몇 년 동안 일했니?
우리 회사는 부산 지사 직원만 몇백 명이 된다.
철수는 이 회사에서 십몇 년 동안 근무한 모범 사원이다.

몇 대신에 접두사 '수數-'와 관형사 '수數'를 사용해도 뜻이 같은 문장이 된다.

우리 회사는 부산 지사 직원만 수백 명이 된다.
철수는 이 회사에서 십수 년 동안 근무한 모범 사원이다.

'못살다'는 부사와 동사가 합쳐진 합성어이고, '가난하게 살다, 성가실 정도로 괴롭히다'의 의미이다. 그 외 다른 의미로 쓰일 때는 합성어가 아니므로 띄어 써야 한다.

철수네는 <u>못산다</u>.(=가난하다)

나 좀 그만 <u>못살게</u> 해.(=성가실 정도로 괴롭히다)

그는 암에 걸려 얼마 <u>못 산다</u>고 한다.(=살지 못하다)

계약 기간이 끝나 이곳에 더는 <u>못 산다</u>.(=거주하지 못하다)

'못쓰다'는 합성어이고, '못 쓰다'는 '쓰다'의 짧은 부정형이다. 합성어의 뜻을 알려면 사전을 찾아보아야 한다. 왜냐하면 보통 특수한 뜻을 가지게 되었을 때 합성어로 인정되기 때문이다. 그 외의 뜻으로 쓰일 때는 합성어가 아니므로 띄어 써야 한다.

그는 심한 스트레스를 받아 얼굴이 <u>못쓰게</u> 됐다.(=야위거나 축나다)

남의 물건을 허락도 없이 함부로 가져오면 <u>못쓴다</u>.(=바람직하거나 올바르지 않다)

이 물건은 망가져서 이제는 <u>못 쓴다</u>.(=사용하지 못하다)

못하다 : 못 하다

'못하다'는 부정부사 '못'과 동사 '하다'로 이루어진 합성어이다. 못하다는 본용언으로도 쓰이지만 보조용언으로도 쓰인다. 보조용언으로 쓰일 때에는 긴 부정문을 이룬다. 문장 (1)은 동사로 쓰인 경우이고, 문장 (2)는 형용사로 쓰인 경우이다.

1. 그는 다른 사람만큼 일을 잘 **못한다.**(=능력이 기대에 못 미치다)
2. 이번 작품은 그의 전작만 **못하다**는 평을 받고 있다.

   (=훌륭하거나 뛰어나지 않다)

한편 아래 문장 (3), (4)는 각각 보조동사와 보조형용사로 쓰인 경우이다. 보조용언으로 쓰일 때에는 '본용언+-지 못하다'의 형태로 쓰이며 긴 부정문으로 만드는 역할을 한다.

3. 1) 그는 얼마 전 사고를 당해 일을 하지 못한다.

   2) 얼마 전 생각지도 못한 일을 당했다.
4. 그는 윗사람 앞에서도 공손하지 못하다.

'본용언+-지 못하다'의 형태로 쓰이는 경우가 아닐 때에는 본동사 '하다'의 짧은 부정형으로 보아 '못 하다'로 띄어 쓴다. 이때 '못'은 부정문을 만드는 부정부사이다. 위의 문장 (3-1), (3-2)를 짧은 부정문으로 바꾸면 (3-1)', (3-2)'와 같다. (3-2)에서 '생각지도'는 '생각하지도'가 줄어든 동사이고, (3-2)'에서 '생각도'는 명사 '생각' 뒤에 조사 '도'가 붙은 형태이다.

  3. 1)' 그는 얼마 전 사고를 당해 당분간 일을 못 한다.

  3. 2)' 얼마 전 생각도 못 한 일을 당했다.

한편 부사 '못'은 형용사 앞에는 오지 못한다. 따라서 '공손하지 못하다'를 '못 공손하다'로 바꿀 수가 없기 때문에 위 문장 (4)를 짧은 부정문으로 바꿀 수는 없다.

┌─────────────┐
미처 : 미쳐
└─────────────┘

'미처'는 그 정도 수준까지는 이르지 못한다는 뜻을 담고 있는 부사이다. '미쳐'는 동사 '미치다'의 활용 형태이니 둘을 혼동하지 말자.

나는 그가 그 정도로 이상한 사람일 줄은 예전엔 미쳐 몰랐다.(×)

나는 그가 그 정도로 이상한 사람일 줄은 예전엔 미처 몰랐다.(○)

그녀는 자식을 잃고 미쳐 버렸다.

번번이 : 번번히

'무엇을 할 때마다, 매번'과 같은 뜻으로 쓰이는 말은 '번번이'이고, '번번히'는 틀린 말이다. '번번히'라는 부사가 만들어지려면 '번번하다'라는 말이 있어야 하는데 그렇지 않기 때문이다. '넉넉하다'에서 '넉넉히'라는 부사가, '충분하다'에서 '충분히'라는 부사가 파생된 것을 보면 그 사실을 이해할 수 있을 것이다. 마찬가지로 '간간間間이'가 맞고 '간간間間히'는 틀린 말이다.

> 번번히 이렇게 찾아오시지 않아도 됩니다.(×)
> 번번이 이렇게 찾아오시지 않아도 됩니다.(○)
> 간간이 내리는 비가 대지를 적셔 주었다.

소위 : 소위 말하는

'소위'와 '이른바'는 부사인데 명사 바로 앞에 위치하는 것이 보통이다. 소위 뒤에 바로 명사가 놓이니 뭔가 허전한지 다른 말을 첨가하기도 하는데 그다지 좋은 선택은 아니다. 차라리 우리말로 표현하는 것이 백번 낫다.

> 지금 얘기한 것들이 소위 말하는 현대 사회의 병폐이다.(×)
> 지금 얘기한 것들이 소위 현대 사회의 병폐이다.(○)

=지금 얘기한 것들이 이른바 현대 사회의 병폐이다.

=지금 얘기한 것들이 말하자면 현대 사회의 병폐이다.

아니요 : 아니오

상대방에게 질문을 받았을 때, 긍정의 뜻을 나타낼 때에는 '예'나 '네'로 답하고 부정의 뜻을 나타낼 때에는 '아니요'로 답한다. 물론 말을 높일 필요가 없는 상대에게는 '응' 또는 '아니'로 답할 것이다. '아니요'는 '아뇨'로 줄어들기도 한다. 그런데 '아니요' 대신에 '아니오'를 쓸 수는 없다.

1. 저 사람이 나쁜 짓을 했니?

    -아니오.(×)

    -아니요(=아뇨).(○)

    -아니.(○)

2. 1) 그 사람은 그런 짓을 할 사람이 아니오.(아니+오)

    2) 그 사람은 그런 짓을 할 사람이 아니에요.(아니+에요)

       =그 사람은 그런 짓을 할 사람이 아녜요.

    3) 그 사람은 그런 짓을 할 사람이 아니어요.(아니+어요)

       =그 사람은 그런 짓을 할 사람이 아녀요.

    4) 그 사람은 그런 짓을 할 사람이 아니요.(×)

문장 (2-1)은 현대에는 잘 쓰이지 않는 하오체인데, 여기서 '아니오'는 서술어로 쓰였다. 이처럼 '아니오'는 '아니다'의 한 활용 형태인 것이다. 문장 (2-2), (2-3)은 일상생활에서 높임의 대상이 되는 사람한테 사용하는 해요체이다. 해요체 문장을 만들기 위해서는 용언의 어간에 어미 '-어요'를 결합해야 한다. 그런데 '아니다, 이다'의 어간 뒤에는 '-어요'와 '-에요'가 다 결합할 수 있어서 '아니에요, 아니어요, 이에요, 이어요' 등이 모두 맞는 활용 형태이다. 한편 문장 (2-4)는 잘못된 문장이다. 문장의 마지막에 '아니요'가 쓰인 것은 잘못된 표기이다.

그런데 다음과 같이 대등하게 이어진 문장에서는 '이요, 아니요' 등의 표기가 가능하다.

철수는 나쁜 학생이 아니요, 착한 학생이다.
어린이는 우리의 희망이요, 미래이다.

요약하면, '아니오'가 감탄사로 쓰일 수 없고 '아니요'는 문장에서 서술어로 쓰일 수 없다. 이렇듯 형태가 비슷한 것 같지만 '아니요'와 '아니오'는 쓰임이 다른 것이다. '아니요' 대신에 '아니오'를 쓰는 사람들이 있는가 하면, 반대로 '아니오' 대신에 '아니요'를 쓰는 실수를 하는 사람도 있다. 용언의 활용 규칙만 이해한다면 이런 실수를 하지 않을 수 있다.

'아니하다'는 동사, 보조동사, 보조형용사로 다양하게 쓰이는 말이다. 본동사로 쓰일 때에는 앞에 목적어가 놓이게 되며, 보조용언으로 쓰일 때에는 동사와 형용사 뒤에 놓여 '~지 아니하다'의 형태로 긴 부정문을 만든다. '않다'는 '아니하다'의 준말인데 대체로 이 준말을 많이 사용한다.

1. 1) 철수는 자신의 진로에 대한 생각은 전혀 <u>않는다</u>.(본동사)
   2) 그 사람은 누가 인사해도 전혀 대꾸를 <u>않는다</u>.(본동사)
   3) 영수는 오늘 학교에 가지 <u>않는다</u>.(보조동사)
   4) 올해 단풍은 그다지 예쁘지 <u>않다</u>.(보조형용사)

한편 '아니'는 부정부사로서 동사나 형용사 앞에 놓여 짧은 부정문을 만든다. '안'은 '아니'의 준말인데, '아니'보다 많이 사용된다. 위 문장들을 부사 '안'을 이용해 짧은 부정문으로 바꾸면 아래와 같다. 이때 주의할 점은 부사와 용언은 띄어 써야 한다는 점이다.

2. 1) 철수는 자신의 진로에 대한 생각은 전혀 안 한다.
   2) 그 사람은 누가 인사해도 전혀 대꾸를 안 한다.
   3) 영수는 오늘 학교에 안 간다.
   4) 올해 단풍은 그다지 안 예쁘다.

지금까지는 별 문제가 없을 것이다. 아래는 위 여섯 문장들을 약간 변형한 것이다. 각각 '않는다'를 '아니하다'로, '안'을 '아니'로 바꾸었다. '아니하다'와 '아니 하다'는 서로 뜻이 같으며 아래 문장들은 모두 맞는 문장이다. 그러나 '아니하다'는 '않다'의 본딧말이므로 붙여 쓰고, '아니 하다'는 '안 하다'의 본딧말이며 띄어 쓰는 차이점이 있다. 이렇게 본딧말로 표기하면 혼란스러운 면이 있기 때문에 주로 준말을 사용하는 것이다. '못하다/못 하다'와 함께 '아니하다/아니 하다'는 띄어쓰기가 쉽지 않은 말이다. 바르게 표기하기 위해서는 '못'과 '아니'가 부사인지, 용언의 일부인지를 따져 봐야 한다.

1. 1)' 철수는 자신의 진로에 대한 생각은 전혀 <u>아니한다</u>.(=않는다)

    2)' 그 사람은 누가 인사해도 전혀 대꾸를 <u>아니한다</u>.(=않는다)

2. 1)' 철수는 자신의 진로에 대한 생각은 전혀 <u>아니 한다</u>.(=안 한다)

    2)' 그 사람은 누가 인사해도 전혀 대꾸를 <u>아니 한다</u>.(=안 한다)

역시 : 또한

언어는 습관이다. 자주 쓰는 표현은 점점 더 자주 쓰게 된다는 얘기이리라. 뜻이 같은 다른 말이 있더라도 반드시 그 단어를 써야 직성이 풀리는 것도 그 때문일 것이다. 그러나 말을 하거나 글을 쓸 때에는 그 상황에 맞게 정확한 단어를, 그리고 필요한 단어만을 사용해야지 깔끔한 표현이 된다. 아무리 마음에 드는 단어라 할지라도 아무 데서나 쓰면 안 된다. 우리는 입버릇처럼 '역시'와 '또한'이라는 말을 자주 쓴다. 특히 '나 역시, 너 역시, 그 역시, 이 역시' 등은 무슨 공식 같다는 생각이 든다. 웬만한 경우에 이것을 쓰지 않고도 얼마든지 자연스럽게 표현할 수 있다. 많은 경우 조사나 어미 또는 다른 말을 사용하여 '역시'와 '또한'을 대신할 수 있기 때문에 이것들을 남발할 일이 아니다.

나 또한 한국 대학교 출신이다.

→ 나도 한국 대학교 출신이다.

철수 역시 지방 출신이다.

→ 철수도 지방 출신이다.

이 또한 사회 발전에 필요한 일이다.

→ 이것도 사회 발전에 필요한 일이다.

영희는 대학을 졸업했고, 그도 또한 대학을 나왔다.

→ 영희는 대학을 졸업했고, 마찬가지로 그도 대학을 나왔다.

또한 학생은 열심히 공부를 해야 한다.

→ 또 학생은 열심히 공부를 해야 한다.

왠지 : 웬일

부사 '왠지'는 '왜 그런지 모르게'의 뜻을 가진 말이다. '왜냐하면'이 이유가 명확할 때 쓰인다면, '왠지'는 명확하지 않을 때 쓰인다고 생각하면 된다. '웬일'은 '어찌 된 일'이라는 뜻을 가진 명사이다. '웬걸'은 뜻하지 않은 일을 당했을 때 사용된다. '웬'과 '왠'도 발음을 구별하지 못하게 됨에 따라 표기까지 구별하기가 어려워지는 사례에 해당하는 표기이다. 표기만이라도 정확하게 하자.

오늘은 왠지 일찍 들어가야만 될 것 같다.

그는 집이 없다. 왜냐하면 집을 팔아 사업 자금으로 썼기 때문이다.

커피숍에 들어서니 철수가 웬일로 먼저 와 있다.

배가 고파 전기밥통을 열었더니 웬걸, 남은 밥이 하나도 없었다.

참고로 '웬만하다, 웬만큼'의 표기도 같이 알아 두자.

그는 웬만한 사람들이면 다 아는 유명 인사가 되었다.

철수는 웬만큼 공부를 한다.

이 점 : 이점

지시관형사 '이, 저, 그'는 다른 말과 합쳐져 많은 합성어를 이룬다. 그러나 '이 점'은 합성어가 아니므로 띄어 써야 한다. 한편 이점利點은 '유리한 점, 이로운 점'이라는 뜻이다.

이점 유의하시어 실내에서 금연하여 주시기 바랍니다.(×)

이 점 유의하시어 실내에서 금연하여 주시기 바랍니다.(○)

말 나온 김에 지시관형사 '이'가 포함된 합성어들을 예시하면 아래와 같다. 아래의 말들은 모두 붙여 쓰면 된다.

<u>이것</u>은 사과가 아니다.

<u>이곳</u>은 금연 구역입니다.

<u>이분</u>이 바로 제가 말씀드린 김철수 선생님입니다.

<u>이때</u> 그가 불쑥 나타났다.

<u>이놈</u>이 바로 범인입니다.

<u>이자</u>를 여기서 당장 끌어내라.

빨리 <u>이쪽</u>으로 와.

일을 <u>이따위</u>로 하고 돈을 받아먹어?

전에 : 앞전에

'앞전에 말씀드렸다시피' 등의 표현을 하는 경우가 가끔 있다. 그런데 이 '앞전에'라는 말은 잘못된 말이다. 우리말 앞과 한자 전前이 합쳐진 말인 듯한데 중복된 형태이므로 다른 말로 바꿔 써야 할 것이다. 이 말 대신에 '전에, 일전에, 요전에, 먼젓번에, 지난번에' 등의 말을 쓸 수 있다.

앞전에 우리 한 번 만난 적 있죠?(×)

전에 우리 한 번 만난 적 있죠?(○)

앞전에 내 방에 함부로 들어오지 말라고 했을 텐데.(×)

먼젓번에 내 방에 함부로 들어오지 말라고 했을 텐데.(○)

처음 : 첫

'처음'은 명사이기도 하지만 부사어로도 쓰일 수 있는 말이다. 부사어 '처음' 대신에 신문과 방송에서는 관형사 '첫'을 애용하고 있다. 잘 알다시피, 관형사는 부사와 쓰임이 전혀 다르다. 관형사를 부사처럼 쓰는 것은 명백한 잘못이다. 아래 문장들은 '첫'과 '처음'을 제대로 사용한 문장들이다.

1. 1) 오늘 첫 수업은 수학이다.

2) 오늘 첫 소식은 스마트폰 관련 특허 분쟁 소식입니다.

3) 나는 첫 월급을 받아서 어머니에게 선물을 사 드렸다.

2. 1) 내 평생 오늘 같은 망신을 당한 것은 처음이다.

2) 그녀를 처음 만난 곳은 영화관이었다.

3) ○○사, 유선 기가 인터넷 처음 상용화

4) ○○은행, 국내 은행 중 위안화 예금 처음 출시

5) ○○사, 자동차 전방 충돌 방지 장치 국내 처음 독자 개발 성공

위 문장 (2-2)~(2-5)에서 '처음'은 각각 동사 '만나다, 상용화하다, 출시하다, 성공하다'를 수식하는 부사로 쓰였다. 그런데 '처음'을 써야 할

자리에 아래와 같이 '첫'을 쓰는 것은 잘못이다.

2. 3)' ○○사, 유선 기가 인터넷 첫 상용화(×)

4)' ○○은행, 국내 은행 중 위안화 예금 첫 출시(×)

5)' ○○사, 자동차 전방 충돌 방지 장치 국내 첫 독자 개발 성공(×)

한데 : 헌데

'한데'는 부사로서 '그런데'와 같은 뜻이다. 그런데 '한데'를 '헌데'로 잘못 표기하는 경우가 종종 있다. 이와 비슷하게 잘못 쓰는 말이 '허나', '허구헌 날'인데 이들의 바른 표기는 '하나', '허구한 날'이다.

네 계획은 아주 그럴듯하다. 헌데 그게 생각대로 잘될까?(×)

네 계획은 아주 그럴듯하다. 한데 그게 생각대로 잘될까?(○)

생각 자체는 좋다. 허나 그것을 실천하는 것은 무리이다.(×)

생각 자체는 좋다. 하나 그것을 실천하는 것은 무리이다.(○)

허구헌 날 그 녀석은 대박만 꿈꾼다.(×)

허구한 날 그 녀석은 대박만 꿈꾼다.(○)

사전에 실려 있는 '한번'은 명사 또는 부사로 쓰인다. 사전에 실려 있는 의미로 쓰일 때만 붙여 쓰고 다른 의미로 쓰일 때에는 '한 번'이라고 띄어 써야 한다. 하지만 이 둘을 분간하는 것이 그리 쉬운 일은 아니다. 문장의 전체적 의미를 따져 봐야 판단할 수 있는데, 명확히 '1회' 또는 '한 차례'를 의미하거나 횟수가 누적될 수 있는 경우는 띄어 쓴다고 생각하면 된다.

한번

한번은 길을 가다가 회사 직원과 딱 마주쳤다.

나는 공무원 시험에 한번 도전해 보기로 하였다.

나쁜 길로 한번 빠지면 평생 헤어나기 어렵다.

언제 나랑 등산 꼭 한번 같이 가자.

한번 만나 보면 틀림없이 그 사람을 좋아하게 될 것이다.

한번 시작한 일은 끝날 때까지 포기하지 마라.

다시 한번 잘 생각해 보고 결정해도 늦지 않다.

또 한번 이런 일이 있으면 너를 용서하지 않겠다.

네 덕분에 서울 구경 한번 잘 했다.

위 문장들에 쓰인 한번은 공통적으로 1회, 한 차례를 의미하지 않으며, 문장의 필수적인 문장성분도 아니다. 따라서 문장에서 빼 버려도 의미가 통한다.

일회용품이란 한 번 사용하고 버리는 제품이다.

살다 보면 누구나 꼭 한 번은 그런 일을 당하게 마련이다.

한 번만 더 그러면 용서하지 않는다.

이번 한 번만 부탁하네. 다시는 부탁하지 않을게.

포기할 때 하더라도 한 번 더 시도해 봐라.

십 년 전에 그를 우연히 한 번 보고 다시는 만나지 못했다.

그와 나는 일주일에 한 번씩 만나서 데이트를 했다.

나는 태어나서 지금까지 단 한 번도 누구를 원망해 본 적이 없다.

어머니는 자식 셋 키우느라 지금까지 외식 한 번 못 해 보셨다.

한 번 맞힐 때마다 1점씩 득점한다.

이 차는 주유 한 번에 20km를 달릴 수 있다.

영화 감상과 외국어 공부를 한 번에 할 수 있다.

한 번의 실수가 큰 재앙으로 이어질 수 있다.

한 번이라도 실수하면 우리가 지는 거다.

기회는 한 번뿐이라는 것을 명심해라.

한 번 두 번 하다 보면 중독된다.

한 번 본 숫자는 다 기억한다.

한 번만 보고 어떻게 사람을 알아?

한 번 해서 안 되면 두 번, 세 번 해야지.

한 번 실수는 병가의 상사이다.

반면, 위 문장들에서는 '한 번'이 명백히 1회를 의미하며 문장에서 큰 비중을 차지한다. '한'과 '번'은 관형사와 의존명사의 관계이므로 띄어 써야 한다.

한참 : 한창

'한참'은 '상당한 시간'을 뜻하고, '한창'은 '왕성한 시기, 폭주하는 시기'를 뜻한다. 형태가 비슷한 말이지만 구별해서 써야 할 말이다.

한참 곤히 자고 있는데 전화벨이 울려 깨고 말았다.
영희는 철수에게서 헤어지자는 소리를 듣고 나서 한참을 멍하니 서 있었다.
한창 일할 나이에 그는 회사를 그만두었다.
지금 가을 들녘에는 벼 베기가 한창입니다.
나팔바지는 70년대에 한창 유행하던 옷이다.
그는 10년 전에는 한창 잘나갔다.

일상생활에서 자주 쓰는 말들(모두 붙여서 표기)

긴긴(=기나긴)	딴말하다	한물가다	보잘것없다
살맛	딴짓하다	헛물켜다	양지바르다
더없다	먹는장사	한시바삐	여봐란듯이
딴사람	못지않다	하루걸러	참다못하다
바른말	바로잡다	하루아침	하잘것없다
반의반(=절반의 절반)	바른대로	하루바삐	허튼짓하다
별사람	사고팔다	하루빨리	걸고넘어지다
새사람	살아생전	하루속히	남아돌아가다
생사람	살판나다	하룻저녁	들고일어나다
오가다	세상없다	가끔가다가	마지아니하다
오만상	오다가다	간혹가다가	못지아니하다
죽을병	오만소리	감싸고돌다	물구나무서다
죽을죄	일분일초	그럴듯하다	어찌어찌하다
죽을힘	잘못짚다	내로라하다	얽히고설키다
가다가다	주고받다	넘고처지다	오늘내일하다
그런대로	치고받다	되지못하다	온데간데없다
난생처음	타고나다	뒤통수치다	이애저애하다
날고뛰다	하고많다	들고나오다	이제저제하다
남모르다	하다못해	딴생각하다	자리매김하다
놀고먹다	한날한시	딴소리하다	허튼수작하다
다시없다	한다하는	마지못하다	어쩌고저쩌고하다
되는대로	한몫하다	물샐틈없다	얼토당토아니하다

제 4 부

어미·접사

제 4 부
어미·접사

간間

사전에 의존명사 '간'과 접미사 '-간'이 표제어로 실려 있다. 의존명사 '간'은 '공간, 관계, 선택' 등의 의미를 갖는다.

국제법은 국가 간 법률 관계를 다루는 법이다.
저 다리는 교각과 교각 간 거리가 무척이나 길다.
네가 공부를 하든 영화를 보든 간에 상관하지 않겠다.

한편 접미사 '-간'은 아래와 같이 '시간, 기간'을 나타내는 말 뒤에 쓰인다.

수년간 그는 이 회사에서 일했다.
그는 올해 교통사고를 당해 한 달간 회사를 쉬었다.

> **같아 : 같애**

　형용사 '같다'의 어간 뒤에 어미 '-아'가 결합할 경우에 '같애'가 아니라 '같아'가 된다. 그리고 '가다, 삼가다, 바라다' 등도 각각 '가(가+-아), 삼가(삼가+-아), 바라(바라+-아)'가 된다.

　나는 아무래도 이번 주말에 집안일을 도와야 할 것 같애.(×)
　나는 아무래도 이번 주말에 집안일을 도와야 할 것 같아.(○)
　부부가 오랫동안 살면 서로 여러모로 같아진다고 한다.

　반면, '파랗다, 빨갛다, 노랗다, 하얗다' 등 어간이 ㅎ 받침으로 끝나는 용언들은 활용 형태가 조금 다르다. 이 단어들 뒤에 어미 '-아'가 결합하면 각각 '파래, 빨개, 노래, 하얘'와 같이 된다.

　가을 하늘이 파래.
　참외는 색깔이 노래.
　갑자기 그녀 얼굴이 빨개졌다.
　그가 깜짝 놀란 나머지 얼굴이 하얘졌다.

같이 : 마냥

'같이'는 조사와 부사로 쓰인다. 조사로서는 의미가 '처럼'과 같고, 부사로서는 '함께'와 의미가 같다. 문장 (1)~(2)는 조사로 쓰인 경우이고, 문장 (3)은 부사로 쓰인 경우이다.

1. 철수같이 착한 사람은 아마 없을 것이다.

   =철수처럼 착한 사람은 아마 없을 것이다.

2. 하루를 일 년같이 소중히 여겨라.

   =하루를 일 년처럼 소중히 여겨라.

3. 철수와 같이 우리 집에 놀러 오너라.

   =철수와 함께 우리 집에 놀러 오너라.

한편 '마냥'은 문장 (4)에서처럼 부사로만 쓰이는 말이다. 간혹 문장 (5-1)에서와 같이 조사로 사용하는 경우가 있는데 이는 잘못이다.

4. 요즘 나는 마냥 행복하기만 하다.

5. 1) 그 사람은 배우마냥 잘생겼다.(×)

   2) 그 사람은 배우처럼 잘생겼다.(○)

'거야'는 '것(의존명사)+이(서술격 조사)+-야(어미)'에서 줄어든 말이다. 마지막에 결합하는 어미의 종류에 따라 형태가 다양하게 바뀌며, 앞에 위치하는 말(용언이나 조사 '이다'의 관형형)과 띄어 써야 한다.

거기서 기다리면 그녀를 만날 수 있을 **거야**.(것+이+야)

이 일은 모두 영수가 벌인 **겁니다**.(것+이+ㅂ니다)

내일은 비가 올 **거요**.(것+이+오)

바깥 날씨가 추울 **걸세**.(것+이+ㄹ세)

그가 이번 사건의 범인일 **거예요**.(것+이+에요)

지금쯤 철수가 거기에 도착했을 **거다**.(것+이+다)

나는 영수가 오늘 귀국한다는 **걸** 몰랐다.(것+을)

한편 '-을걸'을 비롯한 '-ㄹ걸, -는걸, -ㄴ걸, -은걸' 등은 모두 어미로서 용언 뒤에 붙여 쓰는 말이다. 뒤에 보조사 '요'가 붙어 존대의 의미를 나타낼 수 있다.

이번 중간고사에서 영수가 일 등 했을걸(요).

비가 오네. 우산 가져올걸.

철수가 나보다 더 달리기를 잘하는걸(요).

그 돈은 이미 다 써 버린걸(요).

이 시계 좋은걸(요).

마지막으로, 어미 '-을게, -ㄹ게'는 '-을께, -ㄹ께'로 잘못 표기하는 경우가 많다. 이 세 가지를 잘 구별해서 제대로 표기하도록 하자.

내일은 꼭 우산 가져올께.(×)
내일은 꼭 우산 가져올게.(○)
언제 한번 우리 집으로 초대할께요.(×)
언제 한번 우리 집으로 초대할게요.(○)

-겨지다 : -여지다

우리는 일상생활에서 피동사나 피동형이 들어간 표현을 즐겨 쓴다. 피동사나 피동형이 아무리 좋더라도 그 동사의 원형은 알고 있어야 잘못된 형태를 만들어 내는 실수를 범하지 않을 수 있다. 아래 문장들은 잘못된 피동형을 사용한 용례들이다. '믿기다, 담기다, 보이다' 등은 이미 피동사이기 때문이다. 아래 문장들의 밑줄 친 부분은 틀린 표기이고 괄호 속에 있는 것이 바른 표기이다.

나는 그의 말이 <u>믿겨지지</u> 않는다.(믿기지)
양동이 속에 깨끗한 물이 <u>담겨져</u> 있다.(담겨)
그는 <u>잠겨진</u> 철문을 부수고 안으로 들어갔다.(잠긴)
철수는 그의 팔에 <u>감겨진</u> 시계를 자랑하고 다녔다.(감긴)
영희의 품에 <u>안겨진</u> 아기가 해맑게 웃고 있었다.(안긴)

그의 태도로 보아 그는 모범생으로 <u>보여진다</u>.(보인다)

거짓 속에 <u>가리워진</u> 진실을 볼 줄 알아야 한다.(가려진)

한때 <u>찢겨진</u> 청바지를 입는 것이 유행이었다.(찢어진)

그 밖에 '뜯겨지다, 놓여지다, 닫혀지다, 얽혀지다'도 잘못된 말이고, 올바른 말은 '뜯기다, 놓이다, 닫히다, 얽히다'이다. 그러나 아래 문장에 있는 밑줄 친 동사들은 사동사 또는 타동사의 피동형이기 때문에 문법적으로는 문제가 없다.

수사관은 범죄 사건 속에 <u>숨겨진</u> 진실을 좇는 사람들이다.

그는 자신의 사후에 <u>남겨질</u> 가족들이 항상 걱정이었다.

나는 나에게 <u>맡겨진</u> 임무에 최선을 다할 것이다.

시간이 <u>멈춰지면</u> 이 세상에 무슨 일이 일어날까?

-구먼 : -구만

어미 '-구먼'은 혼잣말하거나 상대방의 대답이 필요 없는 경우에 구어에서 많이 쓰인다. 하지만 '-구먼'을 '-구만'으로 표기하는 사람들이 많은데 잘못된 표기이다.

너까지 왜 사람을 귀찮게 해? 바빠 죽겠구만.(×)

너까지 왜 사람을 귀찮게 해? 바빠 죽겠구먼.(○)

여기는 사람들 인심이 참 고약하구만.(×)

여기는 사람들 인심이 참 고약하구먼.(○)

김 군 : 김군

사람 이름이나 성 뒤에 붙어 '그런 사람'을 가리키는 의존명사 '군, 양, 씨, 옹' 등은 모두 앞말과 띄어 써야 하므로 '김 군'이 맞는 표기이고 '김군'은 틀린 표기이다.

김철수 군은 아주 모범적인 학생이다.

이영희 양은 아주 예의가 바르다.

박 씨는 우리 회사에서 가장 부지런하다.

최 옹은 독립 유공자의 후손이다.

김 씨 : 김씨

사람의 성 자체를 가리킬 때에는 '김씨, 이씨, 박씨'처럼 앞말과 붙여 쓰는데 이때의 '-씨'는 접미사이다. 한편 그런 성을 가진 사람을 가리킬 때에는 '김 씨, 이 씨, 박 씨'처럼 띄어 쓰는데 이때의 '씨'는 의존명사이다.

철수는 성이 김씨이다.

이 땅은 이씨 문중에서 소유하고 있다.

오래전 이 마을에 박 씨라는 사람이 살았었다.

김철수 씨, 내 사무실로 좀 와주세요.

낮은 데로 : 낮은 대로

인터넷에서 영화 정보를 검색하다 보니 눈에 띄는 영화 제목 하나가 있었다. 그 영화 제목은 '낮은 대로 임하소서'이다. 예전에 본 영화이기도 하고 '같은' 제목의 책을 원작으로 했다는 것도 알고 있었기 때문이다. 그런데 유심히 보니 영화 제목과 책 제목이 조금 달랐다. 원작 소설의 제목은 '낮은 데로 임하소서'이다. 여기서는 어떤 낮은 곳을 의미하므로 '낮은 데로'가 맞다. 영화 제목이 틀린 것이다.

의존명사 '데'와 '대로'의 용례는 아래와 같다. 먼저 '데'는 장소, 용도, 소요 시간, 이유 등을 표현하는 데 쓰인다.

모든 생명은 물이 없는 데서는 살지 못한다.

이번 휴가는 조용한 데로 갈 생각입니다.

이 물건은 뭐 하는 데 쓰는 것이오?

그들은 갈 데까지 간 사이이다.

한편 '대로'는 '최대의 한도, 사실과 다름없이, 어떤 일을 끝내는 즉시' 등을 표현할 때 사용된다.

될 수 있는 대로 돈을 많이 구해 오너라.
당신이 어제 목격한 대로 말씀해 주세요.
내가 시키는 대로 하시면 아무 문제 없을 거예요.
서울에 도착하는 대로 전화해 다오.
이가 없으면 없는 대로 그에 맞춰 살게 된다.
그 사람은 닳을 대로 닳은 신발을 신고 있었다.

(내 거 : 내 꺼)

'이 물건은 내 꺼야' 하는 표현이 맞는 줄 알고, 많이들 쓰고 있다. 하긴 '이 물건은 내 거야'라고 쓰면 허전한 것도 같다. 그러나 원형이 '내 것'임을 감안할 때 '내 거'가 맞는 표기이고 '내 꺼'는 틀린 표기일 수밖에 없다. '내 것'을 '내 껏'이라고 적을 수 없는 것과 마찬가지이다.

이 시계는 철수 꺼야.(x)
이 시계는 철수 거야.(○)
=이 시계는 철수의 것이야.
올해 전국 대회 우승은 우리 꺼다.(x)
올해 전국 대회 우승은 우리 거다.(○)

=올해 전국 대회 우승은 우리의 것이다.

내일은 내일의 태양이 떠오를 꺼야.(×)

내일은 내일의 태양이 떠오를 거야.(○)

=내일은 내일의 태양이 떠오를 것이야.

-느냐 : -냐 : -으냐

의문을 나타내는 어미에는 '-느냐, -냐, -으냐'가 있다. '-느냐'는 동사 뒤에 결합하고, '-냐'는 형용사 또는 조사 '이다'의 어간 뒤에 결합하며, '-으냐'는 형용사 뒤에 결합하는 어미이다. 동사는 활용할 때 받침 유무와 관계없이 '-느냐'가 결합하지만, 형용사가 활용할 때에는 대체로 '-냐'는 받침 없는 어간 뒤에, '-으냐'는 받침 있는 어간 뒤에 붙는다.

아래 문장 (5), (6)에서처럼 일반적으로 ㅎ 받침이 있는 말은 '-으냐' 앞에서 탈락한다. 예외로 ㅎ 받침이 있는 용언 중에서 '좋다'는 ㅎ 받침이 탈락하지 않아 '좋으냐(좋+-으냐)'가 된다. 그리고 아래 문장 (11)에서는 '춥다'의 어간에 있는 받침 ㅂ이 모음으로 시작하는 어미 앞에서 '우'로 변하였다. 또 문장 (12)에서는 '가물다'의 어간에 있는 받침 ㄹ이 탈락하고 어미 '-냐'가 결합하였다.

1. 너는 어느 회사를 <u>다니느냐</u>?(다니+느냐)

2. 무엇을 그렇게 맛있게 <u>먹느냐</u>?(먹+느냐)

3. 철수는 <u>착하냐</u>?(착하+냐)

4. 철수는 착하지 <u>않으냐</u>?(않+으냐)

5. 잘 익은 사과의 색깔은 <u>빨가냐</u>?(빨갛+으냐)

6. 아까 속이 안 좋다더니 아직도 <u>그러냐</u>?(그렇+으냐)

7. 영희는 학생<u>이냐</u>?(이+냐)

8. 영희는 학생이 <u>아니냐</u>?(아니+냐)

9. 너희 학교 운동장은 <u>넓으냐</u>?(넓+으냐)

10. 너, 아직도 바다에 가고 <u>싶으냐</u>?(싶+으냐)

11. 나는 엄마한테 바깥 날씨가 <u>추우냐</u>고 물었다.(춥+으냐)

12. 올 여름은 날이 왜 이리도 <u>가무냐</u>?(가물+냐)

위 문장들에서 보는 것처럼 받침 있는 형용사 어간 뒤에는 어미 '-으냐'를 붙여야 한다. 아래 문장에서처럼 일상생활에서 용언 어간에 받침 유무와 상관없이 어미 '냐'를 붙여 표현하는 경우가 많은데, 이는 잘못이다.

너희 학교 운동장은 넓냐?(×)

나는 엄마한테 바깥 날씨가 춥냐고 물었다.(×)

한편 동사 뒤에는 '-느냐'를 써야 하는데 '냐'를 너무도 자연스럽게 붙이고 있다. 어쨌든 원칙은 알아 두자. 그리고 '있다, 없다'는 형용사이지만 '-느냐'가 결합한다.

나는 철수한테 언제 출발하냐고 물어보았다.(×)

나는 철수한테 언제 출발하느냐고 물어보았다.(○)

중요한 것은 왜 사느냐가 아니고 어떻게 사느냐이다.

그 사람은 서울에 살지 않느냐?

집에 아버지 계시느냐?

너희 집에 자동차 있느냐?

너 지금 핸드폰 없느냐?

-는바 : 바

'-는바'를 비롯한 '-은바, -ㄴ바'는 어미로서 어떠한 상황의 이유 등을
설명하기 위해 이용된다. 의존명사 '바'와 혼동하여 앞말과 띄어 쓰는
일이 없도록 하자.

우리 청에서는 귀하의 건의 사항을 검토한 바, 별 실익이 없는 것으로 판단
됩니다.(×)

우리 청에서는 귀하의 건의 사항을 검토한바, 별 실익이 없는 것으로 판단
됩니다.(○)

저희는 맡은 업무에 최선을 다한 바, 결과에 대해 아무런 아쉬움이 없습니다.(×)

저희는 맡은 업무에 최선을 다한바, 결과에 대해 아무런 아쉬움이 없습니다.(○)

한편 의존명사 '바'는 '생각, 방법' 등을 뜻하는 말이다.

그는 뜻한 바가 있어 잠시 휴학을 하였다.

갑자기 사람들이 그를 쳐다보자 그는 몸 둘 바를 몰라 하였다.

'-는지'를 비롯한 '-은지, -을지, -ㄴ지, -ㄹ지'는 어미이며 그 용례는 아래와 같다.

나는 그가 아직 살아 있는지 죽었는지 모른다.

네가 합격해서 얼마나 좋은지 모른다.

네가 다시 돌아오니 어찌나 기쁜지 모르겠다.

오늘 밤 할아버지가 돌아가실지도 모르니까 마음의 준비를 해라.

나는 철수가 자신의 손목에 찬 시계를 어디선가 훔쳤을지도 모른다고 생각했다.

한편 의존명사 '지'는 시간의 기산점을 의미한다. 아래 문장 (1)에서 '이사 온 지'가 시간의 기산점이고, 현재 그로부터 십 년이 경과했음을 나타낸다. 아래 문장 (2)에서는 '마을을 떠난 지'가 시간의 기산점이고, 그로부터 오랜 세월이 흘렀음을 의미한다.

1. 내가 이 집으로 이사 온 지도 벌써 십 년이다.

2. 그의 집안이 풍비박산이 나고 온 집안 사람들이 이 마을을 떠난 지도
   오래다.

대로

'대로'는 의존명사와 조사로 쓰이는 말이다. 의존명사 '대로' 앞에는
용언의 관형형이 자리하게 된다. '바른대로'는 용언과 의존명사가 결
합한 합성어이므로 붙여 쓴다.

수필은 원래 붓 가는 대로 쓴다는 뜻으로 문학의 한 갈래이다.
네가 어제 본 대로, 들은 대로 말하면 된다.
수박이 익을 대로 익었다.
날이 밝는 대로 출발해야 제시간에 도착할 듯하다.
바른대로 말하지 않으면 혼날 줄 알아.

반면, 조사 '대로'는 체언 뒤에 위치하며 그 체언에 붙여 써야 한다.
'제멋대로'는 사전에도 실려 있는데 체언과 조사가 결합하여 한 단어
가 된 것이다.

어제 본 것을 사실대로 말하여라.
나는 내 나름대로 최선의 노력을 다하였다.
철수는 항상 일을 제멋대로 하는 편이다.

-는데 : -는대 : -데 : 데

먼저 '-는데'를 비롯한 '-은데, -ㄴ데'는 대조, 감탄, 상황 설명 등을 표현하는 데 사용한다.

철수는 영어는 잘하는데 수학은 잘 못한다.
나는 반에서 항상 일 등만 하는데도 부모님한테서 칭찬을 못 들었다.
이 물건 아주 좋은데.
날씨가 맑은데 나가서 운동이나 할까?
길을 걸어가고 있는데 내 친구 철수가 눈에 띄었다.

'-는대'를 비롯한 '-대, -ㄴ대'는 다른 사람의 얘기를 다시 전달할 때 쓴다. 이들은 각각 '-는다고 해, -다고 해, -ㄴ다고 해'가 줄어든 형태이다.

철수는 김치를 잘 먹는대.
영희가 그러는데, 철수가 아주 공부를 잘한대.
핸드폰은 ○○사의 제품이 좋대.

한편 '-데'는 자신이 직접 겪은 과거 경험을 표현할 때 사용한다. '-데'는 '-는데, -은데, -ㄴ데'와 형태가 비슷한 점이 있지만 의미가 다르다.

전에 친구 아들을 만났는데, 그 녀석 키가 아주 크데.
며칠 전에 철수 차 타 봤는데 철수가 운전을 잘하데.

마지막으로 의존명사 '데'는 장소, 것 등의 의미로 쓰인다.

모름지기 사람은 물이 없는 데서는 살지 못한다.
이 일을 하는 데는 세 시간이 필요하다.
이곳에 동물이 살지 않는 데는 그만한 이유가 있다.
이 땅은 강수량이 부족한 데다 토질이 좋지 않아 농사가 잘 안된다.

되 : 돼

동사 '되다'의 어간에 '-어, -어요, -었-' 외의 어미가 붙으면 아래에서 보는 것처럼 '돼'와 같은 음운 축약 현상이 일어나지 않는다.

1. 여섯 시가 되면 퇴근해도 좋다.
2. 지진이 일어났을 때 실내에 있으면 안 되고, 넓은 공터로 피신하여야 한다.
3. 얼마 되지 않는 돈이지만 이 돈을 생활비에 보태 쓰게.
4. 신이시여, 우리 아들이 훌륭한 사람이 되게 해 주소서.
5. 나는 우리 아들이 훌륭한 사람이 되라고 빌었다.
6. 내일은 되도록 일찍 집에 들어와라.
7. 오늘은 일찍 퇴근하셔도 됩니다.
8. 여기서 곧장 앞으로 가시면 되오.
9. 여기서 이러면 안 되네.

10. 얼음 위에서는 달리면 안 된다.

11. 나한테 이러면 안 되지.

12. 저한테 이러면 안 <u>되죠</u>.(=되지요)

문장 (8)에서 '되다'의 어간 '되'에 어미 '-오'를 붙이면 하오체 문장이 된다. 해체나 해요체 문장을 만들기 위해 어미 '-어, -어요'를 붙이는 것과 비교된다. 그리고 문장 (12)에서 '되죠'는 '되지요'의 줄어든 형태라는 것을 알아 두자. 흔히 이 '되죠'와 아래 문장 (14)에서 쓰인 '돼요'를 혼동하는 사람들이 많은 것 같다. 이처럼 '되'와 '돼'의 차이는 어간 '되'가 '-어, -어요, -었'과 결합하는지 그렇지 않은지에 달려 있는 것이다.

13. 넌 다른 것 신경 쓰지 말고, 공부만 하면 <u>돼</u>.(되+어)

14. 나쁜 친구들이랑 어울려 다니면 안 <u>돼요</u>.(되+어요)

15. 그는 다섯 시도 안 <u>돼</u> 집에 돌아왔다.(되+어)

16. 그에게 빨리 연락이 안 <u>됐으면</u> 큰일 날 뻔했다.(되+었으면)

17. 그는 어려서부터 착하고 성실하더니 결국 훌륭한 사람이 <u>됐다</u>.(되+었다)

18. 3시가 <u>됐는데도</u> 그는 아직 출근하지 않았다.(되+었는데도)

든지 : -든지 : -던지

조사 '(이)든지'와 어미 '-든지'가 별도의 올림말로 사전에 실려 있다. 둘 다 선택과 관련된 표현에 쓰이는 말이다. 아래 문장에서 보는 것처럼 '(이)든지'와 '-든지' 뒤에는 흔히 '간에'가 뒤따르며, 괄호 속에 들어 있는 '지'는 생략이 가능하다. 문장 (1)에서는 조사로, 문장 (2), (3)에서는 어미로 쓰였다.

1. 볼펜이든(지) 연필이든(지) 간에 필기구 좀 가져오너라.
2. 이제는 공부를 하든(지) 기술을 배우든(지) 네가 알아서 해라.
3. 네가 무엇을 하든(지) 간에 항상 최선만 다하면 된다.

조사 '(이)든가', 어미 '-든가'도 각각 '(이)든지', '-든지'와 쓰임 및 의미가 같다. 위 문장을 아래와 같이 고칠 수 있다.

1.' 볼펜이든(가) 연필이든(가) 간에 필기구 좀 가져오너라.
2.' 이제는 공부를 하든(가) 기술을 배우든(가) 네가 알아서 해라.
3.' 네가 무엇을 하든(가) 간에 항상 최선만 다하면 된다.

한편, 어미 '-던지'는 과거 경험과 다른 사건을 연관 지어 표현할 때 사용하는 말이다.

그의 목소리가 어찌나 크던지 귀청이 찢어질 것만 같았다.

지난 여름에 바닷가에 갔는데, 어찌나 사람이 많던지 발 디딜 틈이 없었다.

듯 : -듯

의존명사 '듯'과 어미 '-듯'이 별도 올림말로 사전에 실려 있다. 보통 의존명사 '듯' 앞에는 용어의 관형형(용언 뒤에 어미 '-은, -는, -을, -ㄴ, -ㄹ' 등이 덧붙은 형태)이 놓인다. 의존명사 '듯'은 반드시 앞말과 띄어 써야 하고, 어미 '-듯'은 앞말에 붙여 쓰면 된다. 그리고 의존명사 '듯' 뒤에 '-하다' 또는 '-싶다'가 덧붙은 '듯하다, 듯싶다'는 보조형용사로 사용된다.

영수가 어머니의 퇴원 소식을 듣고 뛸 듯 기뻐하였다.

전봇대가 기울어져 금방이라도 쓰러질 듯 위태로워 보인다.

영수가 산삼이라도 먹은 듯 힘이 넘쳐 보인다.

그가 걸어가는 품이 꼭 날아가는 듯하다.

철수는 착한 듯하다.

저 사람이야말로 세상에서 가장 행복한 사람인 듯하다.

한편 어미 '-듯'은 용언이나 서술격 조사 '이다'의 어간 뒤에 바로 붙어 쓰인다.

철수는 거짓말을 밥 먹듯 한다.

저 사람들은 돈을 물 쓰듯 쓴다.

익은 벼가 고개를 숙이듯 사람도 배운 사람이 자기를 낮출 줄 안다.

런던이 영국의 수도이듯 서울은 한국의 수도이다.

이 밖에도 보조형용사로 '성싶다, 성부르다, 양하다, 뻔하다'가 실려 있다. 이들은 각각 의존명사 '성, 양, 뻔' 뒤에 '-싶다, -부르다, -하다'가 붙어 이루어진 말들이다. '양하다'는 보조동사로도 쓰이는 말이다. 이 말들은 띄어쓰기에 주의해야 하는 말들이다. 아래의 용례에 쓰인 표현을 '용서할성 싶다, 될성 부르다, 모르는양 하다, 부딪칠뻔 하다' 등으로 표기하는 것은 모두 잘못이다. 그리고 '될성부르다'는 합성어이기 때문에 모두 붙여 쓰면 된다.

그런다고 내가 너를 용서할 성싶으냐?

될성부른 나무는 떡잎부터 알아본다.

그는 마치 아무것도 모르는 양하더라.

길을 건너다가 오토바이와 부딪힐 뻔했다.

때문에 : 뿐만 아니라 : 덕분에 : 나름

'때문'은 의존명사여서 단독으로 쓰이지 못하고, 앞에 놓인 명사, 대명사 또는 어미 '-는, -은, -기'와 어울려 사용된다. 그러므로 아래 문장에서처럼 '때문에'(때문+에)를 접속부사처럼 쓰는 것은 올바른 사용이 아니다.

나는 몸살을 앓고 있었다. 때문에 학교에 가지 못했다.(×)
나는 몸살을 앓고 있었다. 그 때문에 학교에 가지 못했다.(○)
=나는 몸살을 앓고 있었다. 그래서 학교에 가지 못했다.

마찬가지로, '뿐만 아니라'와 '덕분에' 등도 단독으로 쓰일 능력이 없는 말이다. '덕분에'는 일상적인 대화에서 많이 쓰이는데 대화할 때에는 앞에 생략된 말을 미루어 짐작할 수 있기 때문이다.

물도 없고 식량도 없다. 뿐만 아니라 날씨도 너무 춥다.(×)
물도 없고 식량도 없다. 그뿐만 아니라 날씨도 너무 춥다.(○)
=물도 없고 식량도 없을 뿐만 아니라 날씨도 너무 춥다.

한편 최근 많이 사용되고 있는 말이 부사 '나름'이다. 물론 나름은 부사가 아닌데, 부사처럼 사용하는 것뿐이다. 당연히 부사가 아니므로 단독으로 쓰는 것은 올바른 사용이 아니다. 의존명사이므로 앞에 다른 말이 와야 하고 뒤에도 조사가 오는 것이 일반적이다.

모든 일에 성공하고 못 하고는 자기 하기 나름이다.
누구나 자기 나름의 원칙이 있어야 한다.
그 책은 그 나름대로 감동적이었다.

나는 이번 일에 나름 최선을 다했다.(×)

나는 이번 일에 내 나름대로 최선을 다했다.(○)

-란다 : -랜다

'라고 한다'가 줄어들면 '-란다'가 되지 '-랜다'가 되지는 않는다. 반면 '-라고 해'의 준말은 '-래'이다. 본딧말에 들어 있는 모음이 준말에 그대로 영향을 미치는 것이다.

1. 1) 그가 너더러 내일 자기 집으로 오랜다.(×)
   2) 그가 너더러 내일 자기 집으로 <u>오란다</u>.(=오라고 한다)
   3) 그가 너더러 내일 자기 집으로 <u>오래</u>.(=오라고 해)

마찬가지로 '-다고 한다'가 줄어들면 '-단다'가 되고, '-다고 해'가 줄어들면 '-대'가 된다. 그리고 '-자고 한다'가 줄어들면 '-잔다'가 되고, '-자고 해'가 줄어들면 '-재'가 된다.

2. 1) 영수 집에는 식구가 아주 많댄다.(×)
   2) 영수 집에는 식구가 아주 <u>많단다</u>.(=많다고 한다)
   3) 영수 집에는 식구가 아주 <u>많대</u>.(=많다고 해)
3. 1) 철수가 나더러 같이 등산하잰다.(×)
   2) 철수가 나더러 같이 <u>등산하잔다</u>.(=등산하자고 한다)

3) 철수가 나더러 같이 <u>등산하재</u>._(=등산하자고 해)

로서 : 로써

'로서'와 '로써' 모두 조사이다. '로서'는 자격, 신분, 처지, 판단 시점 등을 나타낼 때 사용한다. 로서와 로써는 형태는 비슷하나 쓰임새가 다르므로 잘 선택해서 사용해야 한다.

나는 철수를 동료로서는 좋아하지만 남자로서는 좋아하지 않는다.
고이즈미 일본 총리는 총리로서가 아니라 개인으로서 신사를 참배했다고 말했다.
그는 부모로서 딸의 성공을 위해 아낌없는 지원을 하였다.
딸이 힘들게 사는 것을 보니 부모로서 참으로 안타까웠다.
현재로서는 시위 현장에 공권력을 투입할 계획이 없습니다.
지금으로서는 더 지켜봐야 결과를 알 수 있을 것입니다.

한편 '로써'는 수단, 재료, 마무리, 누계 등을 표현할 때 사용한다.

오늘로써 한 학기 강의를 모두 마칩니다.
이로써 그는 메이저 골프 대회에서 통산 세 번째 우승을 차지하게 되었다.
모든 국민이 각자의 업무에 최선을 다함으로써 나라를 부강하게 할 수 있다.
영희는 밀가루와 계란으로써 빵을 만들었다.

한편, 수단이나 재료라는 뜻을 표현할 때는 조사 '로'를 사용하기도 한다.

영희는 밀가루와 계란으로 빵을 만들었다.
옛날 사람들은 나무로 배를 만들었다.
망치로 못을 박다.

마저

'마저'는 조사 및 부사로 쓰인다. 조사로 쓰일 때는 '까지, 도, 조차'와 뜻이 같다.

너마저 떠나 버리면 누가 여기를 지키니?
내친김에 다음 주에 배울 내용마저 예습하였다.

부사로 쓰일 때 '마저'는 '다, 모두'와 같은 뜻이다.

먹는 김에 내가 남긴 것도 마저 먹어 버려.
하던 공부 마저 끝내고 밥 먹어.

> 만

의존명사 '만'과 조사 '만'이 별도로 사전에 표제어로 올라 있다. 의존명사 '만'은 두 가지 쓰임이 있다. 첫째, 특정 사건을 나타내는 말 뒤에 쓰여 '그만큼 시간이 경과하였음'을 나타낸다. 아래 문장 (1-1)에서 의존명사 '만'은 의존명사 '지'와 함께 쓰여 '결혼이라는 사건이 일어난 지' 삼 년의 시간이 경과했음을 보여 준다. 둘째, 같은 사건이 반복적으로 일어나는 경우 시간적 격차를 표현하는 데 쓰인다. 아래 문장 (1-2)에서 그가 한국을 방문하는 사건이 십 년 만에 '다시' 일어났다는 것을 보여 준다.

1. 1) 그는 결혼한 지 삼 년 만에 아이를 낳았다.
   2) 오늘 내가 한국을 방문하는 것은 2005년 이후 십 년 만이다.

문장 (1-1)과 (1-2)에 쓰인 '만'과는 또 다른 의존명사 '만'은 문장 (2-1), (2-2)에서처럼 주로 접미사 '-하다'와 결합하여 '타당함, 가능함'을 표현하는 데 사용된다.

2. 1) 그 영화는 한 번쯤 볼 만하다.
   2) 한국에도 외국인을 사로잡을 만한 관광지가 많다.

마지막으로 조사 '만'의 쓰임을 알아보자. 조사 '만'은 아래 문장 (3-1)~(3-3)에서 보는 것처럼 '단독, 배제, 강조' 등의 의미를 나타낼 때 사용한다. 또 문장 (3-4)~(3-6)에서처럼 '~만 하다, ~만 못하다, ~만 같다'와 같이 쓰임으로써 서로 다른 것들을 비교할 때 사용된다.

3. 1) 그날 그곳에 간 사람은 나만이 아니다.

 2) 나만 빼고 다들 놀러 갔다.

 3) 제일 단계를 통과해야지만 다음 단계로 나아갈 수 있다.

 4) 크기가 주먹만 한 사과를 먹었다.

 5) 불명예스럽게 사는 것은 명예롭게 죽느니만 못하다.

 6) 더도 말고 덜도 말고 늘 한가위만 같으면 좋겠다.

만 : 만큼

조사 '만큼'은 '서로 다른 대상들을 비교했을 때 대등하다'는 것을 표현하고, 조사 '만'은 주로 '단독'의 의미를 나타낸다.

1. 나만 잘해서는 소용없고 다른 사람도 최선을 다해야 한다.

2. 철수는 영수만큼 공부를 잘하지는 못한다.

그런데 조사 '만큼'의 쓰임새가 확장되어, 조사 '만'이 쓰여야 할 자리에 '만큼'이 자주 쓰이고 있다.

3. 1) 이번만큼은 꼭 우승하고 싶습니다.

 2) 철수도 체육 과목 하나만큼은 잘한다.

용언의 명사형을 만들 때 어간 뒤에 '-기, -음, -ㅁ'을 붙인다. 받침이 있는 어간 뒤에는 '-음'을, 받침이 없거나 ㄹ 받침인 어간 뒤에는 '-ㅁ'을 붙이는데, 주의할 점은 ㄹ 받침 있는 어간 뒤에 '-ㅁ'을 붙일 때 ㄹ을 탈락시켜서는 안 된다는 것이다. 하지만 '파람, 빨감, 노람'처럼 어간에 ㅎ 받침이 있는 형용사의 명사형을 만들 때 ㅎ 받침은 탈락하는 경우가 대부분이다.('좋음'은 예외) 그리고 '있다, 없다'의 명사형이 '있슴, 없슴'이 아니라 '있음, 없음'이라는 것도 기억해 두자.

기본형	명사형	기본형	명사형
삼가다	삼감	있다	있음
먹다	먹음	없다	없음
믿다	믿음	좋다	좋음
싣다	실음	파랗다	파람
쌓다	쌓음	넓다	넓음
읽다	읽음	좁다	좁음
베풀다	베풂	가볍다	가벼움

'만큼'과 '만치'는 동의어로서 똑같이 조사 및 의존명사로 쓰인다. 조사로서는 아래 문장에서 보는 것처럼 어떤 대상들을 직접 비교할 때 사용된다.

너도 철수만큼(=만치) 잘할 수 있을 거야.

의존명사로서는 아래 문장에서처럼 '원인, 수준' 등을 보여 준다.

최선을 다한 만큼(=만치) 좋은 결과가 나올 거야.

밥 다섯 공기를 앉은자리에서 먹어 버릴 만큼(=만치) 그는 대식가이다.

네가 먹는 만큼(=만치)은 나도 먹을 수 있어.

한편, 아래의 말들은 어미이므로 용언의 어간 뒤에 붙여서 사용된다.

-으니만큼, -니만큼, -느니만큼, -으리만큼, -리만큼

-으니만치, -니만치, -느니만치, -으리만치, -리만치

그는 경력이 많으니만큼 업무 능력이 뛰어나다.

그도 사람이니만치 일말의 양심은 있겠지.

철수도 너랑 동행하느니만큼 너무 걱정하지 마라.

그에게는 경쟁자가 없으리만치 실력이 출중하였다.

말이야 : 말야

구어에서 강하게 얘기하거나 상대방의 주의를 끌 때 '말입니다, 말인데요, 말이야, 말이에요' 등을 쓴다. 그런데 '이'는 서술격 조사이므

로 받침 있는 음절 뒤에서는 생략되거나 축약될 수 없다. '사람이야,
사람이에요'에서 '이'가 생략되거나 축약될 수 없는 것과 마찬가지다.
따라서 '말이야, 말이에요'를 '말야, 말예요'로 쓰는 것은 잘못이다.

시끄러우니까 조용히 하란 말야.(×)
시끄러우니까 조용히 하란 말이야.(○)
그건 제 잘못이 아니란 말예요.(×)
그건 제 잘못이 아니란 말이에요.(○)

바라 : 바래

동사 '바라다'는 소망한다, 기원한다는 뜻이고, 동사 '바래다'는 퇴색
한다는 뜻이다. '바라다'의 어간에 어미 '-아'가 결합하면 '바라'가 되
고, '바래다'의 어간에 어미 '-아'가 결합하면 '바래'가 된다.

어서 완쾌하여 학교에서 만나기를 바래.(×)
어서 완쾌하여 학교에서 만나기를 바라.(○)
철수는 어렸을 때 물리학자가 되기를 바랬다.(×)
철수는 어렸을 때 물리학자가 되기를 바랐다.(○)
짙은 색상의 옷도 시간이 지날수록 색깔이 바랜다.

그리고 '바라다'와 '바래다'의 명사형은 각각 '바람'과 '바램'이다. '바

라다'의 명사형을 '바램'으로 쓰지 않도록 하자.

그것은 우리의 바램이었어.(×)
그것은 우리의 바람이었어.(○)
내 바램은 너희들이 행복하게 사는 것이다.(×)
내 바람은 너희들이 행복하게 사는 것이다.(○)

밖 : 밖에

'밖'은 명사이지만, '밖에'는 조사이다. 명사 '밖'은 아래 문장에서 보는 것처럼 앞말과 띄어 써야 한다.

조선 시대의 위인으로는 세종대왕, 이순신 장군이 대표적이며, 그 밖에도 수많은 위인이 있다.
예상 밖으로 그는 사격 종목에서 좋은 성적을 거뒀다.

아래 예문에서는 조사 '밖에'가 사용되었다. 이때에는 체언 뒤에 붙어서 쓰인다.

쌀이 조금밖에 안 남아 아껴 먹어야 한다.
우리는 살기 위해 그곳에서 필사적으로 도망칠 수밖에 없었다.
우리가 현재 할 수 있는 것이라곤 여기서 계속 기다리는 것밖에 없다.

'밖'과 '밖에'와 의미상 관련 있는 말에 의존명사 외外와 명사 이외以外가 있다.

우리 학교는 그 외에도 많은 학자를 배출하였다.
=우리 학교는 그 밖에도 많은 학자를 배출하였다.
여기서는 공무원 이외에는 할 것이 없다.
=여기서는 공무원밖에 할 것이 없다.

'밖'이 들어간 합성어 중에 '뜻밖, 천만뜻밖'이 있는데 이는 각각 '의외, 천만의외'와 같은 말이다.

나는 그녀에게서 뜻밖의 말을 들었다.
천만뜻밖으로 그는 평상시에는 조용한 사람이었다.

벌게지다 : 벌개지다

우리말에는 모음조화 현상이 발달하였기 때문에, 첫째 음절에 들어 있는 모음이 양성인지 음성인지에 따라 뒤따르는 음절에 들어가는 모음이 결정된다. 형용사 '벌겋다'를 예로 들면, 첫째 음절에 들어 있는 모음이 음성모음이기 때문에 둘째 음절에도 음성모음이 뒤따르는 것이다.
형용사를 동사로 만들기 위해서는 어간 뒤에 어미 '-아지다/-어지다'가 붙는데 이때에도 모음조화 현상이 일어난다. '벌겋다'의 어간 뒤에는 어미 '-어지다'가, '발갛다'의 어간 뒤에는 어미 '-아지다'가 붙어 각각 '벌게지다, 발개지다'가 된다. 따라서 '벌게지다'를 '벌개지다'로 표기하지 않도록 주의해야 한다. 다른 형용사에도 이 원칙을 적용하면 된다.

그는 내 말에 흥분하더니 얼굴이 벌게졌다.

사과는 익으면 색깔이 발개진다.

덜 익은 바나나를 상온에 방치해 두면 점점 색깔이 노래진다.

벼는 가을이 되어 익으면 색깔이 누레진다.

갑자기 그의 눈이 동그래졌다.

보름이 가까워 올수록 달 모양이 둥그레진다.

계절이 봄에서 여름으로 바뀌어 갈수록 산의 빛깔도 푸르러진다.

보고

조사 '보고'와 동사 '보고(보+-고)'를 혼동하지 말아야 한다. '보고' 자리에 조사 '더러, 에게, 한테'를 넣어도 말이 통하면 그 '보고'는 조사인 것이다.

1. 1) 지금 날보고 하는 얘기냐?(×)
   2) 지금 나보고 하는 얘기냐?(○)
2. 이번 일은 내가 김 과장보고 하라고 지시했네.
3. 한 남자가 경찰관을 보고 도망쳤다.

문장 (1-1)에서 물론 '보고'를 동사라고 해도 의미는 통하지만, 띄어쓰기가 잘못됐다. 동사라면 '날(=나를) 보고'처럼 표기해야 한다. 문장 (1-2), (2)는 조사로 쓰인 경우이고, 문장 (3)은 동사로 쓰인 경우이다.

체언 뒤에 조사 '더러'가 붙은 말을 발음할 때 ㄹ 음이 첨가되기도 하는데 표기에는 반영하면 안 된다. 사전에도 '날더러'가 들어 있는 문장이 실려 있는데 잘못된 문장이다.

4. 1) 지금 날더러 거기에 가라는 얘기냐?(×)

　 2) 지금 나더러 거기에 가라는 얘기냐?(○)

(보다)

부사 '보다'와 조사 '보다'가 별도의 표제어로 사전에 실려 있다. 조사 '보다'는 두 가지 이상의 대상을 비교할 때 쓰이므로 부사 '더'가 뒤따르는 경우가 많다. 조사 '보다'는 앞말에 반드시 붙여 써야 하는데, 특히 체언과 조사 '보다' 사이에 다른 말이 끼어들 때에는 표기를 올바로 하지 않는 경우가 발생한다.

1. 나는 철수보다 달리기를 잘한다.

　 =나는 철수보다 더 달리기를 잘한다.

2. 1) 그 녀석은 학자라기 보다는 장사꾼이다.(×)

　 2) 그 녀석은 학자라기보다는 장사꾼이다.(○)

문장 (2-1)처럼 '학자'와 '보다' 사이에 '라기'가 들어가니까 띄어 써야 한다는 생각이 드는지 종종 띄어 쓰곤 한다. (2-2) 문장처럼 모두 붙여 써야 한다. 아래 문장도 마찬가지로 모두 붙여 쓰면 된다.

3. 그 사람 일하는 것을 보니 꼼꼼하다기보다 깐깐하다.
4. 그는 국내에서보다 해외에서 더 유명한 물리학자이다.

부사 '보다'와 부사 '더'는 아래 문장에서처럼 뜻이 같다. 그렇기 때문에 문장 (6)에서 쓰인 '보다 더'는 중복 표현이어서 잘못이다. 낱말들을 중복해서 쓰면 의미가 강조되는 것이 아니라 오히려 의미를 이해하는 데 방해될 뿐이다. 이런 현상은 언어 사용자들이 부사 '보다'와 조사 '보다'를 확실히 구별하지 못하는 데서 기인하는 것 같기도 하다. 전통적으로 '보다'는 조사로만 쓰였다. '보다'가 부사로 쓰이게 된 것은 아마도 일본어에서 영향을 받은 듯하다.

5. 문제를 보다 빨리 풀기 위해 노력해라.
   =문제를 더 빨리 풀기 위해 노력해라.
6. 보다 더 빠른 속도로 달릴 수 있도록 연습을 해라.(×)

보다 : 대비

순우리말보다 한자어를 쓰면 더 유식해 보이는 것은 부인할 수 없다. 그렇다면 우리말 조사 '보다'를 쓰지 말고 한자어 명사 '대비'를 써야 한다. 굳이 한자어를 쓰겠다면 어찌할 수 없다. 남 앞에서 자기를 과시하고 잘난 척하려는 사람은 순우리말 '보다'를 절대 쓰지 말고 한자어 '대비'를 계속 쓰기 바란다. 한국에서는 앞으로도 한자어를 즐겨 쓰는 사람이 순우리말을 쓰는 사람 대비⑦ 우월한 사람으로 인식될 것이다. 그러나 우리말을 우리말답게 쓰려는 사람들은 '대비'를 쓰지 말고 '보다'를 쓰기 바란다. 한자어를 대체할 수 있는 순우리말이 있을 때에는 그것을 사용하는 것이 우리말에 대한 예의라고 생각한다.

난방용품 매출액이 전년 동기 대비 크게 증가하였다.
→ 난방용품 매출액이 지난해 같은 기간보다 크게 증가하였다.

뿐 : -을뿐더러

사전을 찾아보면, 의존명사 '뿐'과 조사 '뿐'이 다른 표제어로 실려 있다. 아래 문장에서 보는 것처럼 의존명사로 쓰일 때에는 용언 및 서술격 조사의 관형형 뒤에 위치하고 있다. 문장 ⑷에서처럼 종결어미 '-다' 뒤에도 오는 경우가 있다.

1. 1) 그 사람 얘기만 많이 들었을 뿐이지 직접 본 적은 없다.

   2) 이 지침서는 참고용일 뿐이지 절대적인 것은 아니다.

   3) 이 책은 재미있을 뿐만 아니라 교육 효과도 있다.

   4) 그 집은 겉만 번지르르하다 뿐이지 속은 부실투성이이다.

조사로 쓰일 때에는 체언 뒤나 다른 조사 뒤에 붙어서 쓰이는 것을 볼 수 있다.

2. 1) 내가 원하는 것은 그것뿐이다.

   2) 네가 공부만 열심히 하면 자전거뿐만 아니라 핸드폰도 사 줄 수 있다.

   3) 그는 친한 동료에게뿐만 아니라 모든 직장 사람들에게 인사하였다.

   4) 이 회사의 핸드폰은 국내에서뿐만 아니라 해외에서도 인기가 많다.

의존명사 '뿐'과 혼동하기 쉬운 것이 어미 '-을뿐더러, -ㄹ뿐더러'이다. 위 문장 (1-3)의 '재미있을 뿐만 아니라'와 아래 문장 (3-1)의 '재미있을 뿐더러'는 의미는 매우 유사하지만 띄어쓰기는 다르다는 점에 주목해야 한다. '-을뿐더러'는 어미이므로 용언의 어간 뒤에 붙여 써야 한다.

3. 1) 이 책은 재미있을뿐더러 교육 효과도 있다.

   2) 그는 교수일뿐더러 열성적인 학생이기도 하다.

접미사 '-스럽다'는 명사 뒤에 붙어서 형용사를 만드는 역할을 한다. '-스럽다'가 붙은 말은 형용사이기 때문에 그 말이 동사가 되기 위해서는 다시 '-어하다'가 덧붙어야 한다. 그런데 주의해야 할 점은 '-스러워하다'가 붙은 말은 하나의 단어로 간주하므로 모두 붙여 써야 한다는 것이다. 무심코 띄어 쓰는 일이 없도록 하자.

오늘따라 그녀의 옷차림이 자연 스러워 보인다.(×)
오늘따라 그녀의 옷차림이 자연스러워 보인다.(○)
그가 일하다가 벌에 쏘여 매우 고통스러워 한다.(×)
그가 일하다가 벌에 쏘여 매우 고통스러워한다.(○)
철수 아버지는 철수를 무척 자랑스러워 하신다.(×)
철수 아버지는 철수를 무척 자랑스러워하신다.(○)

'시키다'는 본동사이고, 접미사 '-시키다'는 한자어 명사 뒤에 붙어서 그 말을 동사로 만드는 구실을 한다. 현재 이들은 한국 사회에서 시쳇말로 '대세어'로 자리 잡았다. 동사 '하다'와 접미사 '-하다' 자리를 꿰찼기 때문이다. 순우리말에서도 '거짓말하다' 대신에 '거짓말 시키다', '말하다' 또는 '말 걸다' 대신에 '말 시키다'를 쓰는 실정이다. '-하다'를 붙여서 타동사를 만들 수 있는 명사에도 굳이 '-시키다'를 붙여 타동사로 사용하고들 있다.

이제는 '-시키다'가 붙은 동사가 하도 많이 쓰이다 보니 '-하다'를 붙인 동사는 왠지 어색하게 느껴지기까지 한다. '-시키다'를 선호하는 이유가 정말로 궁금하다.

바른 예

애들 <u>교육시키느라</u> 돈이 많이 든다.(=교육하게 하다)

철수가 우리에게 서울을 <u>구경시켜</u> 주었다.(=구경하게 하다)

김 비서, 지금 나갈 거니까 차량 <u>대기시켜.</u>(=대기하게 하다)

내가 너를 <u>취직시켜</u> 줄게.(=취직하게 하다)

못을 박아 두 나무 조각을 고정하였다.

그가 운전하고 가다가 갑자기 차를 정지하였다.

그 버스 회사는 운전 기사 파업으로 버스 운행을 전면 중단하였다.

과실주는 과실을 발효하여 만든 술이다.

그녀는 부단한 노력으로 자기가 지닌 재능을 극대화하였다.

그 사람은 자신의 잘못을 합리화하려고 애썼다.

그 회사 직원은 회사 기밀을 인터넷에 유포하였다.

틀린 예

애들한테 가정교육 똑바로 시켜.

못을 박아 두 나무 조각을 고정시켰다.

그가 운전하고 가다가 갑자기 차를 정지시켰다.

그 버스 회사는 운전 기사 파업으로 버스 운행을 전면 중단시켰다.

과실주는 과실을 발효시켜 만든 술이다.

그녀는 부단한 노력으로 자기가 지닌 재능을 극대화시켰다.

그 사람은 자신의 잘못을 합리화시키려고 애썼다.

그 회사 직원은 회사 기밀을 인터넷에 유포시켰다.

심지어는 '-하다'를 붙여서 동사를 만들 수 없는 말에도 '-시키다'를 붙이는 경우가 있다.

그 사람이 나를 굴욕시켰다.(×)

그 사람이 나를 굴욕을 당하게 하였다.(○)

=그 사람이 나에게 굴욕을 안겼다.

십 대 소녀 : 십대 소녀

사전에서 '대'를 검색해 보면 접두사, 접미사, 의존명사, 명사 등 여러 가지가 검색된다. 일상생활에서 자주 쓰이는 것들을 아래와 같이 정리하였다.

○ 명사 '대大' : 큰 순서대로 정렬하여 그 숫자 안에 들어감을 나타내는 말이다. 숫자와 띄어 쓴다.

· 그 회사는 매출액 기준 100 대 기업 중 하나이다.

· 피라미드는 세계 7 대 불가사의에 속한다.

○ 접두사 '대大-' : 뒤에 나오는 말이 크거나 위대하다는 것을 나타낸다.
· 창고 대개방.
· 12월 대개봉 예정.

○ 의존명사 '대代' : 사람의 나이나 계통상의 순서를 나타낼 때 쓰인다. 아
라비아 숫자 뒤에서는 붙여 쓸 수도 있다. 아래 문장의 '제26'은 숫자
'26'을 서수로 만드는 역할을 하는 접두사이므로 항상 붙여 쓴다.
· 십 대 소녀/30대 남성
· 고종은 조선 제26대 임금이다.

○ 접미사 '-대代' : 치러야 할 돈을 뜻한다.
· 우리 식당은 식대가 선불입니다.
· 한 달 신문대는 2만 원입니다.

○ 의존명사 '대對' : 서로 맞서는 두 개념을 나타낼 때 쓰인다.
· 민주주의 대 공산주의의 대결은 민주주의의 승리로 끝났다.
· 남한 대 북한의 축구 경기가 오늘 잠실에서 치러집니다.

○ 접두사 '대對-' : 뒤에 나오는 말을 대상으로 한다는 것을 뜻하는 말이다.
· 미국은 대북한 경제 제재를 시행하였다.
· 한국은 대미 무역 의존도가 아주 높다.

○ 접미사 '-대빠' : 숫자나 의존명사 뒤에 붙어 쓰인다.

· 이 제품은 값이 100만 원대입니다.

· 그는 억대 연봉을 받고 있다.

· 10번대 숫자는 10부터 19까지이다.

· 토익 점수가 900점대이면 굉장히 높은 점수이다.

· 한국은 지난해 경제성장률이 5%대였다.

참고로 '년대'에 대한 내용을 덧붙인다.

○ 의존명사 '년대年代' : 10 이상의 단위를 나타내는 숫자 뒤에 쓰여 그 단위에 속하는 연도를 나타냄. 숫자와 '년대'는 띄어 쓰는 것이 원칙이나 붙여 쓸 수도 있다.

· 올해는 2010년대에 해당한다.

· 이 음악은 1990년대에 유행하였다.

-십시오 : -십시요

정중한 명령이나 권유를 표현할 때 동사 어간 뒤에 붙이는 말은 '-(으)십시요'가 아니라 '-(으)십시오'이다. '-(으)십시오'는 상대높임법 중 합쇼체 문장에서 사용하는 어미인데, 일상 대화에서는 잘 사용하지 않는 높임법이다. '-(으)십시요' 형태는 이 합쇼체와 요즘 우리 언어 생활을 지배하고 있는 해요체의 절충 형태인지도 모르겠다. 한마디로 '-(으)

십시요'는 이도 저도 아니니 쓰지 말아야 한다.

1. 1) 들어오실 때 문을 닫으십시요.(×)
   2) 들어오실 때 문을 닫으십시오.(○)
2. 1) 이곳은 사유지이므로 들어오지 마십시요.(×)
   2) 이곳은 사유지이므로 들어오지 마십시오.(○)

그런데 같은 합쇼체여도 높임을 나타내는 어미 '-시-'가 들어간 문장 (3-2)가 좀 더 정중한 표현이다.

3. 1) 어서 들어갑시오.
3. 2) 어서 들어가십시오.

참고로 명령이나 권유를 표현할 때 하오체 문장에서는 '-(으)시요'가 아닌 '-(으)시오'를 사용한다. 한편 해요체 문장에서는 '-(으)세요' 및 '-(으)셔요'를 쓸 수 있다. 또한 '-(으)시오, -(으)세요, -(으)셔요'에서 높임을 나타내는 어미 '-시-'를 빼고 '-(으)오, -아요, -어요'를 사용할 수도 있다.

4. 1) 차가 고장 났으니 걸으시요.(×)
   2) 차가 고장 났으니 걸으시오.(○)
   3) 차가 고장 났으니 걸으오.('-시-'를 뺐을 경우)
5. 1) 문제를 주어진 시간 내에 푸세요.
      =문제를 주어진 시간 내에 푸셔요.

2) 문제를 주어진 시간 내에 풀어요.('-시-'를 뺐을 경우)

6. 1) 시간이 없으니 빨리 자리에 앉으세요.

=시간이 없으니 빨리 자리에 앉으셔요.

2) 시간이 없으니 빨리 자리에 앉아요.('-시-'를 뺐을 경우)

> (약냉방 칸 : 약 냉방 칸)

지하철 객차 중에는 여름철에 냉방을 다른 칸보다 약하게 하는 칸이 있다. 그 칸에는 '약 냉방 칸'이라는 표시가 돼 있다. 형용사 '약弱하다'의 관형형인 '약한'은 관형어로 쓰일 수 있지만 '약弱'은 '약하다'의 어근일 뿐 단독으로는 어떤 문장성분도 될 수 없다. 이 말에서 '약-'은 접두사로밖에 볼 수 없다. 따라서 '약 냉방 칸'은 '약한 냉방 칸' 또는 '약냉방 칸'으로 고쳐야 맞는 말이 된다. 마찬가지로 반대 의미를 가진 '강强-'도 접두사로 쓰이는 말이다. 접두사 '약-'과 '강-'이 쓰인 말들을 예시하면 아래와 같다.

접두사 '약-'	접두사 '강-'
약산성	강타자
약맥주	강추위
약모음	강타선
약보합	강보합
약재료	강모음

-어지다

보조동사 '-어지다, -아지다'는 동사의 어간 뒤에 붙어 피동형으로 만들거나, 형용사 어간 뒤에 붙어 동사로 만들어 주는 기능을 한다. 주의할 점은 앞말과 붙여 써야 한다는 것이다. 동사나 형용사의 첫째 음절에 있는 모음이 양성인지 음성인지에 따라 '-어지다' 또는 '-아지다'가 붙는다. 용례는 아래와 같다.

동사 어간 뒤

사골이 푹 고아져서 국물이 아주 진하다.
이 공장에서는 한국에서 생산되는 차의 절반가량이 만들어진다.

형용사 어간 뒤

그의 뒷모습이 점점 멀어졌다.
최근 그녀는 얼굴 혈색이 많이 좋아졌다.
그는 휴가를 갔다 오더니 얼굴이 까매졌다.
그는 휴가를 갔다 오더니 얼굴이 꺼메졌다.

'-어하다'와 '-아하다'는 형용사 어간 뒤에 붙어 동사로 만들어 주는 역할을 한다. 주의할 점은 앞말과 붙여 써야 한다는 점이다.

우리 어머니는 자식들을 예뻐하셨다.
그는 직장 생활을 힘들어하였다
철수는 매일 학교에 가는 것을 무척이나 귀찮아한다.
어머니는 매번 식사 후 약 드시는 것을 번거로워하신다.
요즘 그녀는 대학 졸업 후 진로 문제 때문에 괴로워한다.
우리 어머니가 네 안부를 궁금해하셔.
영수 어머니는 철수가 취직해서 되게 행복해한다.

최근에 '꺼려 하다', '헷갈려 하다' 등 본동사와 '하다'를 어울려 쓰고 있는데 바른 말로 보기는 어렵다.

'에'와 '에게'는 둘 다 체언에 붙는 조사이다. 그런데 '에'와 '에게' 앞에 놓이는 체언에는 차이가 있다는 것을 알아야 한다. '에게'는 사람이나 동물에 대해 쓰이는 조사이고, '에'는 그 외의 체언에 붙는 조사이다. 사람이나 동물이 아닌 단체명 뒤에 '에게'를 붙이는 경우가 있는데 적절한 사용이 아니다.

철수에게 책을 빌려주었다.

고양이에게 우유를 먹였다.

화초에 물을 듬뿍 주었다.

모든 식물에 햇빛은 필수적이다.

백제의 문화는 일본에게 지대한 영향을 주었다.(×)

백제의 문화는 일본에 지대한 영향을 주었다.(○)

영국은 중국에게 홍콩을 돌려주었다.(×)

영국은 중국에 홍콩을 돌려주었다.(○)

우리 선조들은 일제에게 빼앗긴 나라를 되찾고자 독립 운동을 하였다.(×)

우리 선조들은 일제에 빼앗긴 나라를 되찾고자 독립 운동을 하였다.(○)

우리 정부는 독도 영유권 주장에 대해 일본 정부에게 항의하였다.(×)

우리 정부는 독도 영유권 주장에 대해 일본 정부에 항의하였다.(○)

에 : 의

조사 '에'와 조사 '의'는 정말 헷갈릴 때가 많다. 발음을 비슷하게 하다 보니 이런 현상이 생기는 것이다. 조사 '의'와 '에'가 사용된 말들을 예시하면 아래와 같다. 자료를 조사하다 보니 알게 된 사실이지만 둘 중 어느 것을 사용해야 하는지 명확한 경계가 있는 것은 아니다. 관용에 따르는 경우도 있기 때문이다.

의	에
개전의 정	개밥에 도토리
그놈의 망할 자식	고심에 고심을 거듭하다
그중의 제일은 사랑이오	그 아버지에 그 아들
그중의 하나이다	남산 위에 저 소나무
기존의 제품	둘 중에 하나를 선택하다
나의 살던 고향	만에 하나
만일의 사태에 대비하다	삼천리 강산에 우리나라 꽃
문제의 답	삶에 회의를 느끼다
벼룩의 간	소귀에 경 읽기
사돈의 팔촌	손가락에 장을 지지다
3분의 1(1/3)	십 점 만점에 구 점
새발의 피	약방에 감초
성공의 지름길	~에 영향을 미치다
세계 속의 한국	열에 아홉
10년 만의 우승	옥에 티
~의 영향을 받다	제 눈에 안경
양심의 가책	항간에 소문이 자자하다
장안의 화제	
전가의 보도	
진흙 속의 진주	
천만의 말씀	
천하의 못된 놈	
천애의 고아	
천혜의 환경	
컴퓨터의 컴 자	
하늘의 별 따기	
항간의 소문	

합성어	합성어
반의반(=절반의 절반)	귀엣말
남의나이(=환갑이 지난 뒤의 나이)	귀엣머리
	눈엣가시
	몸엣것
	소금엣밥
	옷엣니
	웃음엣말
	웃음엣소리
	웃음엣짓
	한솥엣밥

'-여餘'는 어떤 수량, 기간을 넘는 경우에 사용하는 접미사이다. 관형사 '약'은 어떤 수량, 기간에 근접한다는 뜻으로 그 수에 모자라는 경우에도 쓸 수 있다는 점에서 이 둘은 의미상 차이가 있다. 숫자 뒤에 붙을 때에는 십 이상의 단위에만 가능하다.

우리 회사 직원은 계절에 따라 변동이 있으나 80여 명이다.
그가 과일을 판매하고 손에 쥔 돈은 100여만 원이었다.
그가 과일을 판매하고 손에 쥔 돈은 100만여 원이었다.
우리 학교 전교생은 1000여 명이다.

위 문장에서 보듯이 '100만'이라는 숫자 뒤에 붙는 것이 일반적이나, '100'과 '만' 사이에 들어가는 경우도 있다. 느낌상 '100여만'이 '100만여'보다 큰 것 같다. 그런데 '100여만'을 '100여 만'으로 쓰지 않도록 주의해야 한다.
다음으로 숫자가 아닌 단위 뒤에 붙는 경우를 살펴보자.

나는 버스 정류장에서 5분여 동안 버스를 기다렸다.
우리는 2시간여 동안 극장에서 영화를 보았다.
그는 교통 사고로 한 달여간 병원 신세를 졌다.
1년여 동안 끌어 오던 재판이 마침내 종결되었다.
그 다리를 건설하는 데 10여 년이 걸렸다.

그 다리를 건설하는 데 10년여가 걸렸다.

위 문장에서 보듯이 '-여'는 숫자와 단위 뒤에 붙을 수 있기 때문에 '10여 년'도 가능하고 '10년여'도 가능하다.

그런데 우리는 일상생활에서 '-여'가 굳이 필요하지 않은 상황에서 습관적으로 이것을 붙여서 말을 하고 있다. 수량을 정확히 세어 보지 않고 대충 어림잡아서 하는 말이 분명한데도 '천여 명', '만여 명'이라는 표현을 함부로 쓴다. 정확히 수량을 세어 보면 정말 '천 명'과 '만 명'이 넘을지 궁금하다. 특히 '약 50여 명, 대략 50여 명, 한 100여 명, 거의 100여 명, 50여 명 이상, 50여 명이 넘는 사람, 10년여 이상, 10년여 남짓' 등은 쓰지 말아야 할 중복 표현들이다.

외국산 : 수입산

접미사 '-산産'은 어떤 상품의 원산지를 표시하는 데 사용하는 말이다. 따라서 '-산' 앞에 놓이는 말은 지명이어야 한다. 그래서 '국내산, 외국산, 수입품' 등은 맞는 말이지만 '수입산'이란 말은 틀린 말이다.

브렌트유는 유럽산이고, 두바이유는 아시아산이다.
요즘은 칠레산 와인이 인기가 높다.
다래는 국내산이지만 키위는 수입산이다.(×)
다래는 국내산이지만 키위는 수입품이다.(○)

=다래는 국내산이지만 키위는 외국산이다.

은커녕

'은커녕'을 비롯한 '는거녕, ㄴ커녕'은 모두 조사이므로 앞말에 붙여 써야 한다. '은 커녕, 는 커녕'과 같이 표기하는 경우가 있는데 이는 잘 못이다.

물에 빠진 사람 건져 줬더니 고마워하기는 커녕 오히려 보따리 찾아내라고 한다.(×)

물에 빠진 사람 건져 줬더니 고마워하기는커녕 오히려 보따리 찾아내라고 한다.(○)

하루 종일 밥은 커녕 물도 못 마셨다.(×)

하루 종일 밥은커녕 물도 못 마셨다.(○)

-을망정 : 망정

우리말에는 형태가 비슷한데 품사가 다른 말이 많다. 문장 (1-1), (1-2)에서처럼 '-을망정, -ㄹ망정'은 어미이므로 용언의 어간과 붙여 쓴 다. 그리고 문장 (2-1), (2-2)에서처럼 '망정'은 의존명사로 주로 '~기에 망정이지'같이 쓰인다.

1. 1) 나는 가난하게 살았을망정 도둑질은 한 번도 한 적이 없다.

   2) 나는 가난할망정 부잣집 아이들을 부러워하지는 않는다.

2. 1) 그는 운동 신경이 뛰어났기에 망정이지 하마터면 사고를 당할 뻔하였다.

   2) 키가 작아서 망정이지 천장이 낮아서 다른 사람은 서 있지도 못하겠다.

-을수록

'-을수록(-ㄹ수록)'은 시간의 경과, 어떤 상황의 심화를 표현할 때 '~으면 ~을수록'의 형태로 쓰이는 어미이다. 의존명사 '수'가 들어 있는 '~을(ㄹ) 수 있다'와 혼동하지 말자.

시간이 지날 수록 그의 작품은 빛을 발한다.(×)
시간이 지날수록 그의 작품은 빛을 발한다.(○)
행복은 잡으려고 하면 할 수록 더 멀리 도망가는 경향이 있다.(×)
행복은 잡으려고 하면 할수록 더 멀리 도망가는 경향이 있다.(○)

-음으로써 : -으므로

'-음으로써, -ㅁ으로써'는 명사형 어미 '-음, -ㅁ'과 수단을 의미하는 어미 '-으로써'가 결합한 것으로 어떤 행위를 발판 삼아 다른 결과를 이끌어 내고자 할 때 쓰는 말이다. 이를 '-음으로'나 '-으므로'로 잘못 표기하는 일이 없도록 하자.

우리는 일치단결함으로 적들을 물리칠 수 있다.(×)

우리는 일치단결함으로써 적들을 물리칠 수 있다.(○)

두꺼운 옷을 입으므로 추위를 막을 수 있다.(×)

두꺼운 옷을 입음으로써 추위를 막을 수 있다.(○)

반면 '-으므로(-이므로)'는 단순히 어떤 결과에 대한 원인을 드러낼 때 쓰는 말이다. 이때 '-으므로' 대신 '-음으로(-임으로)'를 쓰는 것은 잘못된 표기이다.

날씨가 추움으로 외출을 삼가시기 바랍니다.(×)

날씨가 추우므로 외출을 삼가시기 바랍니다.(○)

2층 화장실이 공사 중임으로 3층 화장실을 이용하시기 바랍니다.(×)

2층 화장실이 공사 중이므로 3층 화장실을 이용하시기 바랍니다.(○)

이었다 : 이였다

서술격 조사 '이다'의 과거형은 '이었다'이다. 이를 발음할 때 '이였다' 처럼 되기도 하지만 표기할 때에는 '이었다'로 해야 한다. 하지만 마지막 음절에 받침이 없는 체언에 뒤따를 때에는 '였다'로 축약된다. 상황에 맞게 잘 선택해서 사용하도록 하자.

철수는 훌륭한 학생이였다.(×)

철수는 훌륭한 학생이었다.(○)

영수는 나와 가장 친한 친구였다.

이에요(예요) **: 이야**(야)

서술격 조사 '이다'는 해요체 문장에서 어간 '이'에 어미 '-에요'가 결합하여 '이에요'가 된다. 체언의 끝 음절에 받침이 없는 말 뒤에서는 '이에요'의 축약형인 '예요'가 쓰인다. 그러므로 아래 문장에서처럼 받침이 있는 말 뒤에 '예요'를 사용하는 것은 잘못이다.

1. 1) 철수는 모범생이에요.

    2) 그는 직업이 비행기 조종사예요.

    3) 이 옷은 할머니께서 사 주신 거예요.

2. 1) 거기는 너무 춥단 <u>말이에요</u>.(말예요 ×)

    2) 저는 다른 사람이 시키는 대로 했을 <u>뿐이에요</u>.(뿐예요 ×)

    3) 상대편의 차와 포를 잡았으니 내가 이긴 <u>셈이에요</u>.(셈예요 ×)

그리고 해체 문장에서는 체언 뒤에 '이야'나 '야'가 결합한다. 마찬가지로 받침이 있는 말 뒤에는 '이야'가 쓰이고 받침이 없는 말 뒤에는 '야'가 쓰인다.

3. 1) 철수는 모범생이야.

   2) 그는 직업이 비행기 조종사야.

4. 1) 거기는 너무 춥단 말이야.(말야 ×)

   2) 나는 다른 사람이 시키는 대로 했을 뿐이야.(뿐야 ×)

   3) 상대편의 차와 포를 잡았으니 내가 이긴 셈이야.(셈야 ×)

이오 : 이요

서술격 조사 '이다'는 하오체 문장에서 어간 '이'에 어미 '-오'가 결합하여 '이오'가 된다. 받침이 없는 말 뒤에는 '이오'의 축약형인 '요'가 쓰인다. 아래 문장에서처럼 받침이 있는 말 뒤에 '이오' 대신 '이요'를 사용하는 것은 잘못이다.

1. 1) 철수는 모범생이오.(모범생이요 ×)

   2) 그는 직업이 비행기 조종사요.

2. 1) 거기는 너무 춥단 말이오.(말이요 ×)

   2) 나는 다른 사람이 시키는 대로 했을 뿐이오.(뿐이요 ×)

   3) 상대편의 차와 포를 잡았으니 내가 이긴 셈이오.(셈이요 ×)

한편 '이요'는 아래에서 보는 것처럼 문장 끝이 아니라 이어진 문장에서 쓰이는 말이다.

그는 양심적인 사람이요, 믿을 수 있는 사람이다.

당근은 채소요, 사과는 과일이다.

이요

어린 학생들한테 '너 커서 뭐가 되고 싶니' 하고 물어보면 '과학자요, 연예인이요, 경찰관이요, 공무원이요' 등등의 답변이 돌아온다. 하지만 이 답변 중에 잘못된 것이 있다. 과학자 뒤에는 '요'를 붙이면서 연예인, 경찰관, 공무원 뒤에는 '이요'를 붙인 게 잘못됐다는 얘기다. '요'는 보조사인데 상대방에게 존대할 필요가 있을 때 붙인다. 친구들끼리의 대화였다면 당연히 '과학자, 연예인'이라고 답변을 했을 것이다. 존대를 해야 하는 사람에게 답변을 할 경우에는 뒤에 '요'만 붙이면 된다. 이 상황은 서술격 조사와 관련된 것이 아니기 때문에 받침이 있든 없든 '요'만 붙이면 되는 것이다. 텔레비전 방송을 보면 '연예인이요' 같은 자막이 차고도 넘친다. 방송에 종사하는 사람들이 각성해야 할 일이다.

보조사 '요'의 주요 용례

1. 누가 당번이지? -철수요.(철수가 당번이에요.)
2. 너 이름이 뭐니? -김철수요.(저는 김철수예요.)
3. 뭐 먹고 싶니? -탕수육요.(저는 탕수육 먹고 싶어요.)
4. 이건 뭐지? -당근요.(이건 당근이에요.)
5. 철수가요 학교에 오다가요 교통사고를 당했어요.

6. 철수는요 아파트에 살아요.

7. 그 사람은 내 타입이 아니거든요.

8. 영수는 지금 집에 없을걸요.

9. 영희는 영어 공부를 좋아하더군요.

10. 오늘은 제가 가지요.

11. 제가 누구게요?

12. 우리 학교에서 전국 고교 농구 대회에서 우승했대요.

13. 그 선생님은 학생들을 잘 지도하데요.

14. 한번 드셔 보세요. 어서요.

위에서 보는 것처럼 보조사 요는 체언, 조사, 용언, 부사 등의 뒤에 붙을 수 있다. 그러나 윗사람이 질문했을 때는 위 문장 (1)~(4)에서처럼 짧게 대답하는 것보다는 괄호 속 표현처럼 제대로 된 문장으로 해야 한다는 것을 어린 학생들에게 알려 줘야 한다. 물론 윗사람에게는 해요체보다 합쇼체 문장을 쓰는 것이 더 좋다.

한편 아래와 같은 대화체 문장에서 '이요' 표현이 가능한 경우도 있다. 문장 (15)와 (16)에서 보는 것처럼 주격 조사 '이' 뒤에 보조사 '요'가 붙을 경우 '이요' 표현이 가능하다. 문장 (17)에서는 목적격 조사 '을' 뒤에 보조사 '요'가 덧붙은 경우이다.

15. 해수욕장에 피서객들이요 굉장히 많았어요.

16. 거기에요 장난감들이요 굉장히 많았어요.

17. 우리 애가 당근을요 아주 잘 먹어요.

형용사 '자랑스럽다'의 관형사형은 '자랑스런'이 아니라 '자랑스러운'이다. 언뜻 '자랑스런'이 맞는 표기 같지만 그렇지 않다. 접미사 '-스럽다'가 붙어 이루어진 모든 형용사의 관형사형은 '~스런'이 아니라 '~스러운'이라는 것을 기억하자. 각각 접미사 '-롭다'와 '-답다'가 붙은 '슬기롭다, 정답다'의 관형사형이 '슬기론, 정단'이 아니라 '슬기로운, 정다운'이라는 것을 생각하면 지극히 당연한 얘기이다.

나는 자랑스런 두 아들을 두고 있다.(×)

나는 자랑스러운 두 아들을 두고 있다.(○)

그는 그녀를 사랑스런 눈길로 바라보았다.(×)

그는 그녀를 사랑스러운 눈길로 바라보았다.(○)

철수가 멋스런 모자를 쓰고 있다.(×)

철수가 멋스러운 모자를 쓰고 있다.(○)

자연스런 표정을 지어 주세요.(×)

자연스러운 표정을 지어 주세요.(○)

그 밖에 우리말에서 음운 축약이 인정된 말들 중 일부를 아래에 예시하였다.

본말	준말	본말	준말
가지가지	갖가지	고만두다	간두다
그것참	거참	그것이다	기다
그러하다	그렇다	그런데	근데, 건데
꼬이다	꾀다	놓아두다	놔두다
도리어	되레	들어오다	들오다
무르팍	물팍	시원찮다	션찮다
쌓이다	쌔다	아무튼	암튼
오래간만	오랜만	오히려	외려
잡수시다	잡숫다	재미있다	재밌다
차이다	채다(채이다×)	파이다	패다(패이다×)
펴이다	폐다	한다하는	한다는

-째 : 채

'-째'는 '그대로, 전부'라는 뜻으로 체언 뒤에 붙어 쓰이는 접미사이다. 한편 '채'는 '어떤 상태 그대로'라는 뜻으로 쓰이는 의존명사이므로 체언과 띄어 써야 한다. 형태가 비슷하다 보니 '-째'를 써야 할 자리에 '채'를 쓰는 듯하다. 또 '모조리'라는 뜻으로 쓰이는 '송두리째'도 '송두리채'로 잘못 쓰면 안 된다.

우리는 멧돼지를 잡아 통째로 구워서 먹었다.
멸치는 뼈째 먹을 수 있는 생선이다.
사과는 껍질에 영양분이 많기 때문에 껍질째 먹는 것이 좋다.
태풍이 우리의 모든 것을 송두리째 앗아 갔다.

위 문장에 사용된 접미사 '-째' 대신 '채'를 사용해 아래와 같이 쓰는 것은 잘못이다.

우리는 멧돼지를 잡아 통채로 구워서 먹었다.(×)
멸치는 뼈채 먹을 수 있는 생선이다.(×)
사과는 껍질에 영양분이 많기 때문에 껍질채 먹는 것이 좋다.(×)
태풍이 우리의 모든 것을 송두리채 앗아 갔다.(×)

한편 의존명사 '채'의 올바른 용례는 아래와 같다.

그는 옷을 입은 채로 자는 것을 좋아한다.
옛날에는 사람을 산 채로 매장하는 경우도 있었다.

처- : 처-

접두사 '처-'는 동사 앞에 붙어 '마구, 많이'의 뜻을 더해 주며 낮잡아 표현하는 느낌을 준다. 아래 문장에서 보는 것처럼 접두사 '처-'를 빼도 뜻이 통하며 의미상 '함부로, 심하게 그 행동을 한다'는 뜻을 더해 준다.

시끄러우니까 빨리 처먹기나 해.
저 녀석을 감옥에 처넣고 입을 열 때까지 풀어 주지 마.

철수가 무슨 고민이 있는지 고개를 아래로 처박고 있다.

한편 '쳐(치+-어)'는 동사 '치다'의 활용 형태로서 다른 동사와 결합하여 합성어를 만들기도 한다.

그는 외양간에서 소똥을 쳐냈다.
경찰이 살인 용의자의 집 문을 쳐부수고 안으로 들어갔다.
몽고족은 수차례 고려에 쳐들어왔다.

총 : 총-

관형사 '총'과 접두사 '총-'으로 나누어 살펴봐야 하는 말이다. 먼저 관형사 용례를 예시하면 아래와 같다. 관형사 총은 '전체 수량을 모두 합산한'이라는 의미로 쓰이는데 접두사 '총-'과 의미상으로는 큰 차이가 없다. 다만 관형사 총은 주로 숫자 앞에 놓인다는 차이가 있다.

그는 사이영상을 총 다섯 번 받았다.
이번 행사에 총 1억 원의 예산이 투입되었다.

접두사 '총-'은 아래에서 보는 것처럼 '전체를 아우른다'는 뜻을 뒷말에 보태어 준다.

철수는 이 호텔의 총지배인이다.

김 선생님이 이번 뮤지컬의 총감독을 맡고 계신다.

올해 가요계를 총결산하는 가요 대상 시상식을 시작합니다.

오는 노동절에 전국 주요 회사 노동자들이 총파업에 들어간다고 합니다.

전시에는 모든 남자들이 병력으로 총동원될 수 있다.

올해 연말 가족 모임에는 전 가족이 총출동하였다.

이 영화에는 내로라하는 배우들이 총출연하였다.

한국의 국내총생산은 세계 14위이다.

우리 공장의 자동차 연간 총생산량은 약 10만 대이다.

그 밖에도 접두사 '총-'이 들어 있는 말은 총무게, 총부피, 총길이, 총개수, 총면적, 총인원, 총강수량, 총금액, 총횟수, 총매출액 등이 있다.

~하려고 : ~할려고

'-려고, -으려고'는 의도나 목적 등을 표현할 때 동사 어간 뒤에 붙는 어미이다. 그런데 동사의 어간 뒤에 이들이 붙은 말을 발음할 때 ㄹ 음이 삽입되는 경우가 있는데 이를 표기에도 반영하는 것은 올바르지 않다. 따라서 '~할려고, ~할라고' 등의 표현을 사용하면 안 된다.

나는 방학 때 서울에 가서 공부할려고 한다.(×)

나는 방학 때 서울에 가서 공부하려고 한다.(○)

철수는 내년부터 국문학 박사 학위 과정을 밟을려고 한다.(×)

철수는 내년부터 국문학 박사 학위 과정을 밟으려고 한다.(○)

영수는 조만간 새 자동차를 살려고 한다.(×)

영수는 조만간 새 자동차를 사려고 한다.(○)

~하려나 : ~할래나

'-려나, -으려나'는 미래의 일에 관련된 짐작이나 의문을 표현할 때 사용되는 어미이다. 따라서 말할 때 '~할려나, ~할래나, ~할라나' 등으로 발음하는 경우가 있지만 표기는 언제나 '~하려나'로만 해야 한다.

철수가 시험에 합격할래나 모르겠다.(×)

철수가 시험에 합격할라나 모르겠다.(×)

철수가 시험에 합격하려나 모르겠다.(○)

오늘은 날씨가 좋을래나.(×)

오늘은 날씨가 좋을라나.(×)

오늘은 날씨가 좋으려나.(○)

도저히 어떤 일이 일어날 수 없다는 것을 표현할 때 쓸 수 있는 표현은 '~하려야 ~할 수 없다'이다. 구어에서 종종 '~할래야 ~할 수 없다'고 발음하는데 표기는 꼭 '~하려야 ~할 수 없다'로 해야 한다. 왜냐하면 '-려야'는 '-려고 해야'가 줄어든 말이기 때문이다.

참고로 '-다고 해야, -자고 해야, -라고 해야'가 줄어들면 각각 '-대야, -재야, -래야'가 된다.

이 일을 하기 위해서는 너무 많은 시간이 걸려서 할래야 할 수 없다.(×)
이 일을 하기 위해서는 너무 많은 시간이 걸려서 하려야 할 수 없다.(○)
장마철에는 비가 개는 날이 없어 빨래가 마를래야 마를 수가 없다.(×)
장마철에는 비가 개는 날이 없어 빨래가 마르려야 마를 수가 없다.(○)
이 자두는 하도 시어서 먹을래야 먹을 수가 없다.(×)
이 자두는 하도 시어서 먹으려야 먹을 수가 없다.(○)

어미 '-을는지, -르는지'는 미래에 일어날 수 있는 일에 대한 추측이나 의문을 표현할 때 쓰이는 말이다. 이와 발음이 유사한 어미 '-르런지, -르른지' 등은 잘못된 말이므로 쓰지 말아야 한다.

버스가 제시간에 도착할런지 모르겠다.(×)

버스가 제시간에 도착할른지 모르겠다.(×)

버스가 제시간에 도착할는지 모르겠다.(○)

그가 무사히 일을 끝마칠 수 있을런지 걱정이다.(×)

그가 무사히 일을 끝마칠 수 있을른지 걱정이다.(×)

그가 무사히 일을 끝마칠 수 있을는지 걱정이다.(○)

-히다 : -혀지다

하도 많이 쓰이다 보니 '잊혀지다'라는 표현이 너무나 익숙하게 여겨지지만, 이는 이중 피동형의 일종이므로 잘못된 말이다. 타동사 '잊다'의 피동사인 '잊히다' 또는 '잊어지다'를 써야 한다.

이른바 빅데이터 시대의 도래와 관련 화두가 된 것이 잊혀질 권리이다.(×)

이른바 빅데이터 시대의 도래와 관련 화두가 된 것이 잊힐 권리이다.(○)

그의 아버지의 죽음이 잊혀지는 데는 많은 시간이 걸렸다.(×)

그의 아버지의 죽음이 잊히는 데는 많은 시간이 걸렸다.(○)

접미사 '-이-, -히-, -리-, -기-' 등이 붙어서 이루어진 피동사들에 다시 '-어지다'를 결합한 말은 이중 피동형으로 잘못된 표기이다.

원형	바른 피동형	잘못된 피동형
굽다	굽히다	굽혀지다
묻다	묻히다	묻혀지다
뽑다	뽑히다	뽑혀지다
잡다	잡히다	잡혀지다
깎다	깎이다	깎여지다
보다	보이다	보여지다
짜다	짜이다	짜여지다
가르다	갈리다	갈려지다
팔다	팔리다	팔려지다

틀린 줄 알아도 어쩔 수 없이 불러 줘야 하는 고유명사

말이라는 것은 유행을 타게 마련이다. 남이 쓰는 말을 나도 모르게 따라 쓰게 된다. 새로 만들어진 말인 신조어가 자리를 잡으려면 어감이 중요한 것도 사실이다. 그렇다 보니 어문 규정에 맞지 않는 이상한 말도 만들어지게 되는 것 같다. 하지만 잘못된 말이 사람들에게 유행하면 우리말은 그만큼 파괴된다는 것을 알아야 한다. 잘못된 말이더라도 많은 사람들이 그것을 사용하면 어쩔 수 없이 그 단어를 표준어로 받아들여야 하는 경우도 생긴다. 언어 현실과 너무나 동떨어진 어문 규정은 무의미하기 때문이다.

하지만 무조건 신조어를 많이 만들어 내야 우리말이 발전하는 것도 아니다. 오히려 바른 말을 쓰고 이미 만들어진 아름다운 우리말을 살려 쓰는 것이 우리말을 지키고 발전시키는 길이라는 것을 명심해야 한다. 언어는 역사성이 있다고 한다. 말은 어쩔 수 없이 변할 수밖에 없다는 뜻이다. 하지만 현 문법 체계를 뒤흔드는 노력은 삼가야 할 것이다. 문법과 어문 규정도 우리가 지켜야 할 법인 것이다.

아래 말들은 현행 맞춤법 규정에 맞지 않는 말들이다. 모두 회사 이름이거나 유명한 상표명이다. 지금은 존재하지 않는 것도 있다.

틀린 말	바른 말	틀린 말	바른 말
김家네	김哥네	꼬깔콘	고깔콘
박카스	바쿠스/바커스	마가렛트	마거릿
쌍용	쌍룡	빠다코코낫	버터코코넛
쏘나타	소나타	부라보	브라보
에쓰오일	에스오일	부셔 먹는 라면	부숴 먹는 라면
오뚜기	오뚝이	뿌셔뿌셔	부숴부숴
씨제이제일제당	시제이제일제당	설레임	설렘
씨티은행	시티은행	웨하스	웨이퍼(wafer, wafers)
종가집	종갓집	쯜병스낵	졸병스낵
코코호도	코코호두	카스타드	커스터드
파리바게뜨	파리바게트	파시통통	파치통통 (소리 나는 대로 표기)

참고로 라면 속에 들어 있는 '스프'는 올바른 말도 아니고 서양 요리 수프와도 아무 상관이 없으므로 '양념'이나 '가루 양념'이라고 부르도록 하자.

제 5 부

이런저런
표 현

가능한

    사람들은 겉만 번지르르하고 알맹이는 없는 말들을 언젠가 써먹기 위해 여기저기서 주워 담는다. 우리는 겉치레가 좋지 않다는 것을 알면서도 은연중에 겉모습에 집착하곤 한다. 나는 가장 쉽고 자연스러운 말로 뭐든지 설명할 수 있는 것이, 자기가 많이 배워서 잘 알고 있다는 것을 증명하는 유일한 방법이라고 생각한다. 발음하기도 불편하고 생긴 것도 이상한 '가능한 한, 가급적'을 쓰지 말고 순우리말 '되도록'을 쓰는 것이 어떨까 한다. 그나마도 '가능한 한'이 발음하기 불편해서인지 '가능한'이라고 쓰는 사람들도 있는데 이것은 바른 말이 아니다. '달리기에 관한 한 그는 최고이다'라는 말에서 '관한 한'을 '관한'으로 바꾸면 말이 안 되는 것과 같은 이치이다.

    '가능한 한'은 일본어 '可能な限'을 직역한 것인데 이를 대신할 수 있는 말이 있으므로 굳이 쓸 필요가 없는 말이다. '가능한 한' 대신에

쓸 수 있는 말은 '되도록, 될 수 있는 대로, 될 수 있으면' 등이 있다.

　오늘은 가능한 일찍 들어오너라.(×)

　오늘은 가능한 한 일찍 들어오너라.(○)

　=오늘은 가능하면 일찍 들어오너라.

　=오늘은 되도록 일찍 들어오너라.

　=오늘은 될 수 있으면 일찍 들어오너라.

　=오늘은 될 수 있는 대로 일찍 들어오너라.

　위 문장 중 어떤 문장이 가장 마음에 드는가? 가장 마음에 드는 말을 골라서 쓰기 바란다. 어느 누구도 이것을 써라, 저것을 써라 강요할 수는 없다. 다만 지금 많은 사람들이 즐겨 쓰는 말이 절대적인 것이 아니며 오히려 더 좋은 우리말이 있다는 것을 알려 줄 수 있을 뿐이다. 참고로 최대한最大限과 최소한最小限은 부사로도 쓰이는 말이다.

가능하세요

　지금 한국 사회는 가히 높임말 홍수 시대이다. 고객으로 불릴 수 있는 곳에 가면 하나같이 높임말을 지나치게 사용하는 것을 목격할 수 있기 때문이다. 이런 지나친 높임말을 들으면 누구나 귀에 거슬린다고 생각은 할 것이다. 하지만 말하는 사람이나 듣는 사람이나 그것이 틀린 높임법이라고 생각하는 것 같지는 않다. 그러나 절대로 그렇지 않다. 사람이 말을 하면 그 사람의 마음이 듣는 사람에게 전달된다. 진심이 없는 말은 말의 효과가 반감되기 마련이다. 진심을 담아서 말을 한다면 지나친 격식을 따지지 않아도 소기의 목적을 달성할 수 있다는 것을 잊지 말자.

지나침은 모자람만 못하다고 했다. 높임말을 하는 이유는 상대방을 존중한다는 뜻을 전하여 상대방의 기분을 좋게 하기 위한 것이므로 오히려 귀에 거슬릴 정도로 높임말을 남발하는 것은 삼가는 것이 좋다. 어법에도 맞지 않고 상대방을 배려하지도 않으며 외운 것처럼 내뱉는 높임말은 안 하느니만 못하다는 것을 알아야 한다. 높임말의 홍수 속에서도 해요체 투의 말을 포기하지 않는 것은 여간 흥미로운 특징이 아닐 수 없다. 우리 귀에 익숙하지만 아래와 같은 표현들은 모두 잘못된 말들이다.

고객님, 지금 예약이 가능하세요.

가능하시면 일찍 오시기 바랍니다.

그러시면 내일은 어떠세요?

고객님, 남은 자리가 하나도 없으세요.

너무 일을 잘하시는 거 아니세요?

고객님, 대출이 완료되셨습니다.

모두 5만 원 되시겠습니다.

오른쪽으로 가시면 되세요.

여기서 사신 지 얼마나 되셨어요?

고객님, 주문하신 물건이 발송되셨어요.

사장님, 출발하실 시간 되셨어요.

여러분의 왼쪽으로 보이시는 건물이 국회의사당이세요.

생일이 언제세요?

새해 소망이 뭐세요?

이 노래는 제 부모님이 좋아하시는 노래세요.

이 보험이 여러분의 노후에 도움이 되실 겁니다.

집값이 많이 오르셔서 기분이 좋으시겠습니다.

이 물건 어디서 나셨어요?

담배 피우시는 것은 건강에 안 좋으세요.

아버지는 몸에 중풍이 오셨다.

사장님에게서 전화가 오셨다.

가정용 쓰레기

예전에 시에서 관리하는 도로변 쓰레기통에 붙은 안내문을 우연히 보게 되었다. '가정용 쓰레기는 넣지 마세요'라는 내용의 안내문이었다. 가정용이라는 말이 마음에 걸렸다. '가정용'이라면 '가정에서 쓰이는'이라는 의미인데 영 쓰레기와는 어울리지 않는 말이기 때문이었다. 그 안내문을 붙인 사람은 가정에서 배출된 쓰레기를 넣지 말라는 뜻을 전달하고자 했을 것이다. 따라서 접미사 '-용'은 불필요하게 붙은 경우이다. 그냥 '가정 쓰레기'라고 해도 충분히 의미가 전달된다.

건강을 중단하다

　어느 우유 회사 광고를 보니까 '우유를 중단하는 것은 건강을 중단하는 것이다'라는 표현을 사용하였다. 광고의 취지는 백번 이해하지만 문법적으로 문제가 있는 표현을 썼다. 중단이라는 말은 어떤 동작이나 행위를 멈추는 것을 말한다. '우유를 중단하다'는 '우유를 끊다, 우유 마시는 것을 중단하다' 등으로 바꿔야 하고, '건강을 중단하다'도 '건강을 돌보지 않다, 건강을 챙기지 않다' 등으로 바꿔야 한다. 우리말이야 훼손되거나 말거나 돈만 벌면 되는 회사나, 틀린 표현을 보고도 아무 생각 없는 사람이나 매한가지이다. 우리말 사용에 관한 한 우리는 점점 '좀비'가 되어 가고 있다고 하면 지나친 말일까?

계절 파괴 노출

　인터넷을 검색하다 보면 정말 자극적인 표현이 많다. 예전에 유통업계에서 '가격 파괴'라는 말을 만들어 쓰는 것을 보고 크나큰 충격을 받았는데, '계절 파괴 노출'이라는 표현에도 적잖이 충격을 받았다. 연예인 옷차림에 대해서는 기사화해 봤자 이젠 전혀 사람들의 관심을 끌 수조차 없다. 그러니 어떻게든 눈길을 끌 수 있는 제목을 지어야 했을 것이다. 어쨌든 그런 제목을 만들어 낸 사람들은 그 나름의 목표를 달성한 셈이다. 바로 우리말을 제대로 파괴한 것이다. 만약 노출이 심한 의상을 입은 여성이 파괴한 것이 있다면 추울 때는 그런 옷을 입지 못할 것이라는 일반인의 고정관념 또는 상식일 것이다. 조금만 생각을 해도 우리말다운 표현을 쓸 수가 있는데 그러지 않는 그들이 정말로 안쓰럽기만 하다.

계절을 잊은 노출
계절이 무색한 노출
계절을 모르는 노출
계절이 따로 없는 노출
계절을 잊게 하는 노출
계절에 아랑곳 않는 노출
계절이 두렵지 않은 노출
계절을 앞서 가는 노출
계절을 비웃는 노출
추위를 날려 버린 노출
추위를 녹여 버린 노출
여름을 방불케 하는 노출
추울수록 뜨거워지는 노출

위에 예시한 것처럼 얼마든지 문법에 맞는 자극적인 표현(?)이 가능하다. 물론 노출보다는 옷차림이라고 쓰는 것이 백배 낫다.

한 개인이 꼴사납거나 비도덕적인 언행을 함으로써 명예나 이미지가 손상되면 '망신하다, 망신당하다'라는 표현을 쓴다. 그런데 그 사람의 언행이 아주 심하게 문제가 있으면 그 사람의 소속까지 더럽힐 수가 있다. '집안을 망신시키다, 부모 이름에 똥칠하다'라는 표현은 그래서 나온 것일 것이다. 그 사람은 엄연히 개인이지만 한 집안을 대표한다고 보기 때문이다.

그리고 그 사람이 외국에 나가면 자연스럽게 그 사람이 소속한 나라를 대표하게 된다. 따라서 그 사람이 외국에 가서 불미스러운 짓을 하면 경우에 따라 해당 국가에서는 그 사람뿐만 아니라 그 사람이 속한 나라까지 욕할 수도 있다. 그렇게 되면 그 사람은 자기 나라를 망신시키게 된다. 만약 나라까지 망신시킬 정도가 아니었다면 그냥 '외국에서 망신을 당하다'라는 표현이면 충분할 것이다. 이를 가지고 '국제 망신, 국제적 망신'이라고 비화시킬 필요는 없을 것이다. 국제라는 말은 두 나라 이상이 관련이 있는 경우에 쓰는 말이다.

옛날 노래 중에 위 제목과 같은 노래가 있다. 이 제목은 문제가 없을 수도 있고, 있을 수도 있다. 형용사 '굳세다'에 붙은 어미 '-어라'가 어떤 의미인지에 따라 맞을 수도 있고 틀릴 수도 있는 것이다. 사전을 찾아보면 '-어라'는 명령 또는 감탄을 나타내는 어미이다. 위 제목이 뜻하는 바가 금순이라는 사람의 굳셈에 대해 감탄해 마지않는다는 뜻이라면 아무런 문제가 없을 것이다. 그러나 노랫말을 살펴보면 금순이라는 사람이 굳세다는 내용은 나오지 않는다. 가사의 내용을 고려한다면 '굳세어져라, 금순아'라는 제목이 더 어울린다. 왜냐하면 형용사 뒤에 명령형 어미가 결합할 수 없기 때문이다.

그 밖에 우리가 종종 사용하는 '정숙하세요, 침착하세요'도 형용사를 이용한 명령문이기 때문에 바른 말이 아니다.

꼼짝 말고 손들어

이 말은 '문 닫고 들어와' 하는 말과 함께 어순이 뒤바뀐 문장의 대표적인 예로 꼽힌다. 이 말은 '꼼짝 마'와 '손들어'라는 두 문장이 합쳐진 문장인데, 물론 두 가지 동작을 동시에 하라는 의미는 아니다. 그러므로 '꼼짝 말고 손들어'라는 표현은 오류가 없는 문장이다. 이 말은 주로 경찰관이 범인에게 하는 말이다. 꼼짝 말라고 하는 것은 하던 동작을 멈추라는 뜻이다. 군대에서 많이 쓰는 표현인 '동작 그만'이라는 의미이다. 따라서 경찰관이 범인에게 '자신이 경찰임을 알리고 하던 동작을 멈추고 경찰관의 그다음 지시에 따를 준비를 하라'는 예비 명령(예령)이라고 봐야 한다. 물론 불가능한 일이지만 꼼짝하지 말라는 명령을 돌처럼 굳어 버리라는 뜻으로 해석할 수는 없다.

외국의 사례를 들긴 좀 뭐하지만, 외국 영화를 보면 경찰관이 범인을 체포할 때 '꼼짝 마. 손들어. 뒤로 돌아.' 하는 대사가 종종 나온다.

눈으로만 보세요

　박물관 같은 데를 가면 으레 붙어 있는 안내문이 있다. 바로 사람들의 손길이 닿으면 훼손되거나 변색되기 쉬운 전시물에 붙어 있는 '눈으로만 보세요'라는 안내문 말이다. 그런데 이 표현은 아쉬움이 조금 남는 표현이다. '눈으로만 보세요'라는 안내문을 붙인 것은 분명 '보는 것은 괜찮지만 만지는 것은 안 된다'는 내용을 전달하고자 함이었을 것이다. 그렇다면 조사 '만'은 조금 엉뚱한 위치에 있는 셈이다. '눈으로 보기만 하세요'가 적당한 표현 아닌가 싶다.

　우리말은 조사의 위치에 따라 뜻이 많이 달라진다. 감각기관 중 눈은 보는 데 쓰이고, 손은 만지는 데 쓰인다. 따라서 '손' 말고 '눈'을 너무 강조하려다 보니 '눈으로만'이라는 표현이 나온 듯하다. 눈 말고 다른 감각기관을 이용해 볼 수도 있을 때 '눈으로만 보라'는 표현이 가능할 것이다. '축구 경기는 손을 이용하지 않고 발로만 공을 다루는 경기이다'라는 문장을 생각하면 이해가 갈 것이다. 어쨌든 '만지지 마세요'라는 위압적인 문장보다는 훨씬 낫기는 하다.

떡사리

사리를 사전에서 찾아보면 '국수나 새끼, 실 따위를 동그랗게 감아 놓은 뭉치'라고 설명해 놓았다. 따라서 국수 사리, 냉면 사리라는 말은 올바른 말이다. 보통 식당에서 면이 들어간 음식을 다 먹고 나서 더 먹고 싶을 때 추가로 면 사리를 주문하게 된다. 부대찌개에는 보통 라면이 들어가는데, 라면도 면의 한 종류이기는 하지만 사전상 설명대로라면 '라면사리'라는 말은 잘못된 말이다. 일반적인 '면 사리'와는 형태가 다르기 때문이다.

그런데 식당에 가 보면 라면사리도 부족해서 떡사리, 햄사리가 등장했는가 하면 사리의 종류가 21가지라고 광고하는 식당도 있다. 아마도 사람들은 주요리에 추가할 수 있는 음식 재료를 사리라고 생각하는 듯하다. 실제로 식당에서 떡사리라고 내놓는 것은 시중에서 파는 떡볶이용 떡이었다.

뜨거운 감자

'뜨거운 감자'는 영어 'hot potato'를 직역한 말이다. 그러나 이 말은 형태만 한글이지 우리말이 아니다. 우리나라 사람들은 뜨거운 감자를 호호 불어 가면서 맛있게 잘만 먹기 때문이다. 한국 사람들은 추울 때에는 입천장이 데거나 말거나 뜨거운 국물이 있는 음식을 찾고 밥을 다 먹은 다음에도 뜨거운 숭늉으로 입가심한다. 추운 겨울철에 그저 따뜻한 밥 먹고 잘잘 끓는 아랫목에 누워 있으면 세상 부러울 게 없었다. 그리고 예전부터 겨울날에는 군감자와 군고구마가 정말로 별미였다. 군감자를 뜨겁다고 먹지 않고 다 식은 다음에 먹으면 맛이 없다. 당연히 한국 사람들은 군감자와 군고구마는 손을 델 각오를 하고서라도 뜨거울 때 먹는 것이 가장 맛있다고 생각한다.

이런 문화를 물려받은 한국에서 '뜨거운 감자'와 '번거롭고 귀찮은 문젯거리'는 전혀 어울리지 않는다. 합리주의를 지향하는 서양에서는 맛은 둘째 문제이고 뜨거운 감자는 당연히 식혀서 먹고, 음식을 먹고 나서도 입가심하기 위해 여름이나 겨울이나 냉수를 마신다. 그런 나라에서는 '뜨거운 감자'라는 말은 '모든 사람이 기피하는 것'이라는 의미가 충분히 도출될 수 있을 것이다. 서양에서 쓰이는 말을 몰래 한국에 들여와 홍행시키면서 뿌듯함을 느끼는 일은 제발 하지 않았으면 좋겠다.

영어를 직역해 쓰는 말 중에 '좋은 아침'이란 것도 있다. 영어를 쓰는 사람에게는 'Good morning'이 인사로 들리겠지만 한국인에게는 결코 '좋은 아침'은 인사로 들리지 않는다. '좋은 아침'은 절대로 우리말이 아닌 것이다. 그나마 의미로는 '밤새 안녕히 주무셨어요?'로 번역해야 할 듯싶다. 우리말에서는 인사말인 '진지 잡수셨어요?'를 영어로 직역해 보라. 그게 어디 인사말인가?

'많다'의 높임말에는 '많으시다'와 '많이 계시다'가 있다. 많다의 높임말은 무조건 '많으시다'가 아니라는 얘기이다. '많다'가 ⁽사람이⁾ 많이 있다'의 의미로 쓰일 때에 높임을 나타내는 표현은 '많이 계시다'라는 것을 기억해 두자.

철수는 나이가 많다.

할머니는 연세가 많으시다.

영수는 형제가 많다.

영수 아버지께서는 형제가 많으시다.

방에 어르신들이 많으시다.(×)

방에 어르신들이 많이 계신다.(○)

요즘 등산을 하시는 분들이 많으십니다.(×)

요즘 등산을 하시는 분들이 많이 계십니다.(○)

'늦다'는 일정 기준을 지나친다는 뜻을 포함하고 있고, '느리다'는 질질 끈다는 뜻을 내포하고 있다. 늦다는 무언가를 시작하는 시기 또는 각 발달 단계의 시기와 관련된 말이고, 느리다는 속도와 관련된 말이다. 따라서 '말이 늦다'는 것은 말하기 시작하는 시기가 다른 아이

보다 늦었거나, 말하는 능력이 또래보다 뒤떨어져 있다는 의미이다. 반면 '말이 느리다'는 것은 발음을 천천히 하여 같은 내용을 말하는데 다른 사람보다 오랜 시간이 걸린다는 뜻이다. 따라서 '우리 아이는 또래에 비해 말이 느려서 걱정이에요'라는 말은 틀린 말이다.

이 시계는 표준시보다 10분 늦다.
우리 애가 또래보다 말이 많이 늦어서 걱정이에요.
오늘은 식사 시간이 많이 늦었군요.
우리 반은 수학 과목의 진도가 다른 반보다 늦다.

철수는 말을 느리게 해서 듣고 있으면 답답하다.
예전에는 사회 변화 속도가 느렸다.
김 선생님은 같은 내용을 상세히 설명하다 보니 진도는 느린 편이다.

맥주 맛의 9할은 신선함

한 맥주 회사의 광고에 등장한 문구이다. 자사 맥주가 아주 신선하다는 것을 강조하기 위해 만들어 낸 문구로 보인다. 예전에도 좋은 맥주를 만들기 위해서는 좋은 물을 사용해야 된다는 광고가 있었다. 지하 암반수로 맥주를 만든다는 광고가 언뜻 기억난다. 아마 같은 회사이지 싶다. 어쨌든 식상함을 거부하는 시청자들을 위해서 '맥주 맛은 신선함이 좌우한다'라는 문구는 차마 내보낼 수 없었을 것이라는 건 조금 이해가 간다.

그러나 9할이라는 말은 의미가 와 닿지 않고 생뚱맞다. 어떤 연구 결과를 인용한 것은 당연히 아닐 테고 아마도 그냥 집어넣은 말일 것이다. 혹시라도 맥주를 마시는 사람들을 상대로 어떤 맥주가 가장 맛있는 맥주인지 조사해서 나온 결과라면 백번 인정할 수도 있다. 오히려 나에게는 이렇게 근거 없이 숫자를 동원하는 광고가 식상할 뿐이다. 유해한 세균 99.9%를 제거해 준다는 광고 문구만큼이나 믿을 수 없다.

목욕합니다

목욕탕 앞에는 으레 '목욕합니다'라고 써 놓은 작은 간판이 놓여 있다. 물론 영업하는 날에만 세워 놓는다. 이 간판을 보고 사람들이 목욕탕이 영업을 하는지 안 하는지 한눈에 알 수 있다. 그러나 '목욕합니다'라는 말은 바른 표현이 아니다. 목욕탕 주인이 목욕하는 중이라는 뜻이 되고 만다. 목욕탕이 열려 있다는 뜻이 되려면 '목욕 됩니다'라고 써 놓아야 한다. 아니면 '목욕탕 (영업)합니다'라고 해야 적절한 말이 된다. 식당 앞에 '아침 식사 됩니다'라고 써 놓은 것과 같은 이치이다. '아침 식사 합니다'라고 써 놓으면 주인이 식사 중이라는 말이 된다.

우리는 '누구보다도, 무엇보다도'라는 말을 잘 쓴다. 결론부터 말하면, '누구보다도, 무엇보다도'는 우리말이 아니다. 영어를 좋아하는 사람들이 만들어 낸 말일 뿐이다. 영문을 우리말로 해석하기 위해서 존재하지도 않는 말을 생산하였고, 우리는 학교 영어 시간에 그것을 달달 외워서 그게 우리말인 줄 알고 있을 뿐이다.

사전을 찾아보면 알겠지만, '누구'나 '무엇'은 불특정 다수를 가리키는 말이 아니다. 그리고 우리말에는 비교급 형태를 띤 최상급 표현이 없다. 굳이 비교급 형식을 취한 최상급 영어 표현을 직역한다면, '어떤 사람보다도, 어떤 것보다도'를 써야 할 것이다. 우리말에서 최상급을 표현하는 말은 '가장, 제일, 최고, 최대, 최다, 최장, 최신' 등이다. 다양한 영어 표현을 한글로 직역만 해 놓으면 우리말이 된다고 생각하는 오만함이 우리말을 병들게 해 왔다. 당연한 말이지만, 영문학자들은 영어를 잘하는 사람들이지 우리말을 잘하는 사람이 아니다. 우리말을 잘하지도 못하는 그들이 우리말을 짓밟은 셈이다. 무슨 권리로 그렇게 했는지 모를 일이다.

언어는 한마디로 습관이다. 영어 시간에 배운 뒤틀린 우리말 해석이 자연스럽게 학생들 입에 배게 되고 마침내는 우리말이 되어 버린다. 지금이라도 학교 영어 교육을 바로잡아야 할 것이다. 한번 들인 습관은 좀처럼 버리기 힘들다. 그래서 처음부터 좋은 습관을 들여야 하는 것이다.

영수는 자기 반 누구보다도 영어를 잘한다.(×)

영수는 자기 반에서 가장 영어를 잘한다.(○)

철수는 고양이를 무엇보다도 사랑한다.(×)

철수는 고양이를 제일 사랑한다.(○)

무엇보다도 그 사람은 전과가 있다.(×)

백번 양보하더라도 그 사람은 전과가 있다.(○)

무엇보다도 과일은 달아야 맛있다.(×)

뭐니 뭐니 해도 과일은 달아야 맛있다.(○)

그는 착하기도 하지만 무엇보다도 끈기가 있다.(×)

그는 착하기도 하지만 끈기가 있다는 것이 큰 장점이다.(○)

문외한 : 문외하다 : 무뢰하다

사실 나는 한자어를 되도록 쓰지 말아야 한다고 생각하는 사람이다. 사람들이 순우리말이 있는데도 굳이 한자어를 고집하는 데는 분명 이유가 있을 것이다. 한자어가 전문어 또는 고급어로 통하다 보니 한자어를 쓰면 유식해 보이기 때문이기도 하겠지만, 사회 분위기가 그렇다 보니 자신이 한자어를 안 쓰면 유식하지 않음을 넘어 무식해 보일 수도 있다는 생각에 미치게 된다. 따라서 얼핏 아는 정확하지 않은 한자어를 인용하게 된다. 그래서 다양한 아종 표현이 난무하고 있다. 지금 이 부분을 쓰기 위해 인터넷을 찾아보니 사람들이 자기만 아는 이상한 표현을 너무도 당당하게 쓰고 있다는 것을 알게 됐다.

사전에 실려 있는 말은 '문외한'과 '무뢰, 무뢰한, 무뢰배' 등이다. 문외한은 어떤 분야에 대해서 잘 모르는 사람이라는 뜻이고, 무뢰, 무뢰한, 무뢰배는 막돼먹은 악당(들)을 의미한다. 사람들이 인터넷에서 쓰고 있는 말들은 그 의미를 구별할 수 없을 정도로 함부로 쓰고 있었다. 문외안, 무뢰안 등 오기 표현도 있지만, 무뢰하다, 문외하다(무뢰하다?) 등 파생 형용사까지 쓰고 있었다. '어떤 것에 대해 잘 모르는 것'과 '무식하다, 무례하다, 막돼먹다' 등이 구별 없이 사용되고 있는 것이다.

이렇게 뜻도 명확하게 모르는 한자어를 남용하는 것보다 순우리말을 살려서 쓰는 것이 더 나을 것이다. 국어사전에 실린 단어 중 순우리말의 비율도 대단히 낮거니와 그나마 우리는 그 말들에 대해서 잘 알지도 못하고 잘 사용하지도 않는다. 우리가 사전에 실린 순우리말을 살려서 사용하지 않으면 어떻게 되겠는가? 아마도 풀이난에 옛말이라는 표시가 덧붙을 것이다. 무뢰라는 한자어 명사에 우리말 접미사 '-하다'를 붙여서 '무뢰하다'라는 형용사를 만들어서 많은 사람들이 그것을 써서 표준어가 된다면, 또다시 한자어 하나가 사전에 추가되는 것이다. 계속 그런 현상이 반복되면 우리들이 쓰는 순우리말은 조사, 접미사, 감탄사, 의존명사밖에 안 남을 것이다.

발렌타인 30년산

외국산 비싼 위스키에는 원액을 숙성한 기간이 병에 표시돼 있다. 흔히 30년 숙성된 술을 '30년산'이라고 부르는데 그것은 바른 표현이 아니다. 예를 들어 '1930년산'이라고 한다면 1930년에 생산되었다고 뜻으로 짐작할 수도 있지만, 그냥 30년산이라고 하면 서기 30년에 생산되었다는 뜻이 되기 때문에 말이 안 된다. 따라서 30년산이 아니라 '30년 숙성' 아니면 그냥 '30년'이라고 하면 되겠다.

사전을 찾아보면 접미사 '-산産'은 장소 뒤에 쓰여 원산지를 표시하는 말이다. '외국산, 국내산, 미국산' 등이 그 예이다. 참고로 '6년 근 인삼'이라는 표현은 '6년 동안 자란 인삼'이라는 뜻으로 쓰인다.

발자국 소리

다른 사람이 걸어오는 소리를 '발자국 소리'라고 하는 사람이 굉장히 많다. 그러나 자국은 흔적이라는 뜻일 뿐이다. 칼자국, 핏자국, 손자국 등은 모두 앞의 말이 남긴 흔적을 의미한다. 물론 발자국을 내기 위해서는 걸음을 걸어야 하고 그러다 보면 소리도 날 것이다. 아마도 연상작용이 일어나 그 소리를 발자국 소리라고 부르게 된 듯싶다. 하지만 그 소리가 발자국이 내는 소리는 아니기 때문에 발자국 소리라는 말은 맞지 않는다. 바른 말은 '발소리', '발걸음 소리'이다. 발자국은 걸음의 수를 나타내는 발짝 대신으로도 사용되는 경향이 있다. 이렇듯 상대적으로 자주 쓰이는 말들의 의미가 급속도로 확장되는 것은 현대 국어의 특징이다.

> 한밤중에 집 바깥에서 웬 발자국 소리가 들려 왔다.(×)
> 한밤중에 집 바깥에서 웬 발소리가 들려 왔다.(○)

100년 만의 추위

방송을 보다 보면 자극적이고 과장된 표현이 넘쳐난다. 2000년대 들어와 기록적인 폭설과 추위가 찾아온 것은 사실이다. 그런데 언론에서는 그것을 가리켜 '100년 만의 추위, 100년 만의 폭설'이라고 명명하였다. 그런데 이 표현은 알고 보면 잘못됐다. 지난 99년 동안 추위나 폭설이라고 부를 만한 기상 현상이 없었다면 말이 될 수 있다. 그러나 누구나 알다시피 지난 99년 동안 절대로 그런 일이 없지는 않았다. 당시 100년이라는 말을 쓴 것은 기상 관측이 100여 년 전부터 실시되었다는 것에 착안해 쓴 말이었으며 별다른 의미가 없었다. 단지 1900년대 초 기상 관측이 처음으로 실시된 이래 가장 낮은 온도와 가장 많은 적설량를 기록했다는 의미였을 뿐이다. 따라서 '100년 만의 추위, 100년 만의 폭설'은 '100년 내 최고 추위(최저 기온), 100년 내 최고 적설량' 등의 표현으로 바꾸는 것이 올바르다.

그러나 만약 1911년도에 강추위(예를 들어 영하 20도 미만)가 왔었고 2011년도에 다시 영하 20도 미만의 추위가 왔다면(물론 1912년부터 2010년까지는 영하 20도 미만으로 떨어진 적이 한 번도 없을 경우), 100년 만의 강추위라는 표현을 쓸 수 있을 것이다.

또 경제 관련 뉴스를 보면 '경제성장률 5년 만에 최저'와 같은 표현도 심심치 않게 볼 수 있다. 아마도 이 기사의 내용은 '경제성장률이 5년 전보다는 높지만 최근 5년(대상 연도 포함) 내 경제성장률 중에서 최저를 기록했다'는 의미를 전달하고자 했을 것이다. 그러나 이런 경우에 의존명사 '만'을 사용하는 것은 적절하지 않다. 마찬가지로 '5년 만에 최저'도 '5년 내 최저'로 바꾸어야 한다.

우리는 대단히 훌륭한 사람을 가리켜 '100년에 한 명 나올까 말까한 사람'이라고 한다. 그런데 그 사람을 '100년 만의 사람'이라고 부르지는 않는다. 혹시 100년 전에 사망한 사람이 환생한다면 '사망한 지 100년 만의 환생'이라는 표현을 쓸 수는 있을 것이다. 위에서 '100년 만의 추위'는 아마도 '100년에 한 번 올까 말까 한 추위'라는 뜻으로 썼을지는 모르나 여전히 어법에 맞지는 않는다. '헬리혜성이 76년 만에 지구 근처로 되돌아온다'는 말은 '76년 전에 왔던 바로 그 혜성이 다시 온다'는 의미라는 것을 되새기면 이해할 수 있을 것이다.

의존명사 '만'은 아래에서 보는 것처럼 시간의 기산점에서부터 다른 사건이 일어날 때까지 경과한 시간, 또는 같은 사건이 반복되었을 때 그 시간 간격(주기)을 나타낼 때 사용된다.

그는 한국을 떠난 지 20년 만에 처음으로 한국을 찾았다.

철수는 사업을 시작한 지 5년 만에 흑자를 달성하였다.

프로 야구 출범 후 32년 만에 처음으로 한 시즌 200안타 기록이 나왔다.

프로 야구 한 시즌 50홈런 기록이 2003년 이후 11년 만에 다시 나왔다.

겨울철 기온이 영하 20도를 기록한 것은 올해로 네 번째이며, 지난 2000년 이후 10년 만이다. 영하 20도를 기록한 해는 1952년, 1986년, 2000년, 그리고 올해이다.

2011년 1월은 100년 만에 가장 추웠다.(×)

2011년 1월은 기상 관측을 실시한 1904년 이래 가장 추웠다.(○)

2010년 수출 증가율이 4년 만에 가장 높았다.(×)

2010년 수출 증가율이 4년 내 가장 높았다.(○)

부적절한 행위

'부적절하다'는 '적절하다'의 반대어이다. '적절하다'는 우리말 '알맞다'로, '부적절하다'는 '알맞지 않다, 올바르지 않다, 걸맞지 않다'로 대신할 수 있기 때문에 굳이 쓰지 않아도 되는 말이다. 그래서 사람들이 평상시에 별로 쓰지도 않던 말이다. 학교 다닐 때 객관식 시험 문제에서나 보았던 말이다.

내가 알기론 미국의 한 정치인이 차마 해서는 안 되는 '부도덕하고 비양심적인 행동'을 하고서 그 행위의 심각성을 희석하기 위해 만들어 낸 말이다. 예를 들어, 한 나라의 대통령이 대통령답지 않게 집안일만 너무 돌보고 나랏일을 등한시한다면 그 사람은 대통령으로서 '부적절한 사람'이라고 해도 될 듯싶다. 그런데 문제가 된 그 사람은 그런 차원을 뛰어넘은 사람이었다. 그 사람이 정치적인 의도로 쓴 말은 한국에서까지 대유행하였고 지금도 그렇다. 한국에서는 '부적절한 행위'가 곧 '비리'나 '비행'을 아주 부드럽게 포장하는 말이 돼 버렸다.

다른 사람이 잘못을 하면 그 잘못에 대해서 따끔한 질책을 해야지 다시는 그런 잘못을 하지 않을 것이다. 말을 돌려서 하는 것은 잘못을 감싸는 것밖에 안 된다. 그러나 이렇게 부도덕하거나 뻔뻔하며, 자신의 신분에 걸맞은 자질을 갖추지 못하고 양심조차 없는 사람의 말과 행동을 가리켜 완곡하게 '부적절한 말, 부적절한 행동'이라고 표현하는 것은 그야말로 부적절하다. 그런 사람의 잘못된 말과 행동을 단순히 부적절하다고 표현하는 것은 그 사람의 잘못을 감싸는 것밖에 안 된다. 그런 표현을 쓰는 사람들은 한패라고 보아도 무방하다. 잘못을 잘못이라고 할 수 있어야 올바른 사회가 아닌가. 배려는 배려받을 자격이 있는 사람한테나 해당되는 말이다.

정치인들이 잘 쓰는 말이 또 있다. '참으로 유감이다', '심심한 ○○를 표한다' 등은 참으로 무덤덤한 말이다. 말하는 사람도 그렇겠지만 말을 듣는 사람도 아무런 느낌이 없는 말이다. 물론 정치인들은 의도적으로 그런 말을 할 것이다. 이런 말들이야 '부적절하다'는 말에 비하면 아무것도 아니다.

비정상의 정상화

현대인들은 조사 '의'를 무척이나 사랑한다. 의를 많이 쓰는 것은 영어와 일본어를 직역하다 보니 생긴 습관인 듯하다. 의를 많이 사용한글은 불량품이라고 보면 된다. 외국어를 짜인 공식에 따라 직역하는 것은 너무나 쉽다. 사전만 있으면 누구나 할 수 있다. 따라서 외국어를 직역하는 것은 싸구려 해석인 것이다. 그것은 죽도 밥도 아닌 말이다. 외국어를 우리말다운 우리말로 옮기는 것이 고급 해석인 셈이다. 혹자는 영어를 직역하는 것의 장점을 부각하여 애써 자신들의 잘못을 덮으려고 들지도 모른다. 영어라는 언어가 저작권으로 보호받는다면 직역은 저작권법 위반에 해당한다. 영어의 다양한 표현을 여과 없이 우리말로 옮기는 것은 표절을 뛰어넘어 훔치기에 해당한다. 그것은 우리말을 풍성하게 하는 것이 아니라 학대하고 망가뜨리는 일일 뿐이다.

그동안 학교에서 배운 영어가 죽은 영어라는 사실에 많은 사람들이 충격을 받곤 한다. 마찬가지로 우리가 그동안 학교에서 배운 국어 과목은 수험 국어였다. 영어는 사회에 나와서도 계속 공부하면서 우리말 공부는 왜 안 하는 것일까? 국어 시간에 배운 것들이 우리말 실력과 별 관련이 없다는 것을 분명히 깨달았을 텐데. 그 사실을 깨달았다면 당장 우리말 공부를 시작해야 한다. 영어는 안 되는 줄 알면서도 계속 매달리고, 우리말은 학교 다닐 때 배울 만큼 배웠는데도 안 되니까 포기한 것일까? 아니면 우리말은 못해도 비난하는 사람이 없으니까 그러는 건지도 모른다. 아니면 우리말에 대해서는 더 배울 것이 없다고 생각하는 사람들도 있을 수 있다. 그렇다면 그것은 대단한 자만이다.

어쨌든 외국어 공부를 깊게 하려면 그에 발맞춰 우리말 공부도 깊게 해야 한다. 외국어 표현이 절대적인 것으로 착각할 가능성이 높아지기 때문이다. 말이라는 것은 상대적인 것이지 어떤 언어가 다른 언어보다 더 우월하지는 않다. 외국어나 우리말이나 의사 소통을 하는 수단일 뿐이지 남한테 과시하기 위한 것이 아니다. 우리말 공부와 외국어 공부를 같이 함으로써 그러한 생각을 떨쳐 낼 수 있을 것이다. 그리고 일반적으로 모국어보다 외국어를 더 잘한다는 것은 있을 수 없는 일이다. 우리말 실력이 뒷받침된 사람이 외국어도 잘할 수 있다. 우리말도 제대로 하지 못하는 사람이 외국어를 잘할 수 있다는 것은 한마디로 어불성설이다. 부족한 우리말 실력을 외국어 실력으로 보충하려는 것은 진정한 허세이다.

우리말을 외국어 번역을 위한 도구로 전락시키는 것은 사대주의 사상에서 비롯한 것이다. 역사를 공부해 본 사람들은 사대주의에 빠진 민족의 운명이 어떤지를 잘 알 것이다. 이 땅에 외국어를 흠모하는 사람들이 많다는 것은 사대주의 사상에 빠진 사람들이 그만큼 많다는 방증이다. 우리말이 무너지면 우리에게 미래는 없다는 것을 명심하자. 우리말을 가꾸고 보전하는 일은 국어학자들만의 몫이 아니라 이 땅에 사는 모든 사람들이 해야 할 일이다.

비호감

호감이나 혐오감은 둘 다 외모를 평가하는 말이 아니라는 공통점이 있다. 어떤 사람이나 대상에 대한 감정과 관련된 말이다. 그런데 얼마 전부터 비호감이라는 말이 외모를 평가하는 말로 쓰이고 있다.

아마도 미남, 미녀가 아닌 사람을 지칭하는 말로 쓰이는 것 같다. 미남이나 미녀의 반대말은 각각 추남, 추녀이고 이 말들은 비호감이 나타나기 전까지 멀쩡히 쓰이던 말이다. 생각건대 비호감이라는 말이 추남과 추녀를 밀어내고 그 자리를 차지하게 된 것은 외모지상주의 풍조와 관련이 있다. 잘생기거나 예쁜 사람을 보면 호감을 느끼고, 못생긴 사람을 보면 비호감을 느끼는 것이 당연하기(?) 때문에 비호감이 외모가 못생겼음을 의미하게 되었다는 생각이 든다.

사실 인상이 좋다는 것은 꼭 잘생기거나 예뻐야지 쓸 수 있는 표현은 아니다. 인상이 좋으면 상대방에게 호감을 느끼게 할 수 있다. 물론 인상이 좋지 않은 사람은 상대방에게 호감을 느끼게 하지 못할 것이다. '상대방에게 호감을 느끼게 하지 못하는 것'을 줄여서 비호감이라고 표현한 듯하다. 그러나 앞에서도 얘기했듯이 인상이 좋지 않다는 것은 못생긴 것하곤 다르다. 비호감이라는 말이 유행하는 것은 사회적으로 큰 문제일 수밖에 없다. 못생긴 사람을 보면 그 사람의 내면과 관계없이 보는 사람으로 하여금 불쾌한 감정을 느끼라고 강요하기라도 하는 듯하다. 외모가 뛰어나지 않으면 절대로 다른 사람에게 호감을 주지 못한다는 말처럼 들린다.

문법상으로도 비호감이라는 말은 문제가 있다. 아무 단어 앞에나 접두사를 붙일 수 있는 것이 아니기 때문이다. 접두사를 남발하는 것은 편리한지는 모르지만 전혀 우리말답지 않기 때문이다. 만약 '호감'이 '잘생기거나 예쁘다'는 뜻이라면, 그 호감의 반대말은 무엇일까? 이 경우에 '악감'이나 '악감정'은 반대말로 적절치 않을 것 같다. '혐오감'이 아닐까 싶다. 너무 심한 말인가?

　뉴스를 보다 보면 '빠르면' 또는 '이르면' 등의 말을 종종 들을 수 있다. 앞으로 일어날 어떤 사건을 보도할 때 쓰이는 말인데, 예전에는 '빠르면'을 많이 썼는데 요즘은 '이르면'을 많이 쓰는 것 같다. 우리는 '빠르다'는 '느리다'의 반대말로, '이르다'는 '늦다'의 반대말로 알고 있다. 그런데 '빠르다'는 비교 대상이 있거나 없거나 간에 쓸 수 있지만, '이르다'는 비교 대상이 없을 경우에 쓰는 데 제한이 따르는 말이라는 것을 알아 둬야 한다. 예를 들어, '이르면 다음 주, 늦으면 다다음 주에 ~을 발표'라는 표현은 가능하지만, '이르면 다음 주에 ~을 발표'라는 표현은 어색하다. 뒤의 말은 비교 대상이 없기 때문이다.

　사전을 찾아보면 '빠르다'의 일차적인 뜻은 '짧은 시간 내에 동작이나 작용이 일어나다'라는 뜻이고, '이르다'는 '어떤 시기가 일반적인 시간이나 예상한 시간보다 앞서 있다'라는 뜻이다. 따라서 '빠르면'이라는 표현은 '현재로부터 가장 짧은 시간 내에 어떤 사건이 일어난다면'이라는 의미로 볼 수 있다. 따라서 이 '빠르면'을 '잘하면'으로 바꾸어도 의미가 달라지지 않는다.

　'이르다'를 비교 대상 없이 쓸 수 있는 경우는 '아직은 적절한 때가 아니므로 좀 더 기다려야 한다', '일반적인 관습에 따를 때 적정한 시기보다 앞서다', '기대한 시각보다 앞서다' 등의 뜻으로 쓰일 때이다. '이른 봄이어서 아직 꽃이 피지 않았다', '한 번 실패한 것이므로 아직 포기하기에는 이르다', '그는 이른 시각에 우리 집을 방문했다' 등이 그 예이다.

　그런데 언어는 시간이 지나면서 필연적으로 변하게 돼 있다. 사람들은 '이르다'보다 '빠르다'를 선호해 왔으며, '빠르다'를 선호함에 따라 '빠르다'는 의미가 확장돼 왔다. 이는 한국인이 유독 '빨리빨리'를 좋아하는 것과도 무관하지 않을 것이다. '빠르면 빠를수록 좋다', '빠른 시일 내에'라는 말은 우리가 일상적으로 쓰는 말이 돼 버렸다. 표준국어대사전을 찾아보면 '빠르다'의 셋째 의미로 '이르다'의 뜻인 '어떤 시기가 도래하지 않다'를 설명하고 있다. 그것은 '빠르다'가 '이르다'를 대체해 가고 있다는 명백한 증거이다. 또 부사 '일찍' 대신에 '빨리'가 쓰이는 경우도 있다.

한편 '이르다'는 '시간상 무르익지 않았다'라는 의미를 담고 있어 다소 부정적인 어감이 내재돼 있다. 일상생활에서 '빠르면 빠를수록 좋다'는 말을 쓰지, '이르면 이를수록 좋다'는 말은 거의 쓰지 않는다. 또 우리는 '하루라도 빨리'라는 말도 자주 쓰고 있다. 따라서 많은 사람들이 사용하고 있는 '빠르다' 대신에 굳이 '이르다'를 쓰라고 할 근거가 없다고 할 수 있다. 사전을 찾아보면 '하루빨리, 하루속히, 하루바삐'를 '하루라도 빨리'로 설명해 놓은 것도 확인할 수 있다.

마지막으로 '빠르면'을 '어떤 일의 준비 과정이 순조로우면(속도가 빠르면)'이라는 의미로도 해석할 수 있다. 어떤 일을 하는 데는 항상 준비 과정이 필요하다. 이 준비 과정이 순조롭게 빨리 진행될수록 어떤 제도나 정책의 시행이 앞당겨질 것이다. 일상생활에서도, 아는 사람이 '나 다음 달에 결혼해'라고 하면 아마도 듣는 사람의 반응은 '와, 그렇게 일찍?'이 아니라 '와, 그렇게 빨리?'일 것이다. 더군다나 좋은 제도나 정책의 시행과 관련하여 기사를 내보낼 때 '이르면'보다는 '빠르면'을 쓰는 것이 내용을 전달하는 데 더 효과적이지 않겠는가?

아마도 산에서 낙지를 구할 수 있는 시대가 오면 당당히 '산山낙지'라는 말을 쓸 수 있을 것이다. 그런데 시중에 있는 산낙지는 '산에서 구해 온 낙지'가 아니라 '살아서 꿈틀거리는 낙지'를 가리키는 말이다. '산'은 동사 '살다'의 관형형으로 낙지를 꾸미는 말이므로 낙지와 띄어 써야 한다. 따라서 '산 낙지'나 그냥 '살아 있는 낙지'라고 지칭해야 할 것이다.

마찬가지로 '산山사람, 산山짐승'은 '산에서 사는 사람, 산에서 사는 짐승'을 의미한다. 살아 있다는 뜻을 나타내려면 '산 사람, 산 짐승'으로 표기해야 한다.

처분은 명사 뒤에 쓰여 그 명사의 내용대로 처분한다는 의미를 나타낸다. 예를 들어, 금지 처분, 보호 처분, 폐차 처분, 폐쇄 처분 등과 같이 쓰인다. 물론 '가처분假處分'처럼 '처분' 앞에 접두사가 붙어 이루어진 말도 있다. 그러나 한자 살殺은 접두사로 쓰이는 말이 아니며 단독으로 명사로도 쓰일 수 없다. 따라서 뉴스에 종종 등장하는 '살처분'이라는 말은 잘못된 말임을 알 수 있다. '도살 처분, 폐기 처분' 등 적절한 말을 찾아서 사용해야 할 것이다.

한국 여성의 심각한 저출산 현상에 대한 대책으로 자치단체에서는 2명 이상의 자녀를 낳았을 경우에 양육지원금을 지급하고 있다. 자치단체별로 둘째 자녀 출산 때부터 지급하는 곳도 있고, 셋째 자녀 출산 때부터 지급하는 곳도 있다. 자치단체에서는 '둘째 또는 셋째 자녀 이상 출산 시' 양육지원금을 신청하라고 홍보하고 있다. 이 문구를 눈여겨보아야 한다. 분명히 '두 자녀 또는 세 자녀 이상'이 아니라 '둘째 또는 셋째 자녀 이상'이다.

사전을 찾아보면 순서를 나타낼 때 일정 기준보다 앞에 위치한 것은 '이상'이라고 표현하고, 뒤에 위치한 것은 '이하'라고 표현한다는 것을 알 수 있다. 이에 따르면 '둘째'는 '첫째'의 이하이고 '셋째'는 '둘째'의 이하인 것이다. 따라서 위 홍보 문구에서 '이상'을 '이하'로 바꾸고 '둘째 이하 자녀, 셋째 이하 자녀' 하는 식으로 표현해야 한다. 물론 수량을 표현할 때에는 일정 수량보다 더 많은 것을 이상으로 표현한다. 아마 '두 자녀 이상, 세 자녀 이상'과 혼동한 것이 아닌가 싶다.

우리는 일상생활 속에서 길게 표현하는 것을 싫어하기 때문에 긴 말은 원칙 없이 잘라 버리기도 하고, 반대로 불필요한 말을 생각 없이 사용하기도 한다. 얼핏 모순되는 현상 같지만 우리 언어 생활에서 빈번히 일어나는 기현상이다. 예를 들어 '수십여 명, 수십여 가지, 수십여 개' 등의 말에서 접미사 '-여餘'를 넣은 것은 틀림없이 '수십'보다 더 많다는 것을 표현하기 위한 것으로 보이는데, '수십'이라는 것이 정해진 숫자가 아니기 때문에 넣으나 마나 한 경우이다. 접미사 '-여'는 확정된 십 단위 이상 숫자 뒤에 붙는 말이기 때문이다.

습관이 언어 생활을 지배한다. 한번 들인 습관은 고치기 어려우므로 처음부터 버릇을 잘 들여야 한다. 그리고 나쁜 습관은 버리려고 노력해야 한다. 이 외에도 군더더기가 들어 있는 말을 예시하면 아래와 같다.

추운 날씨에도 불구하고

→ 추운 날씨에도, 날씨가 추운데도

전쟁으로 인하여

→ 전쟁으로, 전쟁 통에, 전쟁이 일어나

비단 이것뿐만이 아니다.

→ 이것뿐만이 아니다.

불과 1년도 안 되었다.

→ 1년도 안 되었다.

보조동사 '말다'는 본동사 뒤에서 그 동사를 보조하는 역할을 하며 주로 부정 명령문을 만들 때 사용된다. 우선적으로 말다는 보조동사이기 때문에 형용사 뒤에 위치할 수 없다. '아니하다'는 보조형용사로도 쓰이기 때문에 형용사 뒤에 위치할 수 있는 것과 대조된다. 또 우리말은 영어와 달리 형용사를 이용해 명령문을 만들 수 없고, 의미상으로도 부자연스럽다. 따라서 형용사 뒤에 말다를 붙여서 부정 명령문을 만드는 것도 규정에 맞지 않는다. 그런데 종종 형용사와 말다를 이용한 명령문들이 눈에 띈다. 명령문을 만들 때에는 상황에 맞는 동사를 추가하든지 명령문이 아닌 다른 종류의 문장으로 표현하도록 하자. 그렇게 하는 것이 훨씬 우리말답다.

행복해라.(×)

행복하기를 빌어.(○)

삶에 충실해라.(×)

삶을 충실하게 살아라.(○)

인간적이어라.(×)

인간적으로 행동하라.(○)

너무 바쁘지 마라.(×)

너무 바쁘게 살지 마라.(○)

게으르지 마라.(×)

게으름을 피우지 마라.(○)

그리고 '말다'가 모든 동사 뒤에 올 수 있는 것도 아니다. 위에서도 얘기했듯이 '말다'는 주로 부정 명령문을 만들 때 사용되기 때문에 해당 동사를 이용해 명령문을 만들 수 있어야지 그 동사 뒤에 '말다'가 위치할 수 있다. 아래와 같은 동사들은 명령문에 쓰일 경우 어색하게 느껴진다. 다른 형식의 문장으로 바꾸는 것이 자연스럽다. 영어의 영향을 받아서인지 명령문 형식의 문장이 판을 치고 있다. 한글의 우수성만 인식하면 끝나는 것이 아니라, 우리말을 우리말답게 쓰려는 노력도 필요하다.

앞으로 다치지 마.

→ 앞으로 다치지 않았으면 좋겠어.

빨리 나아라.

→ 빨리 낫기를 빈다.

감기에 걸리지 마.

→ 감기에 걸리지 않기를 바라.

빙판길에 넘어지지 마라.

→ 빙판길에 넘어지지 않도록 조심해라.

안전 불감증

'불감증'은 원래 질병 이름이지만 일반적으로 '무뎌지거나 익숙해져 별 느낌이 없는 상태'라는 뜻으로 쓰인다. '무감각증'까지는 아니지만 감각이 약화된 상태를 뜻하는 '둔감증(사전에 실려 있지는 않음)' 정도의 뜻을 가진 말이다. 우리들은 물, 공기, 부모님, 자신의 가족 등 자신의 주변에 있는 것들이 소중하다는 것을 망각한 채 살고 있다. 그것은 느끼지 못한다는 의미이기도 하다. 사고를 당해 목숨을 잃은 사람의 소식을 들으면 살아 있는 것에 감사하게 되지만 그 마음도 곧 일상 속에 파묻히고 만다. 새 물건을 사면 처음엔 으레 그것을 애지중지하지만 시간이 지나면 그 감정은 시들해진다. 어르신들은 젊은 사람보다 맛에 둔감하다고들 한다. 그리고 뜨거운 물건을 직업상 만지는 사람은 다른 사람보다 뜨거운 느낌을 잘 참는다고 한다.

인간은 놀라운 적응력이 있는 동물이다. 남자라면 다 알겠지만 자유로운 삶을 살다가 때가 되면 군대에 가게 된다. 처음에는 영 낯설고 그곳에서 살 수 있을까 불안함을 느끼지만 이내 익숙해진다. 이른바 '통제 속의 자유'에 길들여지는 것이다. 독재를 나쁘다고 생각하는 사람도 정작 국가가 독재화하면 그 독재에 길들여지고 마침내 독재사회에서 살아가는 것을 즐기게 되기도 한다. '피할 수 없으면 즐기라'는 말이 나온 것도 그런 때문일 것이다. 그 정도까지는 아니더라도 독재를 예상했던 만큼 그다지 나쁘지는 않다고 생각하면서 그럭저럭 살 만하다고 여기는 사람도 생기게 된다. 어쨌거나 사전에서 설명해 놓은 불감증의 뜻은 놀랍게도 이러한 일반적인 대다수 인간의 속성을 잘 설명해 준다.

항상 사고가 일어나면 뉴스 보도에서 들을 수 있는 말이 두 가지가 있다. 그것은 '인재'와 '안전 불감증'이다. '인재'라는 말을 쓴 이유는 그 사건이 '사람이 유발한 재난' 또는 '충분히 피할 수 있었던 사고'라는 뜻일 것이다. 그렇다면 '안전 불감증'이란 말은 무슨 이유로 썼을까?

아마도 그것은 '안전에 대한 감각이 무뎌져서' 또는 '안전(=무사고)에 너무나 익숙해져서' 사고가 일어났다는 것을 꼬집기 위함인 듯하다.

　뉴스를 보도하는 사람은 그 나름대로 잇달아 사고가 터지는 원인이 뭔지 고민을 많이 했을지도 모른다. 그리고 이 현상에 좀 더 자극적이면서 새로운 이름을 붙여 안전사고의 위험성을 알리고 안전을 책임지는 사람에게 경종을 울리려는 의도가 있었을지도 모른다. 평상시에는 안전 기준을 등한시하다가 사고가 일어난 직후에는 '소 잃고 외양간 고친다'는 속담처럼 다시 한번 '안전'의 중요성을 인식하지만, 시간이 지나면 다시 예전으로 돌아가는 현상이 반복되는 현상을 정확히 간파한 것은 사실이다. 하지만 안전 불감증은 그리 참신하지도 독창적이지도 않은 말이다. 그것은 안전사고의 아류작일 뿐이다. 하기는 안전사고라는 말도 '사고' 앞에 '안전'을 덧붙인 이상한 말이다.

　그러나 안전을 책임지는 사람이 그 무뎌진 감각에 의존해서 일을 한다면 그것이 과연 상식적인 것인지 묻고 싶다. 사고가 일어날 만한 모든 곳에는 분명히 안전 기준이 있을 것이고, 안전을 책임지는 사람들에게 사고 예방을 위하여 안전 기준을 준수하는 것이 의무로 명시돼 있을 것이다. 대체로 사람들은 같은 일을 오래 하다 보면 그 일에 익숙해지고 타성에 빠지기 쉽다. 그렇지만 안전 관리자가 이러한 인간 본연의 속성을 극복하지 못한다면 사고는 매일같이 발생할 것이다. 절대로 무뎌진 감각에 의존해서 일하는 안전 관리자는 사고에 대한 책임을 면할 수 없다는 얘기이다. 음주 운전이 용서받을 수 없는 것과 마찬가지이다.

　인간이 타성에 빠지는 것을 막는 방법은 현실적으로 관련 법규와 위반한 자에 대한 처벌밖에는 없다. 안전 불감증이라는 말을 백날 떠들어 봤자 음주 운전과 각종 안전사고는 근절될 수 없다. 책임 있는 사람에 대한 강력하고도 무거운 처벌이 없다면 말이다. 한국에는 이른바 망국병으로 지칭되는 것들이 있다. 이들의 공통점은 '범죄행위'라는 것이다. 치료해야 하는 질병이 아니라 처벌해야 하는 범죄인 것이다. 각종 안전사고는 범죄의 연장선 위에 있는 것이므로 안전 불감증이라는 질병 이름을 갖다 붙일 일이 아니다. 만약 그것이 질병 이름이 아니라면 한국인의 성향을 가리키는 말인가? 가뜩이나 한국인의 불건전한 습성이 외국에까지 소문난 상황에서 일부 범죄자들의 행위를 일반적인 한국인의 습성으로 오해하게 해서는 안 될 일이다.

인간의 불감증도 분명히 사고의 원인이 될 수 있다. 그러나 안전사고의 근본적인 원인은 따로 있기 때문에 안전 불감증이란 말을 써서는 안 된다. 그 용어를 씀으로써 안전 관련 규정을 어기고 업무를 태만히 한 것이 자칫 그 말 속에 묻힐 수 있기 때문이다. 인간은 실수를 하는 것이 당연하지만 모든 실수를 용서받을 수는 없다. 사고가 일어나는 원인을 '같은 일을 오랫동안 하다 보니 감각이 무뎌지거나 그 일에 너무 익숙해진 것'으로 볼 것이 아니라, '사고를 예방하기 위한 안전 관련 규정을 제대로 지키지 않은 것'으로 봐야 한다. 다시 말하면, 사고가 일어나는 근본적인 원인은 '무사안일', '보신주의', '직무 유기' 등이다. 안전 불감증이란 말로 본질을 흐려서는 안 된다. 그것은 절대로 질병이 아니라 범법 행위에 해당하기 때문이다.

방송사에서 각종 대형 사고를 보도할 때마다 '안전 불감증'이란 말로 싸잡아 버린다면 그 기사를 접하는 시청자에게도 아무런 교훈을 주지 못하게 된다. 안전사고가 발생하면 사고가 발생한 근본적인 원인을 밝히고 그에 대한 대책을 제시해야 하는데, 매번 '인재에 의한 사고', '안전 불감증이 빚은 사고'란 말을 하는 것으로 그친다면 시청자도 그에 대해 갈수록 무감각해지기 때문이다. 그 사고가 일어난 원인을 추적해 보면 다양한 원인이 있을 수 있다. 어떻게 보면 가장 중요한 원인은 사기업의 '영리 지상주의', 공조직의 '정치 집단화'(다른 말로 인기주의) 때문일지도 모른다. 그런데도 무턱대고 안전 불감증이란 말을 쓴다면 그 방송사가 제 역할을 하고 있는지 한 번쯤 의심해 봐야 한다.

인터넷을 검색해 보면 '불감증' 시리즈가 횡행하고 있다. 불감증 앞에 아무 글자나 집어넣으면 말이 되는 줄 아는 모양이다. '폭력 불감증, 비리 불감증, 성희롱 불감증'에 쓰인 '불감'은 아마도 암묵적으로 그것을 용인하거나 그것에 관대한 현상을 가리키는 말인 듯하다. 그것도 아니면 그것의 심각성을 깨닫지 못하는 현상을 가리키는지도 모르겠다. 그럼 '도덕 불감증, 상식 불감증'은 무엇일까? 이것은 반대로 '도덕'이 아닌 '부도덕'을, '상식'이 아닌 '비상식'을 용납한다는 말인가? 그렇다면 안전 불감증은 '안전의 반대말인 안전사고를 어느 정도 용인하는 현상'쯤 되겠다. 내가 볼 때는 이 모든 것들은 '양심 불량'일 뿐이다. 양심 불량 행위에는 얼차려가 최고다. '안전벨트 불감증'이라는 말도 돌아다니던데, 이것은 '안전벨트를 매지 않아도 별일 있겠어' 하는 현상을 가리키는 말인 듯싶다. 척하면 척 알아들어야 하는 세상이니까 묻지도 따지지도 않겠다.

내 기억이 정확하지는 않지만, 1990년대에 '도덕적 해이'(moral hazard를 번역한 말)라는 말이 먼저 유행하였고 나중에 '실종' 시리즈, '불감증'

시리즈가 연달아 히트하였으며, 최근에는 '춘곤중'이 등장하였는데 이것이 곧 불감중의 뒤를 이을지는 좀 더 지켜봐야 알 수 있다. '해이'와 '실종'은 용언이 될 수 있는 말이므로 그 앞에 명사가 자유로이 놓일 수 있는 반면, 불감중과 춘곤중은 명사로만 쓰이므로 그 앞에 함부로 다른 명사를 갖다 붙이면 안 된다. 일반적으로 유행어는 생명력이 짧지만 이 유행어들은 지금까지의 추세대로라면 앞으로도 수많은 변종을 낳으며 생명을 이어 갈 것으로 보인다. 언어 생활에도 수요공급의 법칙이 존재한다는 것을 보여 주는 실례라고나 할까. 방송에 종사하는 사람들이 특종 보도 못지않게 신조어 만들기에도 꽤나 공을 들이는 것을 보면 분명히 신조어에 목말라 있는 사람들이 존재하는 것 같다.

사람들이 안전 기준을 준수하도록 하는 일은 쉬운 일은 아닐 것이다. '안전 불감중'이란 말을 씀으로써 안전의 중요성에 대해 잊고 사는 사람들에게 경각심을 일깨울 수 있을지는 모르겠지만 그것도 잠시뿐이다. 어떤 사람은 오히려 기발한 작명이라고 칭찬할지도 모르겠다. 하지만 간결하고 명확하지만 오랫동안 여운이 남는 말이 힘 있는 말이라고 나는 믿는다. 그리고 말의 진정한 힘은 겉에서 나오는 것이 아니라 속에서 나온다는 것을 믿는다.

양문형 냉장고

위쪽에 냉동실, 아래쪽에 냉장실이 있는 냉장고가 주류이던 시절이 있었다. 그러다가 왼쪽에 냉동실, 오른쪽에 냉장실이 있는 냉장고가 등장하였다. 새로운 냉장고의 이름은 '양문형 냉장고'로 지어졌다. 혁신적인 생김새와 달리 냉장고 이름이 너무 의외였다. 그전에 나온 냉장고도 문이 두 개였기 때문이다. 상상력을 조금 발휘하면 '양쪽에 문이 달린 냉장고'라서 그렇게 이름을 지었을 것이다. '양문형 냉장고'라는 이름을 창작한 것인지 외국어 이름을 단순히 번역한 건지 모르지만 기존 냉장고와 특별히 차별화된 이름은 아니라는 생각이 든다.

일반인들이 볼 때 이전 냉장고와 새로운 냉장고의 가장 큰 차이는 냉동실과 냉장실의 위치가 달라진 것이었다. 그리고 문의 개수는 같았다. 한마디로 이전 냉장고는 '상하형 냉장고'인 데 반해 새로운 냉장고는 '좌우형 냉장고'라고 할 수 있다. 이렇게 이해하기 쉬운 이름이 더 낫지 않을까 싶다. 이전 냉장고는 '그냥 냉장고'니까 새로운 냉장고 앞에는 아무 글자나 갖다 붙여도 저절로 차별화된다는 자신감 때문이었을지 모를 일이다. 어쨌든 김밥집에 가면 '그냥 김밥'이라는 메뉴가 있기는 하다.

얼마지 않아

'얼마'는 명사로 사전에 실려 있는 말이다. 그러므로 형용사나 동사처럼 쓰는 것은 올바른 사용이 아니다. 시간을 표현할 때 '얼마지 않아'라는 표현을 쓰는 경우가 있는데 틀린 말이다. 어떤 사람들은 '얼마지나지 않아'를 '얼마지 않아'로 줄여 표기할 수 있다고 생각할 듯도 싶다. 그러나 순우리말은 한자로 된 말처럼 별로 안 중요해 보이는 부분을 함부로 잘라 낼 수가 없다. 물론 음운축약 현상이 일어나 준말이 표준어로 인정되는 경우도 있다. 하지만 '얼마 지나지'가 '얼마지'로 변하는 것은 음운축약 현상으로 볼 수 없다. 명사 얼마 뒤에 연결어미 '-지'가 결합한 이형이기 때문이다. 인터넷을 검색해 보니 한술 더 떠 '얼마잖아'라는 표현도 돌아다니고 있었다.

'얼마지 않아'가 나타난 이유를 곰곰이 생각해 보니, 아무래도 '머지 않아, 오래지 않아'의 영향을 받은 것 같다. '머지않아, 오래지 않아'는 형용사 '멀다, 오래다'의 어간 뒤에 '-지 않아'가 결합한 말이므로 맞는 표현이다. '얼마지'는 '이 물건 얼마지?'와 같은 문장에서나 가능하다.

음식을 주문하고 얼마지 않아 음식이 나왔다.(×)
음식을 주문하고 얼마 지나지 않아 음식이 나왔다.(○)
=음식을 주문하고 오래지 않아 음식이 나왔다.
얼마잖아 따뜻한 봄이 올 거야.(×)
머지않아 따뜻한 봄이 올 거야.(○)
=오래지 않아 따뜻한 봄이 올 거야.

엘에이(LA)

미국 캘리포니아 주에는 한국인에게 너무나도 친숙한 도시 로스앤젤레스가 있다. 사실 우리에게는 로스앤젤레스가 친숙한 것이 아니라 LA가 친숙하다. 로스앤젤레스는 두 단어로 이루어져 있는데 두 단어의 앞 글자만 따서 LA라고 줄여서 부르고 있는 것이다. 텔레비전 뉴스나 신문을 보면 짧아서 좋은지 로스앤젤레스 대신에 LA로 즐겨 표기한다. 아니면 다른 이유가 있을지도 모른다. 시청자들이 로스앤젤레스라고 표기하면 거기가 어딘지 모를까 봐 그러는지도 모르겠다.

신문이나 방송의 역할은 국민들에게 모범을 보이는 일이다. 국민들이 잘못된 명칭을 사용하고 있으면 올바른 명칭을 알려 주어야 할 의무가 있다. 표기의 일관성을 위해서라면 뉴욕은 NY로, 샌프란시스코는 SF로, 샌디에이고는 SD로, 라스베이거스는 LV로 적는 것이 맞을 것이다.

참고로 외래어 표기법에 맞지 않는, 우리가 잘못 쓰고 있는 국가명과 지명을 소개한다.

틀린 표기	맞는 표기	틀린 표기	맞는 표기
말레이지아	말레이시아	칸느	칸
싱가폴	싱가포르	세느 강	센 강
그린랜드	그린란드	함부르그	함부르크
포르투칼	포르투갈	암스텔담	암스테르담
네델란드	네덜란드	펜실베니아	펜실베이니아
라스베가스	라스베이거스	블라디보스톡	블라디보스토크

어떤 대상이 다른 것보다 더 크다는 것을 표현할 때 '이게 저거보다 0.5배 더 크다'라고 하는 사람들이 있다. 그러나 이 말은 잘못된 말이다. 0.5배라면 반쯤 되는 크기이기 때문에 큰 것이 아니라 오히려 작다는 뜻이 되어 버린다. 아니면 혹시 1.5배 크기라는 의미일까? '1.5배 크기'이면 '1.5배 더 크다'고 하면 된다. 수학 시간도 아닌데 일상생활에서 굳이 '1.5'에서 '1'을 빼서 '0.5'배 더 크다고 할 필요가 있을까? 설마 기준이 되는 것의 '100'배 크기인 물건을 '99'배 더 크다고 하는 사람도 있는지 모르겠다.

다들 알다시피 우리말에서는 논리보다는 직관이 중요하게 작용한다. 논리로만 따진다면 위의 경우에 '99배 더 크다'는 표현이 맞는다. 하지만 우리말에는 논리로만 따지면 틀린 표현이 많다. 예를 들면, 아래와 같은 말들이다.

우연찮다

팔아 주다

피로 회복

안전사고

가관도 아니다

어떻게 오셨습니까?

전화 바꿨습니다.

여기 자리 있어요?

문 닫고 들어와.

꼭 좀 부탁드립니다.

잘 좀 부탁드립니다.

한편 0.5배 작다는 표현은 맞는 표현일까? 틀렸다고 말하기는 어렵지만 왠지 마음에 들지 않는다. 그냥 절반 크기라고 하는 게 낫지 않을까 싶다.

러시아는 남북한 영토보다 약 100배 더 크다.

=러시아는 남북한 영토의 약 100배 크기이다.

이 제품은 액정이 기존 제품보다 0.5배 더 커서 인기가 많다.(×)

이 제품은 액정이 기존 제품보다 1.5배 더 커서 인기가 많다.(○)

철수의 발은 다른 사람보다 0.5배 더 작다.(?)

→ 철수의 발은 다른 사람의 0.5배 크기이다.

이 모형은 실제 크기보다 0.95배 더 축소된 것이다.(?)

→ 이 모형은 실제 크기의 20분의 1 크기로 축소된 것이다.

마찬가지로 '갑절 비싸다, 세 곱절 비싸다' 등의 표현도 기준이 되는 것의 2배, 3배 가격이라는 의미로 봐야 한다.

도로변에 세워 놓은 표지판을 보면 이상한 표현들이 많다. 이 땅은 분명 일본이나 중국이 아니라 한국인데 한자를 숭상하는 풍조가 있다. 그것도 우리나라에서 만든 한자어가 아니라 일본에서 몰래 들여온 한자어가 판을 치고 있다. 일본식 한자어를 많이 알면 일본어 공부하는 데 도움이 많이 된다고 생각하는 사람들이 있을지 모르겠다. 개인적으로 그런 사람들은 굳이 한국에 안 살아도 된다는 생각을 한다.

어쨌든 한자로 안내문을 작성하면 국민에게 권위를 내세울 수 있을지는 모르겠다. 그러나 그들은 우리나라 사람들에게는 '우전방'보다는 '오른쪽 앞'이, '좌전방'보다는 '왼쪽 앞'이 훨씬 알아보기 쉬워서 쉬운 말을 사용하면 그들의 목적을 달성하기가 더 쉽다는 것을 놓치고 있다. 한자를 쓰지 않고 한글로만 표기해도 국민들이 똑똑해서 잘 알아보면 다행이지만, 만약 그렇지 못할 경우 생기는 오해에 대해서는 누가 책임질 것인지 궁금하다. 요즘엔 외국인들이 한국에 많아서 친절하게 표지판 하나에 몇 가지 언어로 번거롭게 표기하는 마당에 글자 수가 좀 짧다고(물론 다른 이유가 있겠지만), 한자어를 고집하는 것은 좀 억지스럽다.

인기가 급상승하고 있다는 뜻으로 '유명세를 타고 있다'는 식으로 많이 표현하고 있다. 하지만 사전에는 유명세有名勢는 없고 유명세有名

税만 실려 있는데 '유명해서 치르게 되는 불편함이나 고통'으로 설명하고 있다. 아마도 유명세라는 말에서 '상승세, 오름세'라는 말을 연상한 듯싶다. 일반적으로 '세勢'는 동사성 명사 뒤에 붙어 쓰이는 경향이 있다. 어쨌든 정작 사전에 실려 있는 유명세는 잘 안 쓰이고 사전에 실려 있지 않은 유명세有名勢만 많이 쓰이고 있다.

사전에 실린 의미

최근 들어 서울 도심 한옥마을을 찾는 사람들이 많아지면서 정작 한옥마을 주민들은 많은 피해를 겪고 있다. 유명세를 톡톡히 치르고 있는 셈이다.

일상적으로 사용하는 의미

최근 들어 서울 도심 한옥마을이 유명세를 타고 있다. 특히 젊은 사람들과 외국인 관광객들이 많이 이곳을 찾고 있다.

연예인들이 유명해지면서 사생활에 제약을 받거나, 가게를 얻어 장사하는 사람이 장사를 잘해 손님이 많아지면 가게 건물을 임대한 주인이 가겟세를 올려 달라고 하는 것도 유명세有名稅라고 부를 수 있겠다.

운명을 달리하다

유명은 이승과 저승을 아울러 이르는 말이다. 따라서 '유명을 달리하다'라는 말은 '사망하다'라는 뜻이다. 운명은 죽음이라는 뜻이고 접미사 '-하다'가 붙어 사망한다는 뜻으로 쓰일 수 있다. 그러므로 '운명을 달리하다'라는 표현은 잘못된 것이다.

그 국회의원은 안타깝게도 교통사고로 운명을 달리하였다.(×)
그 국회의원은 안타깝게도 교통사고로 유명을 달리하였다.(○)
회사 일로 정신없는 가운데 아버지가 운명하셨다는 비보를 전해 들었다.

이런 류

유類는 종류, 부류, 비슷한 것들의 무리를 가리키는 말이다. 따라서 '이런 유의 ~'를 '이런 류의 ~'라고 표기하는 것은 잘못이다. 접미사로 쓰일 때에만 '-류'로 표기한다.

나는 이런 류의 인간들을 잘 안다.(×)
나는 이런 유의 인간들을 잘 안다.(○)
=나는 이런 부류의 인간들을 잘 안다.
요즘은 이런 류의 상품이 잘 나간다.(×)
요즘은 이런 유의 상품이 잘 나간다.(○)
철은 금속류의 일종이다.
생선류는 여름철에 상하기 십상이다.

우리는 수학 시간에 '초과, 미만, 이상, 이하'를 열심히 배웠다. 하지만 일상생활에서도 이 말을 너무도 자주 듣게 될 줄은 몰랐다. 이 말들은 수학 시간에 숫자의 범위를 나타낼 때 사용한 말들이다. 숫자는 무한히 커지고 작아지기 때문에 일일이 나열할 수 없기 때문에 범위의 개념이 중요하다. 그리고 해당 숫자가 그 범위에 포함되는지 안 되는지도 매우 중요하다. 따라서 이 네 가지 말들은 수학을 배우는 사람들에게 기본 중의 기본이다.

그런데 학교 다닐 때 수학 좋아하는 사람을 별로 못 보았지만 일상생활에서 이상과 이하를 싫어하는 사람은 못 본 것 같다. 이 단어를 쓰지 않고서는 대화가 안 될 정도로 많이 쓰고 있다. 하지만 이상과 이하는 원래 목적대로 범위를 나타낼 때만 써야 한다. 수학을 싫어하기 때문에 수업 시간에 딴짓하느라고 원래 목적을 기억하지 못하는 것이 무리는 아니라는 생각도 든다.

그의 키는 180센티미터 이상이다.(?)

→ 그의 키는 181센티미터이다.

→ 그의 키는 180센티미터보다 조금 크다.

→ 그의 키는 180센티미터가 조금 넘는다.

'2 이상인 자연수' 하면 '2, 3, 4, …'를 가리킨다. 이 모든 것을 나열할 수 없기 때문에 간단하게 표현하기 위해 이상을 사용한다. 반면 '2

를 초과하는 자연수' 하면 2는 범위에서 제외되기 때문에 '3, 4, 5, …'를 가리킨다. '초과하다'는 우리말 '넘다'로 대신할 수 있다.

그런데 두 숫자를 비교할 때, '3은 2보다 크다, 3은 2를 넘는다'라고 하지 '3은 2 이상이다'라고 하지는 않는다. 확정된 숫자를 비교할 때에는, 범위를 표현할 때 사용하는 이상을 사용하지 않는다. '키가 180센티미터 이상'이라고 하면 180센티미터라는 건지 180센티미터보다 크다는 건지 불명확하기 때문이다. 이것은 배를 보고도 임부인지 산부인지 몰라서 두루뭉술하게 임산부라고 부르는 것과 똑같다.

100명 이상의 관객이 공연을 관람하고 있다.

→ 100여 명의 관객이 공연을 관람하고 있다.

서울 지역에는 100밀리미터 이상의 비가 내렸다.

→ 서울 지역에는 100밀리미터가 넘는 비가 내렸다.

배춧값이 작년보다 3배 이상 올랐습니다.

→ 배춧값이 작년보다 3배 넘게 올랐습니다.

양치질은 3분 이상 해야 효과가 있습니다.

→ 양치질은 적어도 3분 동안 해야 효과가 있습니다.

남의 물건을 훔친 사람에게는 5년 이하의 징역형에 처한다.

→ 남의 물건을 훔친 사람에게는 최대 5년의 징역형에 처한다.

　서술격 조사 '이다'의 부정형은 형용사 '아니다'를 이용해 '체언+이/가 아니다'의 형태로 표현한다. 형용사처럼 '않다(아니하다)'를 사용해 '체언+이지 않다'로 표현하는 것은 잘못이다. 한자어 명사 뒤에 접미사 '-적的'이 붙은 말의 부정형이 '명사+-적+이지 않다'여서 그런지 최근에 '체언+이지 않다'라는 표현이 곧잘 쓰이고 있다.

철수는 모범생이다.

　철수는 모범생이지 않다.(×)

　철수는 모범생이 아니다.(○)(부정)

　철수는 모범생이지 않아?(×)

　철수는 모범생이 아니야?(○)(부정의문)

영수 아버지는 회사원이었다.

　영수 아버지는 회사원이지 않았다.(×)

　영수 아버지는 회사원이 아니었다.(○)(부정)

　영수 아버지는 회사원이지 않았어?(×)

　영수 아버지는 회사원이었지 않아?(×)

　영수 아버지는 회사원이 아니었어?(○)(부정의문)

　그 사람은 인간적이지 않았다.(○)(부정)

　그 사람은 인간적이지 않았어?(○)(부정의문)

　그런데 우리들은 '~이잖아, ~잖아, ~었잖아'라는 표현도 일상적으로 사용하고 있다. 이 말은 의문문이 아니라 화자가 이미 알고 있는 내용을 상대방에게 확인할 때 사용된다. 아래 문장에서, 화자는 '철수가 모범생이라는 것', '영수 아버지가 회사원이었다는 것'을 이미 알고 있다.

　철수는 모범생이잖아.

　=철수는 모범생이야. 그렇지?

　영수 아버지는 회사원이었잖아.

　=영수 아버지는 회사원이었어. 그렇지?

2천4백50원

　뉴스를 보다 보면 하단 자막이 눈에 거슬릴 때가 있다. 방송사에서 표기한 숫자가 눈에 확 들어오지가 않는 경우가 있기 때문이다. 너무 친절하게(?) 표기를 해 줘서 오히려 그 숫자를 이해하기가 어려운 것이다. 가령 아래 문장 (1)과 같은 표기 말이다.

　1. 철수의 연봉은 3천5백20만 2천4백50원이다.

2. 철수의 연봉은 3520만 2450원이다.

3. 철수의 연봉은 3,520만 2,450원이다.

문장 (1)을 보면 나름대로 신경을 썼는지는 모르지만 숫자와 한글이 뒤섞여 오히려 연봉이 얼마나 되는지 쉽게 알아보기가 힘들다. 규정에 맞게 표기한 것은 문장 (2)이다. 서양과 달리 우리나라에서는 천 단위 체계가 아니라 만 단위 체계이다. 방송사에서 동서양의 숫자 표기 체계를 절충해서 묘안을 짜낸 것인지는 모르지만 보는 사람 눈만 어지럽다. 한편으로 '2천4백50원'을 '2천4백5십원'으로는 왜 쓰지 않았는지 궁금하기도 하다. 시청자들이 두 자리 숫자 정도는 읽을 수 있을 것으로 판단한 것일까? 비유가 적당한지 모르겠지만, 사람들이 한두 자리 숫자는 영어로 읽고, 세 자리 숫자부터는 우리말로 읽는 게 생각난다.

임산부

'임신부'는 임신한 여자를 의미하고, '임산부'는 '임부(임신부)'와 '산부(아이를 갓 출산한 여자)'를 통칭하는 말이다. 의미상 임산부가 임신부를 포괄한다. 그런데 임신부가 어감이 좋지 않은지 잘 사용되지 않는다. 그래서 임신한 여자를 가리킬 때 임산부를 주로 쓰고, 또 임산부라는 말을 들은 사람도 임신한 여자를 먼저 떠올린다는 점에서 서로 손발이 척척 맞는다. 하지만 말이라는 것은 항상 상황에 맞게 써야 한다는 점을 명심해야 한다.

대중교통 이용 시에 임산부를 배려하는 것을 잊지 말아야 한다.
대중교통 이용 시에 임신부를 배려하는 것을 잊지 말아야 한다.

위 두 문장은 모두 쓸 수 있는 표현이다. 물론 '임산부'라는 말이 '임신부'의 뜻으로 쓰인 것이지만, '산부'도 배려해 주라는 의미로 사용한 것일 수도 있기 때문이다. 하지만 아래 문장에서는 반드시 임신부를 써야 한다. '초기 임산부'가 무슨 뜻인지 정말로 궁금하다.

초기 임산부는 겉으로 확인하기 어렵지만, 대중교통 이용 시 보호받아야 한다.(×)
초기 임신부는 겉으로 확인하기 어렵지만, 대중교통 이용 시 보호받아야 한다.(○)

┌─────────┐
│ 입장   │
└─────────┘

뉴스를 보다 보면 자주 듣게 되는 말이 있다. 주로 정치 관련 뉴스에서 단골로 등장하는 말이 '유감, 입장' 등이다. 일상생활에서 잘 쓰지 않는 말이라서 썩 와 닿지도 않는 말인데 그런 말을 쓰면 소위 있어 보이는지는 모르겠다. 결국 정치 하는 사람들이나 정치를 보도하는 방송사들은 아직도 권위주의가 뭔지 모르는 사람들이라는 것이

확실해졌다. 힘을 가진 자들이 뜻이 명확한 말들을 써야지 투명한 사회가 될 수 있다는 생각을 해 본다.

유감이라는 말은 논외로 하고 입장이라는 말은 그것을 대신할 수 있는 말이 많다. 아니, 입장 대신에 반드시 상황에 맞는 적절한 말을 사용해야 한다. 혹시 그 적절한 말이 생각나지 않아서, 아니면 생각하기도 귀찮아서 입장을 쓰는 것 아닐까? 흔히 적당한 말이 금방 떠오르지 않을 때 '거시기, 거시기하다'라는 말을 쓰는데 그것과 별반 다르지 않다. '입장'이 특정 집단이 사용하는 '전문용어'로 자리매김한 듯하다. 사전에서는 입장을 '처지'로 순화해서 사용하라고 돼 있지만 그 외에도 다양한 '입장'이 존재한다.

철수가 곤란한 입장에 처했다.

→ 철수가 곤란한 상황에 처했다.

입장을 바꿔 놓고 생각해 보자.

→ 처지를 바꿔 놓고 생각해 보자.

두 사람 간의 입장 차가 분명하게 드러났다.

→ 두 사람 간의 견해차가 분명하게 드러났다.

정부는 시위 세력에 강경하게 대응한다는 입장입니다.

→ 정부는 시위 세력에 강경하게 대응할 방침입니다.

돈을 요구하는 인질범과는 협상하지 않는 것이 정부의 기본 입장이다.

→ 돈을 요구하는 인질범과는 협상하지 않는 것이 정부의 기본 원칙이다.

'자전거'가 바른 말이고 '자전차'는 틀린 말이듯이, '자전거 거치대, 자전거 보관소'가 바른 말이고 '자전거 주차대, 자전거 주차장'은 틀린 말이다. 물론 '자전거 세우는 곳'이 더 낫다. 그리고 주차장을 쓸 것인지 보관소를 쓸 것인지 고민할 필요 없다. 그냥 우리말을 쓰면 해결된다.

나는 자전거를 운동장에 주차하고 교실로 들어갔다.(×)
나는 자전거를 운동장에 세우고 교실로 들어갔다.(○)
횡단보도에서는 자전거를 승차하지 마시오.(×)
자전거를 탄 채 횡단보도를 건너지 마시오.(○)

그런데 자전거마다 그 뼈대에는 식별 번호가 새겨져 있다고 한다. 그런데 그것을 '차대 번호'라고 부르는 모양이다. 도로교통법상 자전거는 차로 분류된다고 한다. 이쯤 되면 자전거를 자전차로 고쳐 불러야 할 판이다.

잡상인 물건은 사지도 팔지도 맙시다

지하철 안이나 지하철 역사에서 허가 없이 보따리 장사 하는 것을 막아 보기 위해 지하철 공사 측에서 내건 구호가 있다. 바로 '잡상인 물건은 사지도 팔지도 맙시다'이다. 물건을 파는 잡상인도 문제지만 그 사람들에게서 물건을 사 주는 사람들 때문에 잡상인이 사라지지 않는다는 생각에는 전적으로 동감한다. 하지만 그 구호는 문제가 있다. 두 가지 행위를 하지 말라는 것을 한꺼번에 표현하다 보니 그런 구호가 나온 것이다. 지하철 승객이 하는 행위는 잡상인 물건을 사는 것이고, 잡상인이 하는 행위는 물건을 파는 것이다. 따라서 '잡상인은 허가 없이 물건을 팔지 말고, 승객께서는 그 물건을 사지 마시기 바랍니다' 등으로 바꿔야 할 것이다. 만약 너무 길다면 '허가 없이 물건을 팔거나 사지 맙시다'로 해야 할 것이다.

전국노래자랑

전국이라는 말이 앞에 붙으면 대상 지역이 대한민국 전역이라는 것을 의미한다. '전국체육대회'는 전국 시도를 대표하는 선수들을 특정 지역에 모아 놓고 서로 겨루게 함으로써 전국 최고를 가리는 체육대회이다. '전주대사습놀이 전국대회'는 개최하는 장소는 전주이지만 참가 자격은 전 국민이다. '대통령 배 전국고교야구대회'도 전국 각 지역을 대표하는 고교 야구팀이 출전한다. 그런데 모 방송국의 '전국노래자랑' 방송을 보면, 매주 각 지역을 돌아다니며 녹화를 하는데 참가 자격은 해당 녹화 지역 주민들이다. 따라서 제목 앞에 붙은 전국이라는 말은 어울리지 않는다. 굳이 다른 이름을 붙인다면 '우리고장노래자랑'이랄까.

> ### 제로백

　이 말을 만든 사람은 언어의 마술사일지도 모른다는 생각을 잠시나마 했다. '제로백'(zero百)은 자동차와 관련된 말이지만 에어백(air bag)과는 전혀 무관한 말이다. 미국 등의 나라에서는 정지 상태에서 출발하여 시속 60마일(약 97㎞)에 도달할 때까지 걸리는 시간이 자동차의 성능을 평가하는 데 중요한 지표라고 한다. 그리고 한국 등 기타 국가에서는 60마일 대신 100㎞를 사용한다고 한다. 제로백은 정지 상태(zero)와 시속 100㎞(百)를 합친 말인 셈이다. 제로백 같은 말은 자국어와 영어를 섞어서 말을 만들어 내는 재주가 뛰어나지 않으면 도저히 만들 수 없다. 그래서 일본 냄새가 나는 말이다. 설마 하고 인터넷을 검색했더니 일본에서도 이런 식으로 표현한다는 내용이 나왔다. 그럼 그렇지!

> ### 준비되다 : 준비(가) 되다

　'준비되다'와 '준비(가) 되다'의 차이를 알기 위해서는 먼저 '준비하다'와 '준비를 하다'의 차이를 알아야 한다.

　1. 그들은 전쟁에 쓸 총을 준비하였다.
　2. 그들은 전쟁을 할 준비를 하였다.

위 문장들을 피동문으로 고치면 다음과 같다.

1.' 전쟁에 쓸 총이 준비되었다.
2.' 그들은 전쟁(을) 할 준비가 되었다.

위 문장들과 관련하여 준비 상황에 대하여 질문을 한다고 가정해 보면 아래와 같을 것이다. 물론 괄호 속에 있는 말은 생략이 가능하다.

1." (총이) 준비되었니?
2." (전쟁할) 준비(가) 되었니?

예능 프로그램이나 영화에 등장하는 자막을 보면 '준비가 됐니?'를 써야 할 상황에 거의 '준비됐니?'를 쓰는 볼 수 있다. 형태는 비슷하지만 이 둘은 매우 다른 것이다.

한편, 선거철만 되면 각 후보자들이 '준비된 대통령, 준비된 도지사' 등의 표현을 쓰는데 이는 잘못이다. 그 영향을 받아서인지 '준비된 ○ ○'가 대유행하고 있다.

준비된 대통령(×)

→ 대통령 적임자

준비된 연금 전문가(×)

→ 뛰어난(또는 검증된) 연금 전문가

준비된 사람(×)

→ 유능한 사람

준비된 신랑감(×)

→ 일등 신랑감

준비된 여배우(×)

→ 실력파 여배우

차가 막히다

흔히 도로 상에 차가 많아 속도가 느릴 때 '차가 막힌다'라는 표현을 쓴다. 하지만 막힌 것은 도로이지 차가 아니다. 코가 막히는 것이지 콧물이 막히는 것이 아닌 것과 마찬가지이다. '막히다'는 어떤 곳이 물건 같은 것들로 가득 차 있다는 뜻이기 때문이다. 도로가 차들로 꽉 차 있는 것이므로 '도로가 막힌다', '도로가 막혀 있다'라는 것이 맞는 표현이다. 한편 도로가 막혀 있으면 차가 겹겹이 정체되므로 '차가 밀린다'라는 표현도 가능하다.

착하다

'착하다'는 분명히 좋은 뜻을 가진 말이다. 누가 봐도 착해야 비로소 착하다는 말을 쓸 수 있다. 예를 들어, '사랑스럽다'라는 말은 주관적이다. 어떤 사람에게는 사랑스럽게 보여도 다른 사람에게는 전혀 그렇지 않을 수 있다. 하지만 '착하다'는 '사랑스럽다'와 다르다. 객관적 증거 없이 '착하다'는 말을 함부로 쓸 수가 없다. 특히 어떤 사람이 자기가 착한 사람이라고 한다면 믿을 사람이 아무도 없을 것이다.

최근 '착하다'는 말이 이상하게 번지고 있다. 자기가 자기 상품을 광고하면서 그런 표현을 쓰고 있다. '착하다'는 '싸다, 저렴하다'의 이른바 업그레이드판이다. '싸다, 저렴하다'라는 말로 더는 안 통하니까 광고에 '착하다'라는 말이 등장한 것이다. 그런데 광고의 의도야 십분 이해할 수 있지만 '착하다'를 정확히 무슨 뜻으로 쓰는지는 명확하지 않다. 일단 '착하다'는 말은 '사람'에 대해서만 쓸 수 있는 말일뿐더러 영리를 추구하는 기업과는 어울리지 않는 말이다. 기업 임직원들이 기부를 하거나 봉사 활동을 하더라도 그것을 '좋은 일'이라고 하지 '착한 일'이라고는 하지 않는다.

광고에 등장하는 '착한 가격, 착한 금리, 착한 업소'에서 쓰인 '착한'은 각각 '낮은, 높은, 모범'으로 바꿔야지만, 사실인지 아닌지 관계없이 그나마 그 의미가 와 닿는다. 광고를 하려면 의미가 불명확한 말보다는 명확한 말을 쓰는 것이 오히려 효과적일 것이다. '착하다'를 '적정하다, 합리적이다, 소비자에게 유리하다'라는 새로운 의미로 쓰는 것인지도 모르지만 어디까지나 그것은 해석일 뿐이다.

이처럼 객관성이 없는 표현을 쓰는 것은 과장 광고에 해당할 수도 있으며 소비자를 현혹하는 것밖에 안 된다. 아마도 '우리 회사 착한 회사니까 묻지도 말고 따지지도 말고 우리 회사 상품을 이용해 주세요'라는 의미가 담겨 있을 것이다. 시쳇말로 '호갱님'이라고 부르면서 사람을 유혹하려는 것 같다.

적어도 우리나라에서 최고는 하나만 존재한다. 그러나 영어권에서는 최고가 하나가 아닌 모양이다. 영어권에서는 '최고 부자 중 한 사람', '최고로 영향력 있는 100인 중 한 사람' 등의 표현이 일상화돼 있다. 요즘 이런 표현들이 우리에게도 전혀 낯설지 않게 되었다. 영어 단어 'top'이나 최상급 형용사들은 우리말 '최고'와 뜻이 많이 다르다. 그것들은 '손꼽히는', '상위 몇 등 안에 드는'을 의미하는 말이다. 그런데 영어에 중독된 사람들은 최상급 표현을 무턱대고 '최고'나 '가장'이라고 번역하고 있으며, 사람들도 이런 표현에 익숙해졌다. '왕 중 왕', '최고 중의 최고', '가장 최근' 등은 다 영어를 직역한 표현들이다.

우리말에서도 최고라는 말이 남용되고 있는 실정이다. '한국의 갑부', '우리 동네 갑부' 하면 당연히 '한국의 최고 부자', '우리 동네의 최고 부자'라는 뜻이다. 그런데 우리들은 '최고 갑부'라는 말도 쓰고 있고, '최고 갑부 중의 한 사람'이라는 표현도 자랑스럽게 쓰고 있다.

언뜻 보기에 최우수상이 대상보다 더 좋아 보인다. 나만 그렇게 생각하는지 궁금하다. 그런데 연말 주요 방송국의 시상식을 보니까 최우수상을 먼저 주고 마지막에는 한 명에게 대상을 수여하였다. 분명 대상이 최우수상보다 좋은 상이었다. 최우수상이 우수상보다 좋다는 것은 누구나 아는 사실이다. 사전을 찾아보면 대상은 최고의 상이라고 나온다. 그렇다면 최우수상은 이름을 잘못 지은 것이다. 접두사 '최-'가 붙을 이유가 없다는 생각이 든다. 게다가 최우수상을 받은 사람은 한 명도 아니고 몇 명이나 된다. 이 정도면 너무 심한 것이다. 물론 상을 받는 사람은 기분이 좋을 것이다. 그러나 만고불변의 진리는 최고는 언제나 하나라는 것이다. 최고는 하나이기 때문에 빛을 발하는 것이다. 최고가 여럿이라면 그 빛은 퇴색하게 마련이다.

출차 주의

보통 주차장 출입구에는 보행자의 안전을 위하여 '출차주의'라고 적힌 표지판이 있다. 주차장에서 밖으로 나오는 차를 주의해서 살피라는 뜻인 듯한데 한글로 알아보기 쉽게 표기한다면 효과가 더 크지 않을까 생각해 본다. 굳이 사전에 나오지도 않는 '출차'라는 말을 쓸 필요가 없다. 좀 길더라도 보는 사람이 명확히 알아볼 수 있도록 표지판을 만들었으면 하는 바람이 있다.

출차 주의
→ 차량 주의, 나오는 차 주의

한편 과자나 라면 포장 상자 겉에는 거의 예외 없이 한자 입入을 이용해 '30개입, 30봉입' 등으로 기재되어 있다. 상자나 겉포장 안에 다시 개별 상품이 30개, 30봉 들어 있다는 뜻으로 쓰인 듯하다. 그런데 '입' 대신에 우리말 접미사 '-들이'를 넣는 것이 좋다는 생각이 든다.

30개입 → 30개들이

12봉입 → 12봉들이

마지막으로 사전을 찾아보면 무無는 명사, 의존명사 또는 접두사로만 쓰인다고 나온다. 따라서 '무'를 서술어로 사용하는 것은 잘못이다.

무에서 유를 창조하다.

한국은 2승 1무를 기록하여 조 1위로 예선전을 통과했다.

축구 한일전은 무승부로 끝났다.

이상 무 → 이상 없음

크다는 것 그 이상

한 제조업체 광고의 광고 문구 중에 '크다는 것 그 이상'이라는 표현이 있었다. 그런데 이 광고 문구에서 '그'라는 글자를 빼도 아무런 문제가 없다. '큰 것 이상'이라고 표현해도 그런대로 괜찮지만 '큰 것을 넘어'라는 표현이 더 낫지 않은가? 이렇게 하는 것이 발음도 쉽다. 요즘 사람들에게는 꼭 필요한 단어라도 마음에 안 들면 과감하게 살생하면서도, 뭔가 허전하다 싶으면 억지를 부려서라도 그 허전함을 채

우고야 마는 모순된 생각이 자리 잡고 있는 듯싶다.

한 가지 예를 더 들면, '그 자체'라는 표현도 대단히 많이 쓰인다. 이 표현에 쓰인 '그'라는 글자도 불필요하지만 거머리처럼 '자체' 앞에 자리를 잡고 좀체 떨어지지 않는다.

나는 살아 있다는 것 그 자체로도 늘 감사하며 살고 있다.

→ 나는 살아 있다는 것 자체로도 늘 감사하며 살고 있다.

철수는 삶 그 자체가 고통의 연속이었다.

→ 철수는 삶 자체가 고통의 연속이었다.

이 제품 그 자체에 실내 온도를 감지하는 장치가 들어 있다.

→ 이 제품 자체에 실내 온도를 감지하는 장치가 들어 있다.

내가 다니는 회사 그 자체는 문제가 없는데 일부 직원들이 문제이다.

→ 내가 다니는 회사 자체는 문제가 없는데 일부 직원들이 문제이다.

큰 딸

명사 앞에 붙어 쓰이는 '큰-'은 친족 관계에서 '제일 나이가 많은 연장자', 또는 접두사 '대大-'처럼 '위대한, 훌륭한'이라는 뜻을 더해 준다. 형용사 '크다'의 관형형처럼 뒷말과 띄어 쓰지 않도록 주의하자.

영희가 우리 집 큰딸이다.

나와 큰누나하고는 나이 차이가 많다.

저 애가 우리 집안 큰손자입니다.

명절 때마다 우리 식구는 큰집으로 갔다.

법정 스님은 우리 시대의 큰스님이셨다.

모름지기 사람은 큰물에서 놀아야 한다.

그 사람은 부동산 시장을 좌지우지하는 큰손이다.

또 '작은-'은 '최고 연장자 다음가는'이라는 뜻을 더해 주는 말이다. 마찬가지로 형용사 '작다'의 관형형처럼 뒷말과 띄어 쓰지 않도록 해야 한다.

철수는 우리 집 작은아들이다.

나는 작은누나와 아주 친하게 지냈다.

명절 때에는 작은집 식구들이 모두 우리 집으로 모였다.

필요로 하다

우리말 '필요하다'는 형용사이다. 따라서 영어 동사 need의 뜻과 일치하는 우리말은 없는 셈이다. 그런데 need가 들어간 영어 문장을 억지로 해석하기 위해 만들어 낸 동사구가 '필요로 하다'이다. 누가 만들어 낸 것인지는 몰라도 언어 사대주의의 전형이라고 볼 수 있다. 우리말은 외국어 번역과 학습을 위한 도구가 아니라는 것을 명심해야 한다.

나는 너를 필요로 해.(×)

나는 네가 필요해.(○)

=나에게는 네가 필요해.

이 사업은 1억 원이라는 예산을 필요로 한다.(×)

이 사업에는 1억 원이라는 예산이 필요하다.(○)

=이 사업에는 1억 원이라는 예산이 든다.

한국 사회에는 관심과 배려를 필요로 하는 사람들이 많다.(×)

한국 사회에는 관심과 배려가 필요한 사람들이 많다.(○)

또 영어에 존재하는 전치사는 우리말에는 없다. 마찬가지로 우리말이 영문 번역을 위한 도구라고 생각한 사람이 문장 속에 전치사 from이 들어 있으면 앞뒤 볼 것 없이 무조건 '로부터'로 번역하기 시작했다. 그들의 머릿속에는 영어가 우리말보다 우월한 언어라는 생각밖에 없었던 모양이다. 그래서 이상한 우리말들이 탄생하기에 이르렀다.

이 옷은 추위로부터 사람들을 보호해 줄 것이다.(×)

이 옷은 추위를 막아 사람들을 보호해 줄 것이다.(○)

정부는 태풍으로부터 안전한 지대로 주민들을 대피시켰다.(×)

정부는 태풍의 영향을 받지 않는 안전한 지대로 주민들을 대피시켰다.(○)

아무도 죽음으로부터 자유로울 수 없다.(×)

아무도 죽음의 굴레를 벗을 수 없다.(○)

요즘 이 상품이 소비자들로부터 가장 좋은 반응을 얻고 있다.(×)

요즘 이 상품이 소비자들에게 가장 좋은 반응을 얻고 있다.(○)

나는 철수로부터 급한 연락을 받았다.(×)

나는 철수에게서 급한 연락을 받았다.(○)

나는 영수로부터 어떠한 재능도 발견하지 못했다.(×)

나는 영수에게서 어떠한 재능도 발견하지 못했다.(○)

마지막으로, have는 막강한 쓰임새를 가진 만능 동사이다. 우리말에는 이런 막강한 힘을 자랑하는 동사가 없다는 것이 한스러웠는지 동사 '가지다'를 절대 권력을 가진 동사로 육성하였다. 영어 동사 have 덕분에 대단한 표현들이 세상 빛을 보게 되었다.

나는 누나 2명을 가지고 있어.(×)

나는 누나 2명이 있어.(○)

철수는 영희에게 관심을 가지고 있다.(×)

철수는 영희에게 관심이 있다.(○)

정부는 국민에게 막강한 영향력을 가지고 있다.(×)

정부는 국민에게 막강한 영향력을 행사하고 있다.(○)

그들은 주말마다 모임을 가졌다.(×)

그들은 주말마다 모임을 열었다.(○)

우리는 약 10분 동안 회의하는 시간을 가졌다.(×)

우리는 약 10분 동안 회의하였다.(○)

형제인 듯 형제 아닌 형제 같은

　어떤 영화 포스터에 나온 홍보 문구이다. 그야말로 말도 안 되는 말장난이다. 더 심한 말을 하고 싶지만 참는다. 영화 속 두 사람은 진짜 형제이므로, '형제이지만 형제 같지 않은' 또는 '형제인데 형제 아닌 듯한' 등의 표현이면 충분하다. '형제인 듯하다, 형제 같다'는 말은 형제라고 추측된다는 말이며 확실하지 않을 때 쓰는 말이다. 그러나 '형제가 아니다'라는 것은 확실한 사실을 나타내는 말이다. 이렇게 이 홍보 문구는 불확실함과 확실함을 동시에 나타내고 있기 때문에 말이 안 되는 말이다.

줏대 없는 말

1. 동방예의지국

학창 시절에 동방예의지국이란 말을 누구나 들어 보았을 것이다. 중국에서 우리나라를 가리키던 말이다. 그 말이 실린 교과서에는 중국에서 우리나라를 칭찬하는 말이라고만 설명되어 있었다. 물론 그 나름으로는 칭찬이 내포되어 있기는 하다. 그런데 이 말을 자세히 뜯어보아야 한다. 예의가 바른 사람들이 아니라 예의가 바른 나라라는 뜻이기 때문이다. 우리는 일본이라는 나라를 배은망덕한 나라, 과거 잘못을 반성하지 않는 나라라고 생각한다. 그 말은 일본이라는 나라를 지칭하는 말이지 일본 국민 개개인을 가리키는 말이 아니다. 그렇다면 동방예의지국이라는 말이 우리 국민 개개인이 친절하고 예의가 바르다는 뜻일지를 생각해 보아야 한다. 이 말은 과거뿐만 아니라 지금도 존재하는 한국의 사대주의와 동의어이다.

2. 붉은 악마

인터넷을 찾아보니까 이 단체는 해체되고 지금은 없다고 한다. 어쨌거나 이 단체는 한때 대한민국을 휩쓸었다. 뜻이 별로 좋지 않다는 것은 둘째로 치고 이 말도 우리가 지은 이름은 아니다. 외국에서 안 좋은 뜻으로 지어 준 별명을 그대로 받아서 쓴 이름이다. 욕도 영어로 하면 멋지게 들린다는 우스갯소리가 불현듯 생각난다. 한국 사람들은 언제나 주체성을 확립하여 자립할지 궁금하다.

3. 한류

한류韓流는 중국 사람들이 중국에서 한국의 대중 문화가 유행하는 현상을 가리켜 지어 낸 말이다. 중국이 아닌 다른 나라에서도 한류라는 말을 채택해 자기 나라에서 한국 문화가 유행하는 현상을 한류라고 이름을 지을 수는 있을 것이다. 그런데 한류라는 말에는 자기네 것이 아니라는 곱지 않은 시선이 담겨 있다. 우리한테야 좋은 일이겠지만 다른 나라에서 그런 현상이 환영할 만한 일은 아닐 것이다. 한국 문화가 다른 나라에 수출되어 인기를 끄는 현상을 우리들이 한류라고 할 수는 없다. 한국에서 온 것이 아니라 원래 한국에 있던 것을 우리가 한류(한국에서 굴러 들어온 것?)라고 할 수는 없지 않은가.

고려 시대에 우리나라에서는 '몽고풍'이 유행했고, 몽골에서는 '고려양'이 유행했었다. 몽골에서 고려 풍속이 유행하는 것을 두고 고려 사람들이 '고려양 현상'이라고 지칭했을 리는 없을 것이다. 1960년대 영국 팝 음악이 미국 시장에서 위세를 떨친 현상을 영국 사람들이, 미국에서 지은 말인 'British Invasion'으로 불렀을까? 1980년대 한국에 불어닥친 '일제 열풍(또는 광풍)' 현상을 일본에서도 그렇게 불렀을까? 다른 나라에서 지어 준 별명을 우리는 너무도 자랑스럽게 쓰고 있다. 우리는 별명과 본명을 착각하는 듯하다.

4. 요우커

한국 여행업계에서는 한국으로 온 중국인 관광객을 '요우커游客'라고 부른다고 한다. 중국어로 요우커는 '여행객 또는 관광객'을 가리키는 보통명사일 뿐이다. 그 말이 한국에 와서는 '중국인 관광객'을 가리키는 말로 둔갑하였다. 그리고 뉴스에도 이 말이 등장하였다. 중국 경제가 한국에 미치는 영향력을 무시할 수야 없겠지만 비굴한 것은 좋지 않다. 다른 나라 앞에서는 한없이 작아지는 한국을 이 말에서도 느끼게 돼 대단히 씁쓸하다.

부록

우리말
오용 사례

사고 발생시 이용자 책임이오니
유의 하시고 출입을 삼가 해주세요.

애완동물의 출입을
삼가해 주시기 바랍니다

산악지대 이용은 주민 동의와 위험을
이용을 삼가 해 주시기 바랍니다

호우, 태풍, 기상특보 발령시에는 안전사고 예방을
하천 출입을 삼가하여 주시기 바랍니다.

우리 아이들의 건강을 위해

흡연을 삼가해주세요.

소란행위 등을 삼가해 주시기

공공도서관의 옥외시설도 금연구역
흡연을 삼가해 주십시오.   문화

본 빌딩에 설치된 흡연구역 이외는 금연구역이니
금연구역내에서는 흡연을 삼가 주시기 바랍니다.
- 관리소장 -

소리, 악기연주, 큰 음악소리 등 고성행위를 삼가 주세요!
안내, 출입시 목줄을 착용하고 배설물은 반드시 치워주세요!
주세요!

이곳은 주민의 건강증진과 여가선용을
위한 공원 등산로입니다.
산악자전거 이용으로 인하여 등산객
에게 위험이 있으니 이용을 삼가시기
바랍니다

타인이 불쾌감을 느낄 정도의 큰 소리
대화 및 공공질서를 어지럽히는 행동은
삼가주시기 바랍니다.

건강한 물을 마셔야 건강해진다는 표현은 본 적이 있다. 인간의 건강과 관련 지어 이런 문학적 표현을 쓸 수도 있다. 그러나 깨끗하거나 건강에 좋은 물은 있지만 건강한 물은 존재하지 않는다.

i) 기린토월(麒麟吐月):비 개인 날, 기린봉에 솟아오른 달의 모습
ii) 한벽청연(寒碧晴烟):옥류동 아래 한벽당에서 조망하는 청아한

'비가 개인'을 '비가 갠'을 고쳐야 한다.

아울러 서울성곽(사적 제10호)위 상층부에 올라갈 경우
전사고가 발생할 수 있고 우리의 소중한 문화재 성곽을 훼손
있으므로 올라가지 않도록 적극 협조하여 주시기 바랍니다.

"~ 올라가지 마시기 바랍니다."라고 하면 충분하다.

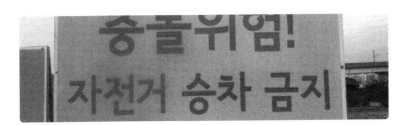

이 구호는 아무 때나 문장을 도치해서는 안 된다는 것을 보여 주는 사례이다. 강조하기 위해서 보어를 문장 맨 앞에 내세웠지만 아무리 봐도 '노원구청이' 가 보어로 보인다.

3. 음식물 조리, 쓰레기 불법 투기 등
4. 수영, 얼음치기 금지
5. 호우, 태풍 기상특보 발효시 하천

사전을 찾아보면 '얼음치기'는 '얼음지치기'의 제주도 방언으로 실려 있다. 이 안내판은 서울 사람에게 생소한 제주도 방언을 홍보하기 위한 목적으로 설치 되었을까?

충돌위험!
자전거 승차 금지

'자전거 타기 금지'아니면 '자전거 탑승 금지'가 맞다.

'주십시요'를 '주십시오'로 고쳐야 한다.

'쓰여집니다'를 '쓰입니다'로 고쳐야 한다.

'포함되어집니다'를 '포함됩니다'로 고쳐야 한다.

'일체의 행위에 대해서는'을 '일체의 행위는'으로 바꿔야 자연스러운 문장이
된다.

'고발 조치되고'를 '고발 조치하고'로 바꾸면 더 나은 문장이 된다.

"암 검진은 암 치료의 지름길입니다."라고 해야 하지 않을까? 암 검진으로 암
을 조기에 발견할 수는 있어도 암 자체를 예방할 수는 없다.

- 이 소변기는 년간 140톤 이상의 물을 절약합니다.
- 그럼에도 냄새가 나지 않습니다.

두음법칙에 따라 '연간'으로 써야 한다.

'자랑스런'이 아니라 '자랑스러운'이 맞는 말이다.

'국산'의 반대말은 '수입'이나 '수입산'이 아니라 '외국산'이다.

'절대 금지'가 무슨 뜻일까?

돼지의 겉피부는 딱딱하지 않으므로 '돼지 껍데기'가 아니라 '돼지 껍질'로 불러야 한다.

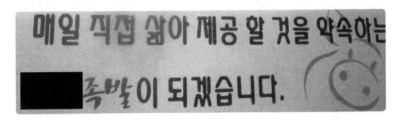

우리말답지 않다. 영어 관계문을 번역한 듯한 문장이다.

'산 낙지'든 '죽은 낙지'든 그것으로 만든 요리는 똑같이 '낙지찜'으로 불러도 상관없을 것이다.

식당 주인이 식사하는 것이 아니므로 "점심 식사 됩니다."라고 해야 한다.

이자율이 몇 퍼센트이기에 '착한 금리'라고 표현했을까?

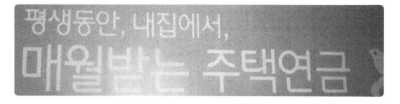

퇴근할 준비가 됐다는 소리가 아니라면 '유능한 전문가'라고 표현해야 할 듯 싶다. 설마 별로 유능하지 않다는 뜻인가?

띄어쓰기를 너무 무시한 표기이다.

영유아 키움수당 지원 및 공
■ 대상 : 셋째아 이상 ■ 문의처 : 가족여

'셋째아 이상'을 '셋째 아이 이하'로 고쳐야 한다.

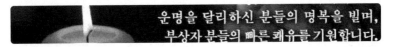

"사업이 잘 안 풀립니까?"가 적절하다.

'운명을 달리하다'는 잘못된 말이다. '유명을 달리하신 분'이라고 해야 한다.

노즐이 관창보다 이해하기 쉽다!(학창 시절 영어 배운 보람이 있다.) 관창은 사전에
도 나오지 않는 말이다.

이점利點은 '이로운 점'이란 뜻이다. '이 점'으로 표기해야 한다.

'두려워 말자'를 '두려워하지 말자'로 고쳐야 한다.

"애완 동물을 데리고 출입하는 것을 삼가시기 바랍니다."가 맞는 말이다.

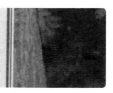

"즐겁게 여행하십시오."라고 써 놓았으면 기분이 더 좋았을 것이다.

'더 이상'은 일본어 'もうこれ以上'을 우리말로 번역하는 과정에서 생긴 말로 추측된다. '이제는'이나 '더는'을 쓰는 것이 적절하다.

'금지해 주시고'를 '금지합니다'로 고쳐야 맞는 문장이 된다. '금지하다'의 주체는 관계 당국이고, '사용하다'의 주체는 시민 또는 주민이기 때문이다.

위 두 가지는 느낌표를 잘못 사용하거나 남용한 예들이다. 느낌표는 문장의 마지막에 사용하는 문장부호이다. 그리고 제목이나 항목 뒤에는 문장부호를 생략하는 것이 일반적이다.

'불리우다'는 말은 틀린 말이므로 '불리게 되었다'라고 해야 맞는 말이 된다.

제설함의 자재는 주변도로 긴급 제설용이므로
개인용도로 가져가지 마십시오. ⚠

'개인용도로'를 '개인적 사용을 위해'로 고치거나 둘째 행 전체를 "타 용도로 사용하지 마십시오."라고 해야 한다.

'출차 주의'라는 문구보다는 '차량 주의'라는 문구가 훨씬 이해하기가 쉽다.

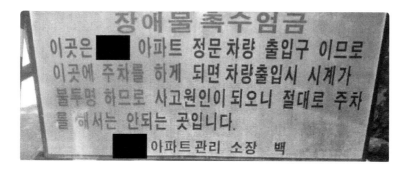

간명하게 표현할 수 있는데도 너무 장황하게 설명해 놓았다. 이렇게 문장을 길게 쓰다 보면 호응에 문제가 생길 때가 많다.

CS	도루자	F	플라이 아웃
		f	파울 플라이 아웃

우리나라 야구 용어에도 일본에서 직수입한 말이 많은데 특히 '도루자盜壘刺'가 눈에 거슬린다. '도루자'는 '도루에 성공하지 못해 아웃을 당하는 것'을 가리키는 말이다. 이 도루자를 '盜壘者'로 알고 있는 사람이 분명히 있을 것이다. 대한야구협회 공식 규칙집에 '도루 실패'가 당당히 올라 있는데도 도루자를 쓰는 사람이 꽤 많다.